新 型 城 镇 化 与 可 持 续 发 展

人际互动作用下
集群行为的演化逻辑

THE DYNAMICS OF COLLECTIVE BEHAVIORS
UNDER THE IMPACT OF SOCIAL INTERACTIONS

何晓晨　杜海峰　王　洋◎著

社会科学文献出版社
SOCIAL SCIENCES ACADEMIC PRESS (CHINA)

摘 要

我国社会正处于全面转型阶段，社会利益主体的阶层分化和利益冲突使阶层关系日趋复杂，由此引发的集群行为对我国公共安全造成严重威胁。针对不同社会情境下集群行为演化逻辑进行科学分析，进而为有效控制和预防恶性集群事件（行为）提供参考，具有重要的社会意义。

集群行为是公共管理领域的经典研究问题，传统的社会科学研究范式难以从微观视角属性理解集群行为的涌现特征以及整体结构，也就难以对机制进行精确剖析。首先，本书在已有集群行为理论与研究的基础上，创新性地构建了"理性与非理性动因-影响与独立场域"的综合解释框架，结合信息接收与处理机制的探讨对集群行为的演化逻辑进行理论上的再构建，形成了全局完备、局部完备、全局不完备与局部不完备信息传播机制下的演化链条，并进一步引入社会计算领域中的复杂网络理论与信息传播模型，对集群行为演化传递过程建模。其次，在总体框架指导下，依据不同情境与传播机制下的分析框架和演化模型，对演化过程进行数学分析。最后，通过计算机模拟以及基于农民工实证数据的仿真实验，对集群行为的一般化与特殊化机制进行了讨论。

本书可以为公共管理、系统工程、社会学等领域的研究者提供参考，也可以作为相关专业研究生的辅助教材。

| ABSTRACT |

China's social structure is facing a comprehensive transformation, while the social class becomes more polarized and complicated, and the collective behaviors caused by economical disputes frequently occur in this period, which poses a serious threat to China's public safety. It is of great significance to study the evolutionary logic of collective behaviors under different circumstances, and thus provide a scientific reference for effectively controlling and preventing the malignant events of collective behaviors.

The evolution of collective behaviors is a complex public-administration problem with nonlinear characteristics. Traditional methodologies of social science research can hardly understand the emergence characteristics and the overall structure of collective behaviors from the perspective of microcosmic units, and it is difficult to accurately analyze the specific social mechanism. Firstly, Based on the existing theories and research of collective behaviors, this book firstly constructed a comprehensive interpretation framework generalizing the evolution of collective behavior into different dimensions of the rational-irrational and independent-influenced ones, and reconstructs the evolutionary logic of collective behaviors in theory combining with the discussion of information receiving and processing mechanism. Four kinds of the information diffusion mechanisms including the global-complete, local-complete, global-incomplete and local-incomplete evolutions were then formed. The complex network theory and information diffusion models in the field of social computing were further introduced, and the process of the evolved behaviors with the modeling and mathematical expression was built, and then a strong operational overall framework for systematically analyzing collective behaviors was formed. Secondly, under the guidance of the overall framework, the analysis framework and evolution models under different dimensions and diffusion mechanisms were constructed, and their specific process was also analyzed mathematically. Finally, based on the simulation of computer-generated parameters and the investigation data of migrant workers, the mechanisms of both generalization and specialization of collective behaviors were discussed.

This book can be a reference for researchers in the field of public administration, system engineering, sociology, etc. It can also be served as the auxiliary materials for postgraduates in relevant research fields.

　　中国具有独特的治理场景、经验和规律，国家治理体系和治理能力现代化呼唤新的解释框架、研究范式和知识体系。目前国内有关公共管理的理论和方法多数来自西方，是西方政府管理实践的总结，将其用于中国实践时必然存在"如何将西方理论中国化"的问题。自党的十八大以来，以习近平同志为核心的党中央形成的一系列治国理政新理念、新思想、新战略，为公共政策与管理问题提供了科学理论指导和行动指南。只有深刻洞悉中国的现实社会情境，中国公共管理学科发展才能实现从"中国化"到"中国的"创新转变，不仅为中国发展中的实际公共管理问题找到切实可行的解决方案，而且为人类知识库做出贡献，进而体现理论和文化自信。与此同时，社会计算作为近年来的新兴研究领域，逐渐成为理解社会运行机制与内在逻辑的通用语言体系。社会计算引入自然科学的方法解释复杂的社会现象，通过更加精细化、标准化、通用化的符号和语言为中国社会发展问题"建模"，进而推动中国特色哲学社会科学体系建设。近年来，*Nature*、*Science*、*PNAS* 等国际顶级期刊上刊登了一系列关于社会计算及其应用的研究，国内权威期刊，如《中国社会科学》《管理世界》《系统工程理论与实践》《软科学》等，也发表了相关研究，这表明带有中国特色的计算社会科学体系正在逐步构建。但是目前发表的研究内容多集中于理论和方法，对于中国特有社会问题的解释仍较为薄弱。

　　自 2004 年以来，作者所在的课题组以城镇化背景中的农民工问题为主要研究问题，将复杂性科学的研究范式引入公共管理领域，在社会系统复杂性、社会网络分析以及复杂系统建模等研究领域进行了一系列探索性研究。课题组依托西安交通大学公共政策与管理学院，与美国斯坦福大学

（Stanford University）、圣塔菲研究所（Santa Fe Institute）、加州大学尔湾分校（University of California，Irvine）、康奈尔大学（Cornell University）、美国西北大学（Northwestern University）、以色列巴伊兰大学（Bar-Ilan University）等研究机构建立了广泛的学术合作网络。经过 10 余年的发展，课题组形成了由 30 余人组成的稳定研究团队。其中，国外终身教授 2 人、国内教授 4人、副教授 3 人、讲师及助理教授 4 人，团队还包括博士研究生、硕士研究生 20 余人。研究团队先后承担 30 余项国家级、省部级重大科研项目，形成了与国家、地方各级政府合作的研究网络。基于前期工作积累，在国家自然科学基金项目（项目号：72104194、72004177）、国家社会科学基金重点项目（项目号：21AGL028、12AZD110）、国家社会科学基金重大项目（项目号：15ZDA048、13&ZD044）以及国家"十二五"科技支撑计划项目（项目号：2012BAI32B06-04、2012BAI32B07-02）、陕西省社科基金面向"十三五"重大理论与现实问题研究项目（项目号：2016ZDA05）、博士后科学基金面上项目（项目号：2021M700107）、西安交通大学人文社会科学学术著作出版基金和中央高校基本科研业务费专项资金资助（11913322000020）等的联合资助下，团队自 2012 年以来深入工厂、农村基层，先后在西安市、深圳市、平顶山市、汉中市开展了多次大规模抽样调查，调查对象超过 6 万人，形成了推动"以人为核心"的新型城镇化、实现农业转移人口市民化的"大数据"。课题组有关城镇化和农民工问题的研究集中在三个主题：农民工为什么会流动、农民工在流入地城市的生存与发展以及农民工流动对流出地的影响。这三个研究主题力图全面反映在中国目前快速但仍然不充分的城镇化过程中，农民工的流动所表现出的"农村（流出地）—城市（流入地）—农村（流出地）"的循环特征。

公共管理的研究对象通常较为复杂，其复杂性不仅表现在行政概念、政治关系等不易定量描述上，还表现在公共管理目标往往不是单一及线性的，而是追求多目标协调的统筹最优效应上，同时影响公共管理问题的环境复杂多变，以上原因使构建基于公共管理问题的数学解析模型也难于一般管理学问题，因此在公共管理研究中亟须在方法上进行创新。基于以上事实，本书利用社会调查数据，将复杂性科学、社会计算等新理论和新方法引入公共管理问题的研究，试图对城镇化进程中的农民工个体与集群行为进行系统探索，发现传统社会科学分析方法难以发现的现象和规律，为公共管理问题研究提供新的方法和研究思路，也为中国特色哲学社会科学体系的建立贡献力量。

本书包含九章内容。第一章是绪论，简要介绍了本书的研究思路和方法；第二章是相关研究述评，从公共管理、西方集群行为的经典理论、集群行为的本土化研究，以及综合性的社会计算理论展开；第三章是基于社会计算的集群行为演化分析框架，探讨了集群行为的信息传播路径，建立了集群行为的演化逻辑框架与系统分析框架；第四章至第七章介绍了不同信息传播模式下非理性集群行为的内在演化逻辑，并基于计算机生成数据与实际农民工调研数据的仿真，探索了集群行为在不同社会影响场域下的演化路径与特征；第八章论述了有限理性集群行为的演化过程，结合复杂网络演化博弈的理论与方法，探索了集群行为中的搭便车机制与群体规范机制，对 Olson 的《集体行动的逻辑》一书进行了验证与补充；第九章是结论与展望，基于前文研究得出主要结论，并给出集群行为治理的政策建议，同时对未来研究进行展望。

本书是课题组全体师生共同劳动的结晶，感谢靳小怡教授、刘朔副教授、杜巍副教授等给予的全方位支持，感谢康奈尔大学 Michael Macy 研究团队提供的理论支持，也感谢深圳市坪山区住房和建设局、河南省平顶山市叶县政府、陕西省汉中市宁强县及渭南市大荔县等地的政府部门在调查过程中的大力协助和积极配合。此外，特别感谢西安交通大学公共政策与管理学院李树苗教授，他是课题组研究方向的开启者。

由于作者水平有限，书中不妥之处在所难免，恳请读者批评指正。

作者

2022 年 4 月

于西安交通大学

n	参与互动人数
p	社会影响概率
Nc	决策数量
q	个体偏好
A	邻接矩阵
T	集群行为参与阈值
β	强度系数
S	个体策略
τ	适应性网络更新速度
λ	搭便车系数

目 录
CONTENTS

第一章

绪　论

第一节　研究背景

一　现实背景

中国社会正处于全面转型阶段，经济与社会结构发生着深刻而重大的变化，伴随而来的是社会利益格局及阶层间利益关系更加复杂、社会利益主体的阶层更加分化。当前社会背景下由不同利益主体冲突所引发的群体性事件频频发生，给社会安全体系带来了很大风险。社会学家 Ulrich Beck（乌尔里希·贝克）指出，"当前的社会已然处于风险社会的时代"[①]，而政治学家 Samuel P. Huntington（塞缪尔·P. 亨廷顿）也提出现代化会滋生不稳定性。[②] 伴随着全世界信息化的快速推进，事物的关联更加紧密，现代化社会已然成为网络式的复杂系统，其各个子系统紧密连接，相互影响、牵制。一旦系统的某一微小环节出现问题，就有可能导致整体系统的危机。因此，现代化在促进社会高速发展的同时，也蕴含了新的风险与危机，并且面临很多不可预知的公共危机的挑战。

改革开放以来，群体性事件逐渐成为我国社会的主要问题，对我国稳定

[①] Beck, U. Risk society: Toward a new modernity [M]. London: SAGE Publications, 1992.

[②] 塞缪尔·P. 亨廷顿. 变动社会的政治秩序 [M]. 张岱云等，译. 上海：上海译文出版社，1989.

的经济发展造成一定负面影响。① 根据《中国法治发展报告 No. 12（2014）》，2000 年 1 月至 2013 年 9 月，我国共发生 871 起规模超 100 人的群体性事件。② 另据有关媒体报道，中国平均每天都要发生 500 起群体性事件，③例如，从 2008 年贵州瓮安的围攻政府事件到 2010 年的马鞍山"6·11"事件，从 2012 年江苏启东市的"7·28"游行事件到 2015 年广州日企西铁城上千名员工参与的追讨补偿事件，一系列事件都伴随着人员伤亡、财产和设备毁坏，造成了极大的经济损失，对人民的生命安全构成了严重威胁。随着中国特色社会主义进入了新时代，我国的群体性事件也呈现以下复杂化的特征。第一，伴随着人们维权意识的觉醒，基于利益维护的主动式诉求事件比例有所提升。根据国家统计局的数据，我国 2014～2018 年受理劳动争议案件的数量分别为 715163、813859、828410、785323、894053 件，在数量上呈增长态势。④ 第二，群体性事件种类与参与主体更趋多样化。群体性事件从传统较为单一的经济冲突事件逐渐向涉及政治、经济、教育、环境、卫生、社保等因素的事件转化；同时，参与主体也呈现多样化的倾向，不仅包含作为社会弱势群体的农民、农民工、下岗职工等，而且包含各类别行业的在岗人员、学生、机关事业单位干部、转业军人、城市拆迁户、民营企业老板、宗教界人士等，其诉求内容与一系列社会、政治、经济因素相互交织，极大增加了事件的调处难度。⑤第三，群体性事件的组织性有所增强。当前的群体性事件中已经出现了组织者与意见领袖，在事件中起到了"牵头人"的作用，并使得群体成员快速形成集体意识。⑥ 一方面，社团、工会等机构的设置为工人发起群体性事件提供了便利；另一方面，互联网为群体成员加强沟通与协调行动提供了可靠的媒介，进而为提升群体性事件的组织性与策略性提供

---

① 肖唐镖. 群体性事件中的暴力何以发生：对 1189 起群体性事件的初步分析 [J]. 江苏行政学院学报，2014，（1）：46-55.

② 李林，田禾. 中国法治发展报告 No. 12（2014）[M]. 北京：社会科学文献出版社，2014.

③ 来源于《大西洋月刊》摘录，https://www.theatlantic.com/international/archive/2012/01/how-china-stays-stabledespite-500-protests-every-day/250940/。

④ 来源于国家统计局数据，http://data.stats.gov.cn。

⑤ 赵士红. 党群关系面临的新问题及其破解 [J]. 中州学刊，2014，（10）：28-32.

⑥ 常凯. 劳动关系的集体化转型与政府劳工政策的完善 [J]. 中国社会科学，2013，（6）：91-108.

了可能。① 第四，群体性事件的规模逐渐扩大，行为更加激烈。由于地方政府在一些事件上处理方式不当，一些人员形成了"小闹小解决，大闹大解决，不闹不解决"的认识，认为只有将事情"闹大"才会使问题得到解决，加之"法不责众"的错误心理认知，这就使得一些群体性事件造成更加恶劣的后果，严重影响了社会运行的安定有序。②

党的十九大报告指出，我国社会主要矛盾已经由"人民日益增长的物质文化需要同落后的社会生产之间的矛盾"转化为"人民日益增长的美好生活需要和不平衡不充分的发展之间的矛盾"。人民群众对于美好生活的向往，在各方面均提出了更高要求，而这些要求提升的背后反映的是人们在矛盾上的意识更加觉醒。然而我国在改革过程中已然触及一些深层次的体制性问题，但我国的利益结构还需要进行充分调整，纵向利益表达渠道的建设并不到位，底层群众的利益需求无法得到制度上的有效和及时响应，可能导致经济失调、社会失序、心理失衡等一系列社会矛盾，进而引发类似于群体性事件这样的危机事件。从频次、规模、领域等不同维度来看，我国社会依然处于群体性事件多发的阶段，群体性事件种类呈现更加多样化的特征，在应对群体性事件的能力上也提出了更高的要求，对我国政府的治理能力提出了严峻考验。

党的十九届四中全会审议通过了《中共中央关于坚持和完善中国特色社会主义制度 推进国家治理体系和治理能力现代化若干重大问题的决定》这不仅是对上述社会问题的回应，也是下一步实现治理能力现代化的新的方向。该文件强调了更好地发挥我国制度优势以及更有效地提升治理效能，这就要求在社会治理过程中，从制度设计到治理手段均达到更加科学化、智能化、现代化的要求。对于转型期所不可避免的群体性事件问题，现代化的社会治理体系要求公共管理研究人员深刻把握群体性事件的机制。在官方文件的政治术语中，相比"群体性事件"，"集群行为"是更具严格性的学术名词，是更为一般化的理论表述，也是群体性事件的核心

① 杨正喜，吴荻菲，梁文泳. 我国劳资群体性事件的演进及政府治理 [J]. 中国劳动关系学院学报，2019, 33（2）: 39-48.
② 张国亭. 当前群体性事件的趋势特征与有效应对 [J]. 理论学刊，2018,（5）: 121-128.

机制，而群体性事件是其外在的表现形式。[①] 具体来说，集群行为是一个具有非线性特征的复杂性问题，[②] 表面上集群行为可能是一个"点"的问题，但由于问题关联的广泛性，表面上的"点"可能会形成"线"或"面"的效应。这要求管理者在集群行为问题的识别上充分意识到社会环境中的个体具有复杂性特征，以非线性思维把握集群行为问题，探寻其内在逻辑，进而对症下药。然而目前由于技术以及理论的缺乏，管理者对集群行为问题难以做到精准研判。此外，在新的社会环境下，集群行为也可能会呈现新的表征，例如，近几年网络舆情事件的数目迅速上涨，挑战了既有经验和理论。因此，在不同环境下把握集群行为的演化逻辑，进而为有效控制和预防恶性集群行为事件提供科学参考，具有重要的现实意义。这不仅是实现集群行为问题现代化治理的前提，也是保证我国公共安全以及社会系统稳定运行的关键所在。

伴随着我国城镇化的快速发展，大量农民工向城市迁徙，改变了城市的人口结构与产业结构，在城市工作的农民工处于相对弱势的地位。具体来说，（1）受到资源禀赋的限制，农民工长期从业于"次级劳动力市场"，成为城市社会的底层；（2）由于纵向利益表达渠道不健全，农民工难以通过法律、政策等手段获得利益分配权，因此，集体上访等方式成为其利益表达的主要手段。Göbel 对 2013 年 6 月到 2016 年 6 月在中国社交网站上曝光的 74452 起群体性事件进行了分析，指出农民工是我国群体性事件的主要群体，而且年底农民工返乡之前的时期是爆发的高峰期。[③] 李林与田禾指出，农民工群体性事件频次在 2008 年后实现了跳跃式的增长，这类事件对社会的稳定秩序已然构成一定威胁。[④] 由此可见，农民工群体性事件已经成为当前公共安全领域最突出的问题之一，是中国

---

① 杜海峰，张楠，牛静坤等. 群体性事件中的集群行为——一个基于社会计算的研究框架 [J]. 中国人民公安大学学报（社会科学版），2014，30（6）：81-90.

② 杜海峰，牛静坤，张锴琦等. 集群行为的社会网络分析：社会计算在农民工集群行为研究中的应用 [M]. 北京：社会科学文献出版社，2019.

③ Göbel, C. Social unrest in China: A bird's eye perspective [R/OL]. 2017. https://www.researchgate.net/publication/319403729_Social_Unrest_in_China_A_bird's_eye_perspective/.

④ 李林，田禾. 中国法治发展报告 No.12（2014）[M]. 北京：社会科学文献出版社，2014.

社会风险的标志信号。① 我国对此问题一直高度重视，例如，2016 年，国务院办公厅印发了《关于全面治理拖欠农民工工资问题的意见》，要求"健全源头预防、动态监管、失信惩戒相结合的制度保障体系，完善市场主体自律、政府依法监管、社会协同监督、司法联动惩处的工作体系"；② 2019 年，人力资源和社会保障部对十三届全国人大二次会议第 3018 号建议进行了答复，对切实保障农民工群体利益提出了更高要求。③ 农民工的群体性事件不仅具有较强的代表性，也深刻反映了社会经济结构存在的问题。因此，本书在数据分析部分同时也关注农民工这一特殊群体的演化过程，这对于新型城镇化的更好推进具有积极的现实意义。

二 理论背景

集群行为属于西方理论体系中社会运动的范畴，Park 和 Burgess 最早在 1921 年提出集群行为的概念，认为集群行为是个体在某种具有共同性和集体性的冲动影响下做出的行为，是人际互动的产物。④ 自集群行为的问题与概念被提出以来，学者们从不同角度对集群行为的内涵、发生机制、影响因素、控制等多个方面进行了深刻解读，产生了一系列经典理论，包括价值累加理论、资源动员理论、政治过程理论、集团理论等宏观层面理论，以及社会感染理论、社会聚合理论、相对剥夺理论、社会认同理论等微观层面理论。

不同的集群行为理论虽然强调了不同的侧重点，并且探讨的理论机制也不尽相同，但在剖析集群行为产生与演化过程时均强调，集群行为是个体行为与社会互动共同作用的结果。除此之外，集群行为不是多个个体行为的简单线性累加，而是嵌入群体环境中的个体行为演化凸显的结果。但个体行为如何凸显集群行为依旧是一个需要深入研究和探讨的

---

① 朱力．中国社会风险解析——群体性事件的社会冲突性质 [J]．学海，2009，(1)：69-78．

② 来源于人力资源和社会保障部，http：//www.mohrss.gov.cn/SYrlzyhshbzb/dongtaixinwen/buneiyaowen/201601/t20160119_232142.htm。

③ 来源于人力资源和社会保障部，http：//www.mohrss.gov.cn/gkml/zhgl/jytabl/jydf/201911/t20191129_344311.html。

④ Park，R. E.，Burgess，E. W. Introduction to the science of sociology [M]．Chicago：University of Chicago Press，1921．

复杂性问题。已有不少学者尝试探讨这一问题，但明确指出其分析的困难性：Schelling 对区隔过程的分析表明，具有简单行动的行为者即使在很小的群体中也难以预期其可能造成的社会结果；① Granovetter 则强调小群体中的互动如何造成大规模行动仍是社会学难以解释的问题，② 特别是具有复杂性特征的整体结构难以从次级单位的属性去理解。③ 目前关注从个体行为演化到集群行为具体路径的研究还相对较少。

社会计算作为计算技术与社会科学理论相互融合的交叉科学，是沟通静态到动态、个体到整体、简单到复杂的重要桥梁。④ 近年来大数据和计算机技术的发展，使自然科学与社会科学的联系更为紧密，加速了社会计算的发展，进而为集群行为研究提供了新路径。将社会计算引入集群行为研究不仅与社会治理具有内在契合性，而且有助于识别非线性系统中个体相互作用的内在机制。⑤ 然而，社会计算的研究仍处于起步阶段，由于对特定社会问题的机制把握相对困难，已有社会计算研究对社会问题的分析和解释并不充足。基于社会计算的视角探讨集群行为的演化机制不仅可以突破已有集群行为研究思维与方法困境，丰富集群行为演化的理论研究，也可以拓展社会计算理论与方法的应用层面，为集群行为的演化机理研究提供新思路。

集群行为理论中存在非理性与理性两种不同层面的阐释，两种取向的理论共同形成了非理性与理性之争，同时也被社会学界称作重要而持久的争论，⑥ 目前仍没有权威的标准来判断何种理论解释性更强。虽然已有研究强调了人际互动对于个体行为决策的影响，但在研究中往往将人际互动的作用场域与独立决策的作用场域分割开来，无法系统辨析人际互动的作用力。以上的研究不足，一方面是因为对人际互动中的社会影响机制认知

① Schelling, T. C. Dynamic models of segregation [J]. Journal of Mathematical Sociology, 1971, 1: 143-186.
② Granovetter, M. S. The strength of weak ties [J]. American Journal of Sociology, 1973, 78: 1360-1380.
③ Blau, P. M. Exchange and power in social life [M]. New Brunswick: Transaction Books, 1986.
④ 中国科协学会学术部. 社会能计算吗 [M]. 北京：中国科学技术出版社，2009.
⑤ 范如国. 复杂网络结构范型下的社会治理协同创新 [J]. 中国社会科学，2014，(4): 98-120.
⑥ 周晓虹. 集群行为：理性与非理性之辨 [J]. 社会科学研究，1994，(5): 53-57.

不足，另一方面则是因为处理技术上的局限性，难以将逻辑分析思路转化为可操作的验证框架。结合社会计算的思维与方法，将参与动因、环境场域等维度因素共同纳入统一研究框架，将集群行为扩展到理性与非理性、独立与影响的多维度研究之中，不仅可以对经典理论进行解释与补充，也可以为更具针对性的政策建议提供理论指导。

第二节 概念界定

为更好地理解本书的研究内容，在此对集群行为、非理性化集群行为、理性化集群行为、社会计算以及不同信息传播机制下的集群行为等相关概念进行界定。

一 集群行为

集群行为（collective behavior）是一种广义性的集体行为，源自西方社会学理论。而在国内，官方文件中出现更多的是"群体性事件"。有学者认为，集群行为是群体性事件的理论化表述与核心机制，而群体性事件是其外在的表现形式之一。① 除集群行为与群体性事件之外，国内在社会矛盾与社会冲突研究的文献中也出现了"集体行动""集体行为""群体性行为""社会运动"等近似概念。有学者认为，可以按照参与诉求、组织化的程度、过程的持续时间以及对制度的扰乱程度进行排列，形成"群体性行为"、"集体行动"、"社会运动"和"革命"四类不同的概念，认为"群体性行为"与"集体行动"是当前中国群体性事件的主要体现，既不同于有诉求、有组织、时间长的"社会运动"，也不同于有政治诉求、对社会制度产生极大影响的"革命"。② 从"集群""集体""群体"等词语来看，"集群"具有不同阶层民众聚集形成的临时性群体的内涵，"集体"主要是针对共同利益和目标的人员集合，③ 而"群体"则更多被理解

① 杜海峰，张楠，牛静坤等. 群体性事件中的集群行为——一个基于社会计算的研究框架[J]. 中国人民公安大学学报（社会科学版），2014，30（6）：81-90.
② 王赐江. 当前中国群体性事件的学理分析[J]. 人民论坛，2010，（17）：54-55.
③ 王赐江. 当前中国群体性事件的学理分析[J]. 人民论坛，2010，（17）：54-55.

为单纯的个体的集合，是一种不同于独立个体的环境。结合群体性事件的发生过程，"集群"相比其他词语更能体现出行为的动态演变以及突破了对于群体同质性的限制。另有学者对"行动"（action）与"行为"（behavior）进行了细微的辨析，认为"行动"具有更多的意向性与组织性，而"行为"对于参与者的目的并不具有特殊要求，其发生也存在群众自发的表现。① 总体来讲，"集群行为"相比"集体行为"与"群体性行为"更能体现出行为的发展过程，即"集群行为"既是行为涌现的结果，也是行为演变的过程，同时集群行为对于群体的同质性或非同质性不具有限制性，是更加广泛的概念；而"集群行为"相比"集体行动"则在目的与组织化程度上都不做要求，是一种更加广泛的"集体行动"。"集群行为"与"集体行动"均源自西方理论，相比"集体行动"，集群行为更加适用于解释国内各类群体性事件，考虑到当前中国群体性事件种类的多样化，其具有较强的可借鉴性。

集群行为的概念最早由 Park 和 Burgess 在 1921 年提出，他们认为集群行为是个体在某种具有共同性和集体性的冲动影响下做出的行为，是人际互动的产物。② Popenoe 在此基础上将集群行为定义为因受到某种共同影响和群体鼓舞而在无组织的、自发的、不稳定的情况下产生的群体行为。③ Marx 和 McAdam 从心理学角度出发，将集群行为与群体的情绪、情感联系在一起，认为集群行为是受到情绪化影响的群体性行为。④ Tajfel 等认为集群行为是个体为了得到社会认同，因而遵循群体规范的行为结果。⑤ 以上不同定义的共同点在于，集群行为并非同质性行为的累加，

---

① 童世骏. 大问题和小细节之间的"反思平衡"——从"行动"和"行为"的概念区分谈起 [J]. 华东师范大学学报（哲学社会科学版），2005，37（4）：16-23.

② Park, R. E., Burgess, E. W. Introduction to the science of sociology [M]. Chicago: University of Chicago Press, 1921.

③ 波普诺. 社会学：下册 [M]. 辽宁：辽宁人民出版社，1988：566-567.

④ Marx, G. T., McAdam, D. Collective behavior and social movements: Process and structure [M]. Englewood Cliffs: Prentice Hall, 1994；弯美娜，刘力，邱佳等. 集群行为：界定、心理机制与行为测量 [J]. 心理科学进展，2011，19（5）：723-730.

⑤ Tajfel, H. Social psychology of intergroup relations [J]. Annual Review of Psychology, 1982, 33 (1): 1-39; Tajfel, H., Turner, J. C. The social identity theory of intergroup behavior [M] //Worchel Stephen and W. G. Austin. Psychology of Intergroup Relations. Chicago: Nelson-Hall, 1986: 7-24.

而是由社会互动产生的社会性群体行为。这种行为往往因人际互动的影响偏离了社会、市场或各事物当前时期本身的价值。

结合已有文献与理论，本书给出集群行为的定义：在人际互动影响下，在特定空间，由不特定多数个体所做出的偏离当时社会价值认知体系且具有一定自发性与随机性的群体共同行为。

二　非理性化集群行为

在已有社会运动理论解释框架中，集群行为演化动因可划分为基于理性因素和非理性因素两种。[①] 针对集群行为非理性动因的研究认为，集群行为参与个体带有负面情感色彩与愤怒情绪，他们在群体中受到环境与人际互动的影响，从而形成统一的趋同行为，这一取向的理论以社会感染理论、社会认同理论等为代表。

集群行为是偏离当时社会价值认知体系的群体性行为，而这种价值的偏离是个体并非基于自身理性选择而做出的非自身价值判断行为所产生的结果，即个体行为的非理性。在集群行为的背景下，既然个体行为不完全在个体独处时产生，那么就很可能是受其所处的群体环境影响所致，而在环境中促使个体做出非自身意愿或价值判断行为的则是人际互动的相互影响。

因此，本书给出非理性化集群行为的定义：个体在受到群体环境和人际互动影响的情况下会产生情绪化与情感化的心理，进而做出非自身价值判断的集体性趋同行为。

三　理性化集群行为

针对理性动因的研究将集群行为的演化动因理解为经济理性计算的过程，个体在该过程中以获取利益最大化为目的，这一取向的理论以资源动员理论、集团理论为代表。

作为集群行为基础要素的个体行为作为一次行动或一项决策本身不能将理性因素隔离开。个体在做出行为之前，特别是针对那些非紧急的事

---

① 赵鼎新. 社会与政治运动讲义 [M]. 2 版. 北京：社会科学文献出版社，2012.

件，会有充足时间分析参与集群行为的利弊，这就要求集群行为的机制探讨将个体的理性思考纳入分析框架。

本书在此给出理性化集群行为的定义：个体会以理性经济人的思维方式对参与行为与环境进行权衡利弊分析，进而群体形成背离社会价值判断的行为决策。

四 社会计算

社会计算（social computing）是社会科学和自然科学互动发展的平台，社会计算早期主要是针对社交行为与人际交互的计算技术应用，[①] Musser等人指出社会计算就是利用信息系统进行数据收集和处理，通过人机交互来理解社会过程。[②] 伴随着计算技术的进一步发展与社会计算应用的拓展，社会计算已然发展出两类分支：[③] 第一类是面向技术应用的社会计算，即利用传统社会科学中的理论促进技术应用的发展，如通过利用社会网络理论推动社交软件或社会媒体平台的发展，[④] 或是将认知科学融入科学计算来分析人在特定时段情绪的变化趋势，[⑤] 抑或是通过社会心理学来设计计

① Schuler, D. Social computing [J]. Communications of the ACM, 1994, 37 (1): 28-29; Wang, F. Y., Carley, K. M., Zeng, D., et al. Social computing: From social informatics to social intelligence [J]. IEEE Intelligent Systems, 2007, 22 (2): 79-83; Dryer, D. C., Eisbach, C., Ark, W. S. At what cost pervasive? A social computing view of mobile computing systems [J]. IBM Systems Journal, 1999, 38 (4): 652-676.

② Musser, D., Wedman, J., Laffey, J. Social computing and collaborative learning environments [C] //Proceedings of the 3rd IEEE International Conference on Advanced Learning Technologies. IEEE, 2003: 520-521.

③ 孟小峰，李勇，祝建华．社会计算：大数据时代的机遇与挑战 [J]．计算机研究与发展，2013，50 (12): 2483-2491.

④ Lugano, G. Social computing: A classification of existing paradigms [C] //Proceedings of the 2012 ASE/IEEE International Conference on Social Computing and 2012 ASE/IEEE International Conference on Privacy, Security, Risk and Trust. Washington, D. C.: IEEE Computer Society, 2012: 377-382.

⑤ Robles, C., Benner, J. A tale of three cities: Looking at the trending feature on foursquare [C] //Proceedings of the 2012 ASE/IEEE International Conference on Social Computing and 2012 ASE/IEEE International Conference on Privacy, Security, Risk and Trust. Washington, D. C.: IEEE Computer Society, 2012: 566-571; Golder, S. A., Macy, M. W. Diurnal and seasonal mood vary with work, sleep, and daylength across diverse cultures [J]. Science, 2011, 333 (6051): 1878-1881.

算机支持的协同工作系统，进而对人们在网络环境中的行为进行预测；[①]
第二类是面向社会科学的社会计算，即利用机器学习、模式识别、统计
学、数学模型等自然科学方法，基于新型的数据形式对传统社会科学进行
探索。[②] Lazer 等人于 2009 年在 *Science* 期刊上发表的《计算社会科学》一
文标志着社会科学领域的社会计算研究范式的确立。[③] 伴随着社会计算的
兴起，大量的新型交叉学科和新的研究范式与方法开始出现，物理学、数
学、生物学、计算机科学等各领域学者纷纷开始关注大数据与信息技术等
新技术对传统社会科学研究的深远影响。本书探讨的社会计算的概念正是
聚焦于第二类，即利用交叉学科的研究范式与方法，采用复杂网络等模
型、方法和理论对社会问题进行探讨的过程。

五　不同信息传播机制下的集群行为

集群行为的演化过程可体现为行为信息的传递过程。依据信息接收源
头的分类，个体在集群行为演化过程中可接收来自全局（global）的信息
（来自群体中所有其他成员）或是局部（local）的信息（来自群体中部分
成员，尤其是互动社会网络或地域上邻近成员）。在信息接收后，个体会
依据所接收的信息进行不同方式的处理。一类是个体可能会将收集的信息
进行完备的解读，并将其处理为连续型的信号，即个体以概率形式采纳相关
信息；另一类是个体并不能在群体中获取具体而精确的信息，只能获取相对
模糊的信息，并将其处理为阈值型的信号，即个体会对比接收的社会信息与
自身阈值，进而做出基于阈值对比的行为，高于阈值则会选择从众行为，反
之则不会。结合信息接触源与信息处理方式的分类，可将集群行为的信息传
播演化机制划分为以下四类：全局完备信息机制、局部完备信息机制、全局
不完备信息机制、局部不完备信息机制，形成如图 1-1 所示的象限图。

---

① Ling, K., Beenen, G., Ludford, P., et al. Using social psychology to motivate contributions to online communities [J]. Journal of Computer-mediated Communication, 2005, 10 (4): 212-221.

② 孟小峰，李勇，祝建华. 社会计算：大数据时代的机遇与挑战 [J]. 计算机研究与发展，2013, 50 (12): 2483-2491.

③ Lazer, D., Pentland, A., Adamic, L., et al. Computational social science [J]. Science, 2009, (5915): 721-723.

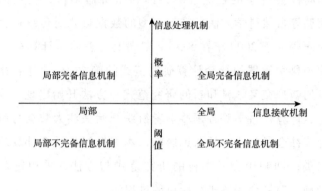

图 1-1 信息传播机制象限图

基于上述讨论，本书给出不同信息传播机制下的集群行为的定义和内涵。

全局完备信息机制下的集群行为是指个体在一定的群体空间内可以收集到全部已参与决策者的精准的社会信息，并依据这些信息为自身的行为决策做出考量，进而形成偏离人们认知与社会价值的群体共同性行为。在该演化过程下，个体可以接触到并非自己所熟识的其他网络个体的信息，并且这些信息的获取较为完备。这类行为通常发生在线上，例如，网民个体在线上可以收集到针对某些公开事件具体评论信息的网络舆情。

局部完备信息机制下的集群行为是指个体在群体之中只能收集到来自自身社会网络的特定成员的社会信息，并依据这些信息为自身的行为决策做出考量，进而形成偏离人们认知与社会价值的群体共同性行为。这类行为的信息传播主要局限于传播个体的局部网络，在线上、线下两类媒介中均可传递，线上的行为如通过转发微信、微博来进行舆情传播，线下的行为如农村基层选举中村民进行信息沟通并达成某种一致。

全局不完备信息机制下的集群行为是指个体在一定的群体空间内可以收集到全部已参与决策者的社会信息，但该信息较为模糊，以至于只能通过与自身的参与阈值对比来为自身的行为决策做出考量，进而形成偏离人们认知与社会价值的群体共同性行为。在该类传播模式中，个体可接收到诱发事件的全局信息，但这些信息难以精准掌控，通常以少数服从多数的办法来进行决策。该类行为一般通过线上传递，如经济项目或公共设施规划所导致的邻避效应或是突发公共事件下人们"抢盐""抢口罩"等特定行为。

局部不完备信息机制下的集群行为是指个体在群体之中只能收集到来自自身社会网络的特定成员的社会信息，该信息较为模糊，且只能通过与自身的参与阈值对比来为自身的行为决策做出考量，进而形成偏离人们认知与社会价值的群体共同性行为。该类集群行为放宽了对信息接收与处理的限制，是上述集群行为类型中更为广义化的形态。绝大部分线下集群行为的演化过程，如集体上访、静坐等，均是在局部不完备的信息传播机制下进行，也是目前大部分社会计算研究关注的重点内容。[①]

局部信息下的集群行为研究是更为基础和一般的研究，全局完备/不完备信息下的集群行为研究包含其中，是其特例。完备与不完备信息的处理机制是两类完全不同信息的处理机制，由于现实情境中个体获取精确社会信息相对困难，因此不完备信息处理机制下的集群行为研究更为一般化。

第三节　研究目标

本书结合人际互动的社会影响特征，基于社会计算探讨集群行为的演化逻辑，以期形成集群行为演化研究的新分析框架，进而对不同类型的集群行为演化进行系统分析，探讨不同传播状态下集群行为的演化特征，为理解集群行为的演化逻辑奠定基础，对集群行为的相关理论进行丰富拓展，为集群行为的治理提供建议。本书具体目标如下。

第一，提出集群行为的演化分析框架。一方面，本书扩展集群行为演化的研究维度，考察不同动因、不同影响环境以及不同传播机制下的集群行为演化过程，对集群行为的演化逻辑进行再构建；另一方面，基于社会计算的研究方法，引入社会计算领域中的复杂网络理论与信息传播模型，构建可操作性更强的集群行为演化分析框架。

第二，探讨非理性集群行为的演化逻辑。通过对集群行为演化过程中

① Lazer, D., Pentland, A., Adamic, L., et al. Computational social science [J]. Science, 2009, (5915): 721-723.

信息传播路径的探讨，从信息的接收维度以及信息的处理维度对信息传播机制进行划分，并针对每类集群行为的演化机制进行探讨。在非理性集群行为演化的经典理论探讨的基础上，形成更广义的非理性集群行为演化机制探讨。

第三，探讨理性集群行为的演化逻辑。在 Olson 对集体行动逻辑论述[①]的基础上，对理性集群行为中的搭便车机制与群体规范机制在演化过程中的作用进行考察，探讨理性人参与集群行为的逻辑，对 Olson 的经典理论进行拓展与丰富，同时尝试回应 Park 关于现实中理性人参与集群行为现象的社会学疑惑。[②]

第四，在集群行为一般化演化机制探讨的基础上，对农民工这一高风险群体的集群行为演化机制进行探讨。城镇化的持续推进使得农民工成为发展不平衡、不充分背景下的特殊群体，也成为当前发生集群行为（群体性事件）的高风险人群。本书利用农民工实际互动社会网络，结合仿真分析，挖掘农民工集群行为的演化特征，为农民工集群行为的治理奠定理论基础。

第五，在完成以上目标的基础上，本书基于已有发现，给出集群行为治理的政策建议。

第四节　研究内容与框架

根据上述研究目标，结合社会计算的理论与方法，构建集群行为的演化逻辑框架与可操作性的集群行为分析框架，如图 1-2 所示，具体内容如下。

第一，集群行为的概念辨析及相关研究综述。按照问题—理论—分析的链条，本书对当前与集群行为相关的经典理论与研究进行分析总结。首先，基于政治学、经济学、管理学相关理论，探讨集群行为的公共管理意义，为集群行为的演化逻辑及其治理提供理论借鉴。其次，探讨国内外关

① Olson, M. The logic of collective action: Public goods and the theory of groups [M]. Cambridge: Harvard University Press, 1971.

② Park, R. E. The crowd and the public and other essays [M]. Chicago: University of Chicago Press, 1972.

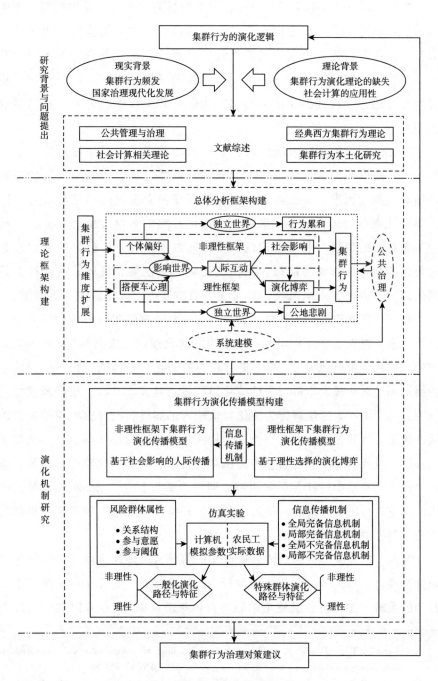

图1-2 研究框架

于集群行为理论的经典文献与研究，对集群行为的内涵、发生机制、影响因素、控制等多个方面进行文献分析，探讨理论的可借鉴性及可能修正方向，为集群行为演化逻辑的再构建提供理论基础；发现研究不足，找出下一步的研究空间。最后，对社会计算的理论、方法、应用等内容进行研究综述，分析社会计算与集群行为研究的契合性，为下一步的研究指明方向。

第二，提出集群行为演化的分析框架。首先，按照集群行为的动因维度，将集群行为演化分为理性与非理性两类过程，同时加入行为决策环境场域维度因素，将集群行为演化拓展到独立决策的场域与带有人际互动的社会影响场域，形成集群行为演化过程的多维度解释。其次，结合集群行为的理性与非理性理论，对不同维度下的集群行为的演化过程进行逻辑建构，形成集群行为的演化逻辑总体框架。最后，结合社会计算的理论与方法，形成可操作、可建模的集群行为演化总体分析框架。

第三，依据集群行为的总体分析框架，对非理性集群行为的演化逻辑进行探索。首先，结合非理性集群行为的演化理论，依据 Salganik 等人提出的经典社会影响机制①，基于集群行为的演化分析框架，在不同的信息传播机制下对非理性集群行为的演化过程进行建模。其次，根据所建立的模型，结合不同类别集群行为演化要求输入的属性，对计算机模拟参数以及农民工实际数据进行仿真，探讨全局完备信息、局部完备信息、全局不完备信息以及局部不完备信息传播机制下集群行为的演化路径与特征，重点关注人际互动中的社会影响机制、网络传播机制等，对 Salganik 等人提出的理论进行解释并拓展。最后，利用仿真模型对农民工的非理性集群行为演化路径进行探讨，总结这一群体的演化特征。

第四，按照集群行为总体分析框架的指导，对理性集群行为的演化逻辑进行探讨。首先，结合理性集群行为的演化理论，依据 Olson 在《集体行动的逻辑》中探讨的搭便车机制与群体规范机制，② 在有限理性的环境

---

① Salganik, M. J., Dodds, P. S., Watts, D. J. Experimental study of inequality and unpredictability in an artificial cultural market [J]. Science, 2006, 311 (5762): 854-856.

② Olson, M. The logic of collective action: Public goods and the theory of groups [M]. Cambridge: Harvard University Press, 1971.

下对理性化的集群行为演化过程进行建模。其次，依据所建立的模型，在静态网络中对农民工实际数据以及相应计算机模拟参数进行仿真，探讨理性集群行为演化的搭便车机制，同时探讨农民工集群行为的特殊演化机制。最后，在适应性网络中对以上数据进行仿真，探讨理性集群行为演化的群体规范机制，对 Olson 的理论进行解释与补充。

第五，本书将总结非理性与理性集群行为的演化逻辑，归纳出不同环境下的具体演化特征，提出具有针对性的集群行为治理政策启示，并给出未来的研究展望。

第五节　数据与方法

一　数据来源

本书所采用的农民工个体属性与网络关系属性数据源于西安交通大学新型城镇化课题组于 2013 年 12 月在深圳市坪山新区进行的流动人口抽样调查，其中具有农村户籍的农民工为本次调查的主要对象。为较好地获得个体属性与关系属性相匹配的代表性数据，本书分别对 ADS、YDSC、WH 三个公司进行了整群抽样。此次调查在内容设计中包含两个层面：第一，农民工的个体属性调查，描述了农民工的基本流动特征、流动经历以及在整个流动过程中所表现出的个体行为与情感认知，具体的调查问卷见附录 A；第二，农民工的关系属性调查，以名单生成法的形式询问了每个个体与其他成员之间的正式与非正式的情感关系，具体的调查问卷见附录 B。在现场调查以及数据录入与清洗过程中均执行了严格的质量控制程序，主要包括调查之前的培训、调查过程中的跟访和调查结束后的问卷审核及复访。由于各种原因，调查数据难免会存在一定的误差，但是课题组采取了多种措施来保证数据质量，使误差在一个可接受的水平内。本次调查抽样复访与正式访问的一致率在可以接受的范围内，5%等距抽样双工录入的一致率在 95.9%以上。此次调查最终获得的三个公司的总样本量为 455 人，在剔除缺失值以及个体属性与关系属性未能匹配的样本后获得有效样本 428 人，其中 ADS 公司 165 人，YDSC 公司 70 人，WH 公司 193 人。本书所采用的计算机生成网络包括 ER 随机网络 （Erdos-Renyi Random Network）①、规则网络（Regular Network）②、BA 无标度网络 （Barabási-Albert Scale-free Network）③三类。

二 研究方法

本书结合社会学、管理学、经济学、统计学、计算机科学等交叉学科研究方法，以定量为主、定性为辅的方法，对集群行为的演化问题展开系统讨论。首先，在研究中采用文献追踪法与比较分析法，对集群行为的理论与研究进行综合分析、比较与归纳，总结出可研究的空间。其次，采用演绎、推理的方法，结合经典的经济学与社会学理论，对集群行为的演化逻辑进行再构建，并形成集群行为的分析框架。再次，将多智能体模型与相关复杂网络模型引入集群行为的演化分析中，并对特定问题进行系统建模。最后，采用理论解析与仿真实验对集群行为的演化过程做更加深入的分析，并采用相关性分析的方法对仿真结果进行统计分析。需要说明的是，本书的写作目的在于理论建构与机制探讨，因而本书在实证部分的探讨较少，而基于仿真实验的分析方法可以较好地反映本书的机制讨论，通过对各级主体进行行为界定，在微观层次将主体之间的互动作用进行呈现并形成涌现的结果，实现了从微观到宏观的跨层次探索。

第六节 章节安排

本书的研究内容共分为九章，第三章至第八章为本书的核心章节，第四章至第七章解析非理性集群行为的演化过程，第八章分析理性集群行为的演化机理。在本书中，理性集群行为是非理性集群行为研究更进一步的研究内

① Erdős, P., Rényi, A. On random graphs [J]. Publicationes Mathematicae, 1959, 4: 3286-3291.

② Watts, D. J., Strogatz, S. H. Collective dynamics of "small-world" networks [J]. Nature, 1998, 393 (6684): 440-442.

③ Barabási, A., Albert, R. Emergence of scaling in random networks [J]. Science, 1999, 286 (5439): 509-512.

容，二者并非并列与割裂的关系；同时，理性集群行为人际互动上的基础也与非理性集群行为具有相似之处。因此，本书先对非理性集群行为的研究内容进行探讨，之后再对理性集群行为的研究内容进行探讨。社会影响机制在非理性集群行为研究框架中是重点探讨的机制，而不是理性集群行为研究部分的重点内容，为节省篇幅，本书在理性集群行为研究部分内容中不再重复对人际互动的社会影响机制进行探讨。本书具体的章节安排如下。

第一章：绪论。主要介绍本书的现实背景、理论背景，并提出研究问题；对相关概念进行界定；提出研究目标、研究内容与框架，并给出本书使用的数据来源与研究方法。

第二章：相关研究述评。主要对国内外集群行为相关理论与研究进行文献综述。首先，回顾集群行为相关的公共管理理论，把握集群行为的公共管理意义。其次，梳理国内外集群行为理论与研究，指出理论的可借鉴性及修正方向。最后，对社会计算相关理论、方法、模型、应用进行梳理，探讨与集群行为研究的契合性。在此基础上，本书对现有研究进行述评，并探讨未来的研究空间。

第三章：基于社会计算的集群行为演化分析框架。对集群行为、理性化集群行为、非理性化集群行为概念进行辨析，并确定集群行为演化过程的分析维度；结合理性与非理性集群行为理论，形成集群行为的演化逻辑框架；依据社会计算，形成具有可操作性的集群行为演化总体分析框架。

第四章：全局完备信息下的集群行为演化逻辑。基于集群行为演化的总体分析框架，提出全局完备信息下的非理性集群行为演化分析框架，构建出相应的信息传播模型，给出相关机制的数学推演，并结合计算机模拟参数与农民工实际数据，探讨在全局完备信息下集群行为的一般化与农民工特殊化演化机制。

第五章：局部完备信息下的集群行为演化逻辑。在第四章探讨的基础上，把社会影响的传播机制拓展到局部完备信息传播机制的研究中，形成局部完备信息下的非理性集群行为演化分析框架，在复杂网络结构上构建出相应传播模型，并结合计算机模拟参数与农民工实际数据，探讨集群行为的演化路径呈现的新特征。

第六章：全局不完备信息下的集群行为演化逻辑。结合集群行为总体分析框架，提出全局不完备信息传播机制下的非理性集群行为演化分析框架，并基于阈值机制，构建出相应演化模型，给出阈值机制的数学推演。结合计算机模拟参数与农民工实际数据，探讨在全局不完备信息传播机制下集群行为的演化特征，分析与完备信息传播机制不同的演化特征。

第七章：局部不完备信息下的集群行为演化逻辑。依据集群行为的总体分析框架，综合第四章至第六章的研究内容，形成局部不完备信息下的集群行为演化分析框架。将复杂网络机制与阈值机制共同纳入研究中，构建出更加广义的演化传播模型，并结合计算机模拟参数与农民工实际数据，探讨在局部不完备信息下集群行为的演化特征，论证与基于局部完备信息以及全局不完备信息传播机制的演化的区别。

第八章：有限理性集群行为的博弈演化逻辑。基于集群行为演化的总体分析框架，提出有限理性集群行为的博弈演化分析框架，探讨有限理性集群行为中的搭便车机制与群体规范机制；分别采用静态与动态网络有限理性集群行为演化博弈模型进行仿真实验，深入探讨理性集群行为的演化机制。

第九章：结论与展望。对本书的主要研究工作与发现进行总结；归纳总结出本书的创新点与主要突破；提出集群行为治理的政策建议，探讨目前研究的不足，并做出对下一步研究工作的展望。

第二章
相关研究述评

    集群行为的社会学意义较为丰富,其往往服务于公共管理的现实背景,对于风险规避与社会治理具有较强的指导意义。因此,本章首先在公共管理视域下综述集群行为相关研究,探讨公共管理与集群行为的关系。集群行为相关研究起源于西方,形成了包含价值累加理论、资源动员理论等的一系列经典理论,而在本土化的研究过程中也形成了一系列包含宏观机制与微观机制的宝贵成果。本章在探讨集群行为的公共管理意义的基础上进一步综述集群行为西方经典理论研究与本土化研究。此外,随着社会计算的逐步发展,复杂性科学、复杂网络等一系列自然科学理论与方法为集群行为研究提供了新思路,本章同时对社会计算相关研究进行整理和述评,探讨社会计算如何服务于集群行为研究。最后,通过综述上述四个方面的现有理论和研究,总结出目前研究的不足与可进一步研究的空间。本章综述的理论逻辑关系可参见图 2-1。

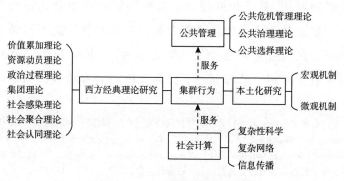

图 2-1　本章理论逻辑关系

第一节　集群行为与公共管理

随着我国社会经济发展进程的加快，社会矛盾日益凸显，特别是群体性事件呈现多样化的形态。因此，我国的社会治安面临新的风险，公共危机管理与社会治理面临新的挑战。作为群体性事件的内在机制，集群行为研究受到了诸多关注，西方相关公共管理理论也为这一问题的分析提供了许多视角，其中公共危机管理理论、公共治理理论以及新公共管理中的公共选择理论均为集群行为演化的剖析与治理提供了启示。通过论述集群行为在公共管理视域下的相关政治学、经济学、管理学理论，可以更好地理解集群行为的公共管理意义，也为探讨集群行为演化逻辑及其治理提供理论支撑。

一　公共危机管理理论

公共管理视域下的群体性事件的问题大部分可划归于公共危机管理的范畴，[①] 伴随着西方公共危机管理体系的完善以及理论研究的推进，公共危机管理的研究愈加细化，由早期的自然灾害、国际政治、公共卫生等类型的事件管理逐步发展至社会管理领域，特别是集群行为问题的处理。

Tamuz 等人在讨论政府应对灾难、暴动与恐怖主义等事件的过程中指出，公共危机本质是在时间紧迫与风险不确定的情况下，对社会系统的价值或行为准则可能造成严重影响而必须由政府做出相应决策的事件。[②] 王小璐认为公共危机是在限定期限内无法使用常规方法解决的突发公共事件问题。[③] 莫于川则强调了危机调解过程中公共管理者的能力与方法，指出公共危机是公共管理人员需要在紧急情况下调动一切资源来解决的对公民与社会产生严重威胁的事件。[④] 尽管以上学者对于公共危机的定义有所差别，但都强调了公共危机的共有特性，即时间的紧迫

---

① 李可. 公共危机中的群体行为分析与对策研究 [D]. 国防科学技术大学，2005.

② Tamuz, M., Rosenthal, U., Charles, M. T., et al. Coping with crises: The management of disasters, riots and terrorism [J]. Administrative Science Quarterly, 1991, 36 (3): 501.

③ 王小璐. 公共危机与价值失范 [J]. 社会科学家，2003, (9): 13-17.

④ 莫于川. 公共危机管理的行政法治现实课题 [J]. 法学家，2003, (4): 115-125.

性、结果的危害性、过程的不确定性以及处理方法的复杂性。在社会结构变迁的时代背景下，这些特性在群体性事件中表现得更为突出。首先，群体性事件具有瞬时性与爆发性的特征，即能在极短的时间内形成大规模的线上或线下的人群聚集；[1] 其次，大规模恶性群体性事件具有很大危害性，不仅会给当地居民造成巨大的经济损失，也会对我国政治、经济、社会等多方面的运行与发展产生损害；再次，群体性事件具有预测的复杂性，其主体是人，而人的主观能动性通常难以识别与预测，因此群体性事件的发生以及走向通常难以预测；最后，群体性事件的爆发原因与特征具有一定的多样性，征地、欠薪、环境、舆情等多方面因素均会造成集群行为的爆发，而其发生的形式也会因事件类型的不同而呈现不同人群聚集特征。集群行为的上述性质对公共管理者在处理事件过程中所应具备的能力与方法提出了相对高的要求，即能够在短时间内迅速做出正确有效的管理决策。公共危机在带来危害的同时，也提供了新的发展机遇，正如 Coser 指出的，集群行为可以作为社会系统运行的安全阀，[2] 公共危机的爆发可以帮助政府找到社会运行体制的缺陷，进而完善制度体系的构建；如果政府在危机中处理得当，也可以进一步提升自身在公众中的威信。

公共危机管理是针对具有以上特性的危机事件所进行的特殊动态管理过程，它要求政府在危机的不同阶段采取行为来预防与化解危机，[3] 其最主要的处理过程可划分为"4R"步骤：减少（Reduction）、预防（Readiness）、反应（Response）与恢复（Recovery）。[4] 以集群行为或群体性事件为例，首先，最有效的管理在于制度设计，优化制度以减少社会风险，从而最大化地降低恶性群体性事件爆发的频率；其次，集群行为的风险管理需要建立针对特殊事件的预防与预警体系，要求建立科学合理的指标体系，通过专业机构

---

① 杜海峰，张楠，牛静坤等. 群体性事件中的集群行为——一个基于社会计算的研究框架 [J]. 中国人民公安大学学报（社会科学版），2014，30（6）：81-90. 杜海峰，牛静坤，张错琦等. 集群行为的社会网络分析：社会计算在农民工集群行为研究中的应用 [M]. 北京：社会科学文献出版社，2019.

② L·科塞. 社会冲突的功能 [M]. 孙立平等，译. 北京：华夏出版社，1989：31-34.

③ 张成福. 公共危机管理：全面整合的模式与中国的战略选择 [J]. 中国行政管理，2003，（7）：6-11.

④ 罗伯特·希斯. 危机管理 [M]. 王成等，译. 北京：中信出版社，2001.

向政府和社会发出警示；再次，集群行为的反应阶段是集群行为矛盾最为尖锐的阶段，也是社会民众最为关注的阶段，由于集群行为的爆发势能极强，管理者在限定时间内需要充分调动各项资源，合理把握事态发展的主线，最大限度地减轻事件所带来的社会危害；最后，集群行为的善后处理工作不仅是对事件利益受损群体的及时补偿，同时也是对民众政府信任的重塑以及暴露出的社会问题的修复。在这一过程中，政府既是公共危机管理体系的设计者，也是公共危机管理过程的主导者，正如金太军指出的，公共危机管理无法精确通过危机衍生的自适应系统来化解，而要求政府必须作为事件管理的核心主体。①

然而，伴随着社会结构的急剧变迁，公共危机事件更趋复杂，传统的政府职能难以有效应对新形势下的危机。马振兴指出我国正处于多方面的结构转型阶段，媒体作为面向公众的信息传递媒介，对危机管理发展具有深层次的意义。② 李曦、陈晖分析了新媒体环境下的公共危机，强调新媒体危机公关以及加大自媒体管控力度的重要性。③ 李站强指出大数据对于公共危机管理具有深远影响，如果不充分借助大数据信息技术，则难以应对新时代下的公共危机。④ 王靖哲在分析了互联网与公共安全危机管理关系的基础上，指出当前的危机管理体系正在受到互联网新环境的挑战。⑤ 此外，还有学者指出政府在新环境的危机应对过程中存在预警机制较为薄弱、管理系统协调性不强、政府信息透明度不高、部门间以及部门与社会间的沟通渠道匮乏、全民参与机制不健全等问题。⑥ 政府作为公共

① 金太军．政府公共危机管理失灵：内在机理与消解路径——基于风险社会视域［J］．学术月刊，2011，43（9）：5-13．
② 马振兴．公共危机管理中媒体参与探究［J］．现代营销（创富信息版），2018，（12）：175．
③ 李曦，陈晖．浅析新媒体环境下的政府公共危机管理［J］．新闻前哨，2019，（9）：68-69．
④ 李站强．大数据时代的公共危机管理［J］．知识经济，2019，（1）：33-34．
⑤ 王靖哲．"互联网+"对政府公共安全危机管理的影响效应研究［J］．中国管理信息化，2019，22（12）：191-192．
⑥ 张韬，杨小虎．地方政府应对公共危机的路径探析［J］．行政科学论坛，2018，（10）：25-28；王献红．基于公共危机管理策略对地方政府执政能力提升的研究［J］．宏观经济管理，2017，（S1）：319-320；俞丰．基于公共危机视角的政府公共关系沟通路径探析［J］．改革与开放，2018，（19）：88-91；张悦．政府公共危机管理存在的问题及对策浅析［J］．经济研究导刊，2019，（18）：180-181；陶建华．试论突发公共危机事件的政府网络舆情管理措施［J］．中国市场，2019，（31）：96-97；胡晶．公共危机管理中政府信息公开的现状与问题探析［J］．经济研究导刊，2019，（31）：186-187．

危机管理的核心毋庸置疑，然而公共危机管理的主体也包括非政府组织、企业、公众等一系列社会群体。一些学者针对我国社会的现实环境，强调多元主体参与，特别是非政府组织，对于改善公共危机管理现状意义重大。① 受制于公共危机管理的复杂性以及政府管理范围的有限性，我国迫切需要社会多元力量的整合来进行更高水平的管理。特别地，就集群行为这类公共危机事件而言，社会多元主体所固有的灵活性、专业性与资源整合性在公共危机管理中将具有独特的优势。

二 公共治理理论

在"政府管理"转变为"政府治理"的过程中，市场、企业、民间团体、非政府组织等社会力量在治理过程中的地位和作用日益受到重视。世界银行最早对"治理"（governance）一词进行了界定，即"以追求发展为目标而应用于社会资源管理中的权力方式"②。公共管理视域下的"治理"本身具有引导和管理的内涵，是在政治进程的演变中针对国家公共事务所交替使用的治理、管理与控制手段。在公共管理环境急剧变迁与公共管理问题更趋复杂化的背景下，有学者提出公共治理侧重于政府部门的职能与管理方式转变，通过建立起与社会组织和民间团体的伙伴关系，将公共物品与公共服务供给者的角色让渡给社会，形成如图2-2所示的多元治理主体协同并进的生存发展环境。其目的就在于通过与社会合作，提升社会效率、优化资源配置、增进公共利益，最终最大限度地满足公众需求。③ 公

---

① 张娟. 我国公共危机治理中的多元主体协作路径探讨 [J]. 现代商贸工业，2019，40（5）：115-116；赵军锋，金太军. 论非政府组织参与危机管理的演化逻辑——基于治理网络的视角 [J]. 学术界，2013，(8)：44-52；谢晴晴. 治理视阈下地方政府危机管理能力的问题及对策 [J]. 管理观察，2019，(3)：71-74；陈达. 提升政府公共危机管理能力路径探析 [J]. 市场论坛，2018，(10)：4-7；介佩玺，武歆华，陈星梦. 农村多主体参与应急管理现状研究——以陕西省榆林市横山区波罗镇为例 [J]. 新西部，2019，(24)：34-35.

② World Bank. Governance and development [R]. Washington, D.C.: World Bank Publications, 1992：3.

③ Stoker, G. Governance as theory: Five propositions [J]. International Social Science Journal, 2010, 50 (155)：17-28；俞可平. 社会自治与社会治理现代化 [J]. 社会政策研究，2016，(1)：73-76；李维安. 国家治理与分类治理 [J]. 中国高校科技，2015，(2)：16-18.

共治理面对的对象是复杂社会系统，因此需要多治理主体的高度协同。在治理过程中，纵向垂直的政府机构发挥着引领、仲裁与协调的作用，水平连接的社会组织则起到了具体分摊公共事务与提供公共服务的作用，而理想的治理结构就需要系统形成一个"合纵连横"的立体治理网络。俞可平提出的"善治"（Good Governance）体系正是这样一套系统网络结构在政治分析上的映射，即通过政治国家与公民社会在公共事务上的通力合作与网络管理，最大限度地发挥社会组织优势，推动公民积极参加社会治理与管理民主化的和谐发展。[①]

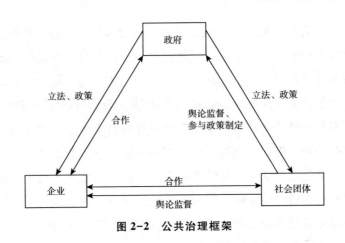

图 2-2 公共治理框架

中国改革开放四十多年来取得了一系列改革成果，发展出具有中国特色的治理和善治理念，公共治理理论可以为分析及总结中国各项战略举措和经验提供基础研究框架，[②] 但是由于不同问题的侧重点、研究对象、理论背景不尽相同，在利用该框架过程中还应就具体问题做相应调整。[③] 针对集群行为这样的公共危机问题，公共治理理论为解决该问题的管理实践提供了理论指导。一方面，对于具有瞬时性、危害性、复杂性、不确定性等特征的集群行为问题，传统政府管理难以有效应对，需要加强政府与社

① 俞可平. 治理和善治分析的比较优势 [J]. 中国行政管理, 2001, (9): 15, 17.
② 何增科. 治理、善治与中国政治发展 [J]. 中共福建省委党校学报, 2002, (3): 16-19.
③ 何翔舟, 金潇. 公共治理理论的发展及其中国定位 [J]. 学术月刊, 2014, 46 (8): 125-134.

会之间的合作以提升应对与处理危机的能力；另一方面，政府职能的转变、政府权力的下沉以及公民社会的发展，为构建多方主体参与的公共危机协同治理体系创造了可能。① 公共治理框架将公共治理的基本思想应用到危机管理领域，强调政府、企业、非政府组织、公民个体等多元主体互相合作，组建成高效的协同治理网络，为突发性公共安全事件的治理提供了新路径。② 公共治理框架特别强调了治理主体之间的关系和互动，包括沟通、协调、信息传递等内容，③ 而集群行为的本质就是以信息传播为载体，通过人际互动的形式形成特定行为的聚集，因而该框架在集群行为的防治与管理中具有很强的适用性。

然而，在将治理理论应用于中国场域的过程中，需要注意不符合中国国情的一面并予以修正。一方面，治理理论以西方的政治文明架构为基础，强调政治与行政分离，我国的政治制度、体制与西方存在较大差异，不能简单套用政治与行政二分的理论和分析逻辑；另一方面，治理理论具有较强的"社会中心"取向，强调公民与社会组织在治理实践中发挥的重要作用，但我国公民自治与社会组织的发展与西方国家的发展轨迹不尽相同，结合我国特有的经济与政治模式，片面或过度强调公民作为社会治理主体的作用可能不适于我国国情。我国实现社会治理现代化的前提是坚持与更好地发挥我国制度优势，因而在社会治理体系中，仍需要坚持以党和政府作为治理的核心，形成"党委领导、政府负责、民主协商、社会协

---

① 康伟，陈茜. 公共危机协同治理视角下的组织合作问题研究 [J]. 行政论坛，2015，22 (1)：14-17.

② Turoff, M., Chumer, M., A. van de Walle B., et al. The design of a dynamic emergency response management information system [J]. Journal of Information Technology Theory & Application, 2004；Dantas, A., Seville, E. Organizational issues in implementing an information sharing framework：Lessons from the Matata flooding events in New Zealand [J]. Journal of Contingencies and Crisis Management, 2006, 14 (1)：38-52；Zhang, D., Zhou, L., Jr J. F. N. A knowledge management framework for the support of decision making in humanitarian assistance/disaster relief [J]. Knowledge & Information Systems, 2002, 4 (3)：370-385.

③ Mandell, M. P., Keast, R. L. Evaluating network arrangements：Toward revised performance measures [J]. Public Performance & Management Review, 2014, 30 (4)：574-597；Boin, A., Hart, P., Stern, E. K., et al. The politics of crisis management：Public leadership under pressure [M]. Cambridge：Cambridge University Press, 2006；Axelrod, R. M., Cohen, M. D. Harnessing complexity：Organizational implications of a scientific frontier [M]. Basic Books, 2001.

同、公众参与、法制保障、科技支撑"的现代治理格局。①

现代化的社会治理除了多元主体协同参与之外，还具有行为民主性、过程透明性、方式科学性、监管完备性、责任主动性等特征，② 而这些也正是当前集群行为治理过程中所需要改进的方向。这就要求集群行为治理的决策者和执行者在对集群行为演化逻辑充分了解的基础上，在各个环节与层次上实现科学精准的把握，从而实现治理过程的民主化、制度化、透明化、科学化与现代化。

三　公共选择理论

新公共管理运动促进了新公共管理理论的发展，推动了公共管理理论和政府管理实践的契合。在理论基础层面，新公共管理理论在原有政治学理论的基础上引用了一系列管理学、经济学、社会学等多方面的成果，形成了更加科学与丰富的公共管理理论基础平台，包含一系列重要理论，如交易费用理论、委托-代理理论、公共选择理论等。③ 其中，公共选择理论作为最重要的理论分支之一，起源于社会对公共决策效率低下的探讨。布坎南和塔洛克运用经济学理论探讨了政治市场中的集体选择行为，指出政府在公共物品提供的过程中存在低效率的问题，应适当引入市场竞争机制。④ Ostrom 在充分分析公共管理中的公地悲剧⑤、囚徒困境⑥、集体行动的逻辑⑦等问题的基础上，指出以政府作为单一公共管理主体或以市场作为单一主体的弊病，提出了多元管理主体的新途径，描述了特定社会组织与公共服务的理

① 郭永园，彭福扬. 元治理：现代国家治理体系的理论参照 [J]. 湖南大学学报（社会科学版），2015，(2)：105-109.
② 卫彦琦，王永鑫. "治理现代化"与中国现代管理理论 [J]. 河北经贸大学学报，2016，37 (1)：55-60.
③ 张陶，王锋. 公共管理学范式证成的内在逻辑论析 [J]. 行政论坛，2019，26 (5)：92-95.
④ 布坎南，塔洛克. 同意的计算——立宪民主的逻辑基础 [M]. 陈光金，译. 中国社会科学出版社，2000.
⑤ Hardin，G. J. The tragedy of the commons [J]. Science，1968，162 (3859)：1243-1248.
⑥ Dawes，R. M.，Messick，D. M. Social dilemmas [J]. International Journal of Psychology，2000，35 (2)：111-116.
⑦ Olson，M. The logic of collective action：Public goods and the theory of groups [M]. Cambridge：Harvard University Press，1971.

性组合;① 进一步地，她基于"生产单位"与"集体消费单位"的概念，指出私人企业、国有企业、社会组织以及不同政府机构均可以以竞争的形式参与公共服务。②

公共选择理论虽然本质上是政治学理论，但更是将经济学理性工具与方法运用于集体决策的科学;③ 它运用经济学的观点和方法解释政治过程，即利用经济学理论探究国家政治、官僚体制、选民行为、选举规则等一系列政治问题，因而它又属于经济学的范畴。公共选择理论以"理性经济人"作为人性的前提假设，科学系统地揭示出公共部门与私营部门在社会系统运行中的内在经济学逻辑，强调了公共决策制定的激励导向与公共物品提供的市场导向。公共选择理论所运用的经济学思维可以总结为以下三点。第一，以微观视角出发的方法论个人主义，即在公共选择理论中以个人选择作为解释基础，通过个体行动阐释集体行动。在布坎南看来，个人行动通过集体环境凸显为集体行动，而政治只是被视为一系列演化过程。④在这一系列过程中，个人行为通过信息传递与人际互动，会产生一系列的政治结果。第二，理性经济人假说，即把社会系统中的个体行为看作追求个体利益最大化的利己主义行为。传统公共管理理论通常将经济市场中的利己主义与政治活动中的利他主义一分为二，而公共选择理论的理性经济人假说突破了传统理论的束缚，为政治活动的经济学分析提供了可能。第三，经济学的交换主义，即运用市场中的交换原理来对政治过程进行研究。公共选择理论认为政治活动中的行为类似于市场活动中的交换过程，同样存在需求与供给双方。但在政治过程这一特殊的场域下，对于不同的公共管理问题或不同的管理视角，供求双方并不一定存在明显的界限，例如，在集群行为的活动中，公民既是集体产品的需求者也是供给者。而政

① Ostrom, E., Calvert, R., Eggertsson, T. Governing the commons: The evolution of institutions for collective action [M]. Cambridge: Cambridge University Press, 1990.
② Ostrom, E. Coping with tragedies of the commons [J]. Annual Review of Political Science, 1999, 2 (1): 493-535.
③ 布坎南. 自由、市场和国家 [M]. 吴良健，桑伍，曾获，译. 北京: 北京经济学院出版社，1988: 18.
④ 布坎南. 自由、市场和国家 [M]. 吴良健，桑伍，曾获，译. 北京: 北京经济学院出版社，1988: 18.

治活动仍可以以经济学交换的范式进行阐释，无论是需求者还是供给者，追求利益最大化的个体在进行决策时仍然要对政治活动的成本与收益进行衡量，进而实施政治交易，与市场交换行为具有一致性。

作为公共选择理论的奠基之作，Olson 在《集体行动的逻辑》一书中解释了个体理性与集体理性的关系，通过集团理论，阐明了集体产品（在公共管理领域也可理解为公共产品）提供的低效性，并基于理性经济人假说指出，集团内部的惩罚机制与奖励机制可以有效地保证集体产品提供的有效性。[①] 在 Olson 看来，集群行为或集体行动同样可以被视作集体产品的供给行为，因而在没有奖惩机制作用下的集聚环境中，就会出现搭便车的行为，使集群行为失败。虽然在实际社会中参与集群行为的个体并非绝对的经济理性，然而在讨论集群行为演化逻辑的过程中，也必然要考虑这一理性因素，特别是在复杂性极强的人群聚集场域中，探讨个体做出参与决策的过程时就需要综合进行多方面的考量，特别是将理性选择纳入非理性的场域中，系统性理解个体与群体的逻辑关系。无论是《集体行动的逻辑》还是其他对公共选择理论的阐述，都创造性地将宏观的涌现行为拆解到个体层面，以个体选择推断群体选择，并揭示出个体利益与集体利益的内在矛盾。本书将这一理论的探讨引入框架，一方面是因为个体选择是集群行为演化产生的基础，从个体视角理解集群行为可以更精确地剖析集群行为演化的内在逻辑；另一方面则是因为个体行为的产生动因具有多重要素，需要综合考虑个体选择的理性面与非理性面，进而在传统集群行为理论非理性框架中引入理性选择加以丰富和完善。

四　研究述评

本节对涉及集群行为研究的经典公共管理理论进行了梳理总结，这些理论为如何看待集群行为以及如何治理集群行为奠定了较为系统的基础，为后文探讨集群行为的演化逻辑提供了很好的理论性指引。

集群行为具有瞬时性、爆发性、危害性、多样性等特征，是一类复杂

---

① Olson，M. The logic of collective action：Public goods and the theory of groups ［M］. Cambridge：Harvard University Press，1971.

特殊的公共危机管理问题，已有研究为政府出台相关的政策提供了框架性的指引，并规范了政府的职能。面对日趋复杂的公共危机，传统政府职能已难以合理应付诸如集群行为这样的社会问题。普遍的观点认为政府在预警机制、系统协调、信息透明、社会沟通、公民参与等板块均存在一定问题，在一定程度上存在市场职能与政府职能履行双重低效的现象。学者逐渐从"管理"思维转向"治理"思维，建议政府建立与社会组织和民间团体的伙伴关系，将公共物品与公共服务供给者的角色适当让渡给社会，并强调所构建的多元合作的治理体系在集群行为的防控中具有较强的适用性。以上研究为公共管理者如何看待与治理集群行为问题提供了方向性的指引，然而没有给出治理的具体操作方案。因而进一步的研究可以从微观的角度出发，结合现代化治理理论探讨具体的集群行为防控措施。

公共选择理论不同于公共危机管理理论与公共治理理论的框架性研究，它从微观视角切入，采用经济学的理论与方法探讨宏观政治过程问题。《集体行动的逻辑》一书为集群行为的理性选择提供了具体的操作性指引，也是集群行为研究的重要理论分支。然而公共选择理论过度专注于个体的经济理性行为，很少考虑个体在人际互动中的情绪与情感作用，因而不能完全用于解释集群行为的发生与发展。进一步的研究方向是将该理论经济理性思维的部分抽取出来，与带有情绪互动与情感互动的理论相结合，共同纳入集群行为解释的逻辑框架中，从而形成更为全面的解释体系。

第二节　西方集群行为的经典理论

集群行为属于西方理论体系中社会运动的范畴，自集群行为的问题与概念被提出以来，学者从不同角度对集群行为的内涵、发生机制、影响因素、控制等多个方面进行了研究，产生了一系列经典集群行为理论，如价值累加理论、资源动员理论、政治过程理论、集团理论等宏观层面的理论，以及社会感染理论、社会聚合理论、相对剥夺理论、社会认同理论等微观层面的理论。总体来讲，宏观层面的理论主要基于政治学、经济学、社会学等对集群行为的宏观环境与特征进行描述分析，进而阐释整体社会结构与集群行为发生的关系；而微观层面的理论则深入剖析集群行为环境中的个体心理特征，通过分析个体在多层次环境影响下的心理变化与心理预期，探讨个体心理与个体选择对于集群行为演化的作用机制。

一 价值累加理论

在社会学与政治学领域，多基于宏观视角对集群行为的社会环境、结构、规范等方面进行整体性分析，[①] 其中 20 世纪 60 年代提出的价值累加理论作为结构功能学派的代表理论，对集群行为的发生环境与社会结构要素做出了较为完备的阐释，至今仍被广泛采用。

价值累加理论最早由 Smelser 提出，用于解释产生集群行为的社会环境与结构要素。[②] 该理论指出，集群行为的发生需要具备以下要素：第一，优势的环境条件，即有利于个体行为形成集群行为的社会环境，这一环境既包括国家层面的政治环境，也包括社会层面的人际互动环境；第二，结构性紧张，即对集群行为参与个体产生压力的紧张性的社会结构，这一结构会导致弱势群体具有受到经济损失或权利侵犯的高风险以及被迫做出群体抗争的高势能；第三，诱发因素，即诱发产生集群行为的导火索事件；第四，行动动员，即群体中意见领袖对群体所采取的动员行为，并成功引领群体采取异质性的行为；第五，群体情绪的产生或共同信念的形成，即参与个体形成了一致性的情绪以及为了实现共同目标所达成的一致性规范；第六，失效的社会控制，即当前的社会管理或治理机制已不能对集群行为进行合理控制，导致集群行为的发展进一步恶化。

价值累加理论系统性地诠释了社会环境中的各个结构要素在集群行为产生与演化过程中的不同作用机制，从国家、社会、事件、公众、心理、

---

① Park, R. E., Burgess, E. W. Introduction to the science of sociology [M]. Chicago: University of Chicago Press, 1921；波普诺. 社会学：下册 [M]. 辽宁：辽宁人民出版社，1988：566-567；范如国. 复杂网络结构范型下的社会治理协同创新 [J]. 中国社会科学，2014，(4)：98-120；Smelser, N. J. Theory of collective behavior [M]. New York: Free Press, 1962；McCarthy, J. D., Zald, M. N. Resource mobilization and social movements: A partial theory [J]. American Journal of Sociology, 1977, 82 (6): 1212-1241；McAdam, D. Political process and the development of black insurgency, 1930-1970 [M]. Chicago: University of Chicago Press, 1982.

② Smelser, N. J. Theory of collective behavior [M]. New York: Free Press, 1962.

人际关系等不同层面全方位描绘了集群行为的发生与演化过程。价值累加理论所描绘的集群行为社会结构事实上包含了政治过程理论与资源动员理论所构建的宏观结构性框架，为集群行为的宏观理论奠定了基础。虽然该理论并没有详细阐释群体中的个体行为以及个体间的人际互动，但该理论在论述"行动动员"与"群体情绪"的过程中，已然强调了人际互动与个体心理特征在群体中的作用机制，因而也涵盖了社会感染理论、社会认同理论等微观层面理论的内涵。正如周晓虹指出的，价值累加理论在集群行为研究发展中起到了里程碑式的作用。[①] 该理论在一定意义上引领了后续集群行为的研究，是最经典的系统框架之一。

二　资源动员理论与政治过程理论

早期的集群行为研究以非理性假说为主，其中 Stouffer 等提出的相对剥夺理论在很长一段时间内成为解释集群行为的基础社会心理学理论。[②] 除此之外，社会心理学家 Gurr 指出集群行为源于个体具有政府对其进行"相对剥夺"的感受，当个体没有达到所预想的期望时，便会产生相对剥夺感，从而形成冲突动机。[③] 而 McCarthy 和 Zald 指出 20 世纪 60 年代美国集群行为的增多并不是相对剥夺所产生的结果，而是由于集群行为参与者可利用的社会资源大大增加，社会整体为集群行为提供了有利的动员结构。[④] 基于 Olson 在《集体行动的逻辑》中所提出的成本收益权衡分析与集团理论，[⑤] McCarthy 和 Zald 提出了资源动员理论，创造性地开启了以经济理性为基础的集群行为研究。

资源动员理论从结构角度解释了人群动员结构对于集群行为产生的影响，不同于早期集群行为心理机制的探索，资源动员理论更关注个体参与集群行为所依附的载体。Tilly 在对资源动员理论的进一步阐释中指出，社

① 周晓虹. 集群行为：理性与非理性之辨 [J]. 社会科学研究，1994，(5)：53-57.
② Stouffer, S. A., Suchman, E. A., DeVinney L. C., et al. The American soldier: Adjustments during army life [M]. Princeton, NJ: Princeton University Press, 1949.
③ Gurr, T. R. Why men rebel [M]. Princeton, NJ: Princeton University Press, 1970.
④ McCarthy, J. D., Zald, M. N. Resource mobilization and social movements: A partial theory [J]. American Journal of Sociology, 1977, 82 (6): 1212-1241.
⑤ Olson, M. The logic of collective action: Public goods and the theory of groups [M]. Cambridge: Harvard University Press, 1971.

会网络是集群行为资源动员的重要手段。在他看来，人与人组成的关系网络是促成两人或多人互动的纽带，而集群行为正是被这类人际互动所动员起来的。[①] Tilly 第一次将社会网络理论纳入集群行为的解释框架，为后续网络视角的集群行为研究开辟了新的路径。林南指出，社会资本是嵌入社会网络中的可以涉取或动员的资源。[②] 这类资本又可分为个体社会资本和集体社会资本，[③] 其中个体社会资本包含了集群行为参与者可以动员的个人关系及其所蕴涵的资源，集体社会资本包含了宏观群体内部的社会互信以及促成集群行为的结构方式。因此，社会网络既是集群行为组织动员的载体，也为集群行为发动提供社会资源。

Coppock 等学者指出集群行为的动员资源存在于既定的正式组织网络以及公开招募的成员中。[④] McAdam 与 Paulsen 则强调了非正式网络在资源动员中所起的重要作用。[⑤] 非正式网络具有更强的灵活性，有助于集群行为信息更快地扩散，[⑥] 同时有助于参与者做出更充分的准备，进而可以充分应对行为参与的风险。[⑦] Oberschall 指出社会网络关系的横向整合，即民众内部的整合，有利于集群行为的组织。[⑧] Passy 进一步指出社会网络的社会化功能、结构连接功能以及决策塑造功能对集群行为的发动产生了重要影响。[⑨] 学者冯仕政在分析西方社会运动规律时指出社会网络具有一定的

① Tilly, C. From mobilization to revolution [J]. American Political Science Association, 1980, 84 (1): 653.
② Lin, N. Building a network theory of social capital [J]. Connections, 1999, 22 (1): 28-51.
③ 赵延东，罗家德. 如何测量社会资本：一个经验研究综述 [J]. 国外社会科学, 2005, (2): 18-24.
④ Coppock, A., Guess, A., Ternovski, J. When Treatments are tweets: A network mobilization experiment over Twitter [J]. Political Behavior, 2016, 38 (1): 105-128.
⑤ McAdam, D., Paulsen, R. Specifying the relationship between social ties and activism [J]. American Journal of Sociology, 1993, 99 (3): 640-667.
⑥ Halsall, J., Cook, I., Wankhade, P. Global perspectives on volunteerism: Analysing the role of the state, society and social capital [J]. International Journal of Sociology and Social Policy, 2016, 36 (7/8): 456-468.
⑦ Porta, D. D., Diani, M. Social movements: An introduction [M]. 2nd ed. New Jersey: Wiley-Blackwell, 2006.
⑧ Oberschall, A. Social conflict and social movements [M]. Englewood Cliffs: Prentice-Hall, 1973.
⑨ Passy, F. Socialization, recruitment, and the structure/agency gap: A specification of the impact of networks on participation in social movements [J]. Mobilization: An International Quarterly, 2001, 6 (2): 173-192.

压力作用，迫使网络中个体行为趋同。[1]

　　资源动员理论基于经济理性的假设集中探讨了集群行为组织与动员的策略，然而有学者指出资源动员理论存在误偏，它将集群行为视为完全竞争市场中的自由竞争行为，由于社会中的个体存在差异及主观能动性，资源动员理论只能解释特定精英所发起的组织行为。[2] Eisinger 指出社会系统中所蕴含的集群行为势能，不仅仅取决于个体所拥有的社会资源，更取决于社会系统自身的开放程度。[3] Eisinger 开创了政治过程理论并分析了政治机会结构对于集群行为所产生的影响。他将政治环境的不同开放程度视为不同的政治机会结构，并指出最开放与最封闭的政治系统并不容易产生集群行为，而从封闭系统转向开放系统的中间过程最容易引发集群行为。在这一逐渐开放的动态过程中，人们会逐渐得到更多的政治机会，但由于开放的政治结构还未完善，大部分人会采取集群行为的方式实现政治目的。[4]此后，学者们基于该理论对集群行为所存在的政治结构与政治参与过程进行了一系列拓展与丰富。Tilly 将社会成员划分为政治体制内与政治体制外成员，并描述各类成员为维护自身的经济利益所做出的不同行为，特别是政治体制外成员为实现自身目的会通过集群行为方式设法进入体制内以实现个体利益最优的社会资源分配。[5] McAdam 则指出集群行为会受到三方面因素的影响，即政治机会的开放程度、社会群体的不公平认知程度以及社会群体可动员的资源。[6] 政治过程理论同样是基于经济理性的假设，聚焦于描述集群行为所存在的政治或社会系统结构，而这些也映射出价值累加理论中的"优势环境条件"、"结构性紧张"与"行动动员"。政治过程理

---

① 冯仕政. 西方社会运动理论研究［M］. 北京：中国人民大学出版社，2013：13-94.

② Marks, G., McAdam, D. On the relationship of political opportunities to the form of collective action: The case of the European union［M］//Porta, D., Kriesi, H., Rucht, D. Social Movements in a Globalizing World. UK: Palgrave Macmillan, 1999.

③ Eisinger, P. K. The conditions of protest behavior in American cities［J］. American Political Science Review, 1973, 67 (1): 11-28.

④ Eisinger, P. K. The conditions of protest behavior in American cities［J］. American Political Science Review, 1973, 67 (1): 11-28.

⑤ Tilly, C. Migration in modern European history［M］//McNeill, W. H. and Adams, R. S. Human Migration Patterns & Policies. Bloomington: Indiana University Press, 1978.

⑥ McAdam, D. Political process and the development of black insurgency, 1930-1970［M］. Chicago: University of Chicago Press, 1982.

论强调了集群行为整体运行系统的重要性，从宏观层面丰富了已有集群行为理论的解释框架，也在理论上指导了微观层面的研究。

三 集团理论

集群行为是个体行为的聚集所产生的结果，集团是个体出于某种目的所聚集而成的群体，因此有学者把集团的行动看作集群行为的实践过程。[①] Aristotle 最早就曾提及过集团行动的作用，他指出人们会为一定目的提供某些特殊的物品而聚在一起，而政治集团也是因为它所带来的好处，人们才聚在一起并延续下去。在 Olson 看来，早期传统集团理论存在两种解释或两种变体，即随意变体（Casual Variant）与正式变体（Formal Variant），其中随意变体强调了人们参加集团的本能性，而正式变体则强调了集团所带有的功能性。[②] 在随意变体中，Simmel 认为集团的存在有它自身的普遍性，[③] Tocqueville 等认为参加集团正是美国当时盛行的行为。[④] 而在正式变体中，人们更看重集团自身所带有的功能性，例如，Festinger 指出集团成员的聚集并不仅仅是为了集体的归属感，还在于通过集团的形成能够获取什么；[⑤] Laski 指出集团存在的意义就是实现集团成员目的；[⑥] Commons 同样指出集团可以代表社会成员的利益，进而可以推动民主的发展。[⑦] 此后的学者更偏向于将集团理论归纳到带有一定经济理性的正式变体中，而所谓的集团更多是带有某种利益性的集团。美国总统詹姆斯·麦迪逊（James Madison）在《联邦党人文集》中曾提及"党争"一词，认为这是公民出于利益驱动或相

---

① Olson, M. The logic of collective action: Public goods and the theory of groups [M]. Cambridge: Harvard University Press, 1971.

② Olson, M. The logic of collective action: Public goods and the theory of groups [M]. Cambridge: Harvard University Press, 1971.

③ Simmel, G. Conflict and the web of group-affiliations [M]. Wolff, K. H. and Bendix, R., trans. Glencoe, Illinois: The Free Press, 1955.

④ Tocqueville, A. D. Democracy in America [M]. Mansfield, H. C., Winthrop, D., trans. Chicago: University of Chicago Press, 2000.

⑤ Festinger, L. Group attraction and membership [M] //Cartwright, D., Zander A., ed. Group dynamics. Evanston, IL: Row, Peterson, 1953: 93.

⑥ Laski, H. J. A grammar of politics [M]. London: George Allen & Unwin, 1957: 67.

⑦ 张珂铮. 西方利益集团经济理论研究综述 [J]. 商, 2016, (23): 162.

似性情感而形成聚集，进而反对其他公民与集体。[①] 此后 Bentley 指出利益集团是政治活动中的常见客观现象，集团间的竞争与博弈会最终构成反映公众需求的政策。[②] 哈里·杜鲁门（Harry Truman）在前期集团理论的基础上进一步推进了利益集团理论的研究，他在《政治过程——政治利益与公共舆论》一书中对利益集团的性质、特征、形成机理、作用机制等做出了系统性的论述，认为利益集团是那些具有共同观点并向其他组织提出要求的群体。[③] 据此定义，狭义上集群行为的维权抗争也正是弱势群体基于共同目标与情感聚在一起并向社会提出需求的行为，因而将集群行为中的群体理解为某种利益集团是存在一定客观意义的。此后，罗伯特·达尔（Robert Alan Dahl）在《美国的民主》中指出，任何一个为了实现某种利益目标而聚集在一起的群体都属于利益集团。[④] 哈蒙·齐格勒则进一步在《美国社会中的利益集团》中指出，利益集团是人们为满足某种目的而自觉组织起来以采取行动的集体。[⑤] 总之，集团的存在是为了增进成员的共同利益，而成员进入集团也是为了从集体中获取利益。

　　然而 1971 年 Olson 所著的《集体行动的逻辑》对传统集团理论提出了挑战。[⑥] Olson 指出从个体追求自我利益最大化的前提推断出集团可以从自身利益出发进而采取行动的观点并不正确，相反，追求经济理性的个体不会采取任何行动以增进集团的利益，即使他们清楚采取集体行动（这里也可以看作集群行为）后可以获益，他们也不会自愿采取行动以增进集团利益。Olson 将集群行为或是集团的集体行动看作集体产品的供给行为，那么一旦集团中的某个成员参与了增进个体与集体利益的行动，就不可能把其他成员排除在自己所提供的集体产品的享用者之外，而他所付出的努力

① 汉密尔顿，杰伊，麦迪逊. 联邦党人文集 [M]. 程逢如等，译. 北京：商务印书馆，1980.
② Bentley, A. F. The process of government: A study of social pressures [M]. Chicago: University of Chicago Press, 1908.
③ 杜鲁门. 政治过程——政治利益与公共舆论 [M]. 陈尧，译. 天津：天津人民出版社，2005.
④ 王保民，王焱. 当代中国利益集团多元利益的立法表达 [J]. 管理学刊，2011，(3)：68-72.
⑤ 陈水生. 当代中国公共政策过程中利益集团的行动逻辑 [D]. 上海：复旦大学，2010.
⑥ Olson, M. The logic of collective action: Public goods and the theory of groups [M]. Cambridge: Harvard University Press, 1971.

与成本并不会得到成员的补偿；另外，一个个体可以在集团中免费得到其他个体行动所带来的收益，也会进一步降低自身行动的动力，因此，搭便车机制的存在会使集体行动演化为"公地悲剧"，即无人主动参与行动。这样的后果特别容易发生在个体行为不容易被察觉的大集团中，而在小集团中由于个体都会注意彼此的行动以及个体间相互存在一股潜在的压力，因而更容易引发集体行动。从另一个角度讲，小集团行动的成功可归结于集团内部的规范机制（奖励或惩罚），因为这些机制鼓励或迫使集团成员共同去参与增进集团利益的行动。Olson 所提出的新的集团理论使更多的经济学家接受并应用该理论，为后续公共选择与集群行为的研究奠定了坚实的基础。

四　社会感染理论、社会聚合理论与社会认同理论

集群行为微观演化机制的研究关注个体行为如何在整体环境和他人互动中实现传播。目前该类研究可大致分为三套理论框架，即社会感染理论、社会聚合理论与社会认同理论。与前文理论分析框架不同，此三者从微观层面阐释了个体行为演化为集群行为过程中人际互动所发挥的作用机制，关注了个体的行为选择在受到系统内部其他个体的影响时所发生的动态变化。同时，这三者遵从的是非理性假说，将个体行为视为环境影响的结果，而非自身做出的理性选择。

与资源动员理论聚焦于社会网络类似，社会感染理论重点关注社会网络中的人际互动与信息传递，以更微观与更细致的角度探索个体行为在人际互动中的演变。Le Bon 首先提出集群行为的社会感染理论，并指出参与集群行为的个体会激发出"集体心智"，这一心智不受个体的资本、阶层或智力等因素影响，个体在群体环境影响下，心智被集体同化而做出背离社会规范的行为。在这一同化的过程中，个体行为受到他人行为的影响与感染，逐渐形成具有同质性的聚类性行为，即集群行为。[①]
Park 基于 Le Bon 的社会感染理论，对集群行为的概念做出了较为全面的诠释，认为个体在群体聚集的环境下会不由自主地受到整个群体共同情

---

① 勒庞 . 乌合之众：大众心理研究［M］. 冯克利，译 . 中央编译出版社，2015.

绪的感染，个体行为在人际互动的作用机制下快速扩散并感染周边个体，进而演化为集群行为。① Blumer 指出个体在群体中会与其他个体协调合作、相互感染，每个人根据接收的信息不断进行反射，形成一个循环的过程。② Smith 与 Conrey 指出人们的情绪会在群体中快速感染其他个体，而情绪输出者与其他个体之间会形成交互循环，进一步强化集体情绪。具体来讲，情绪输出者将愤怒情绪呈现给观察者，而观察者则将情绪认知反馈给情绪输出者，导致情绪输出者进一步加强情绪的表现，在不断经历这样的循环反馈过程后，成员间的集体情绪经过多次感染与强化，进而促使群体成员达成一致性的社会认知。③ 以上研究均指出集群行为发生的必要条件就在于人际互动所形成的信息联动，人际互动使个体之间具有更加同质性的集体情绪，而集体情绪又进一步促进集体行为在人际互动中的快速扩散。Smith 与 Conrey 将该过程归为人们的模仿与学习行为，认为人群的聚集会加速人们之间的行为模仿，并使集体情绪得以扩散。④ Lundqvist 和 Dimberg 通过实验与统计验证了人们可以在极短时间内对周围人进行面部、言语、肢体、动作等的模仿。⑤ 根据社会比较理论，个体在缺乏准确信息的情况下，会倾向于遵从他人观点，这样可以较好地解释集群行为参与成员间的相互模仿机制。⑥ Penrose 仿照传染病的传播机制，探讨了集群行为社会感染的过程，指出集群行为的扩散与传染病传播过程类似，而这

---

① Park, R. E. Human nature and collective behavior [J]. American Journal of Sociology, 1927, 32 (5): 733-741.

② Blumer, H. Collective behavior [M] //Park, R. E., ed. An Outline of the Principles of Sociology. New York: Barnes & Noble, 1939.

③ Smith, E. R., Conrey, F. R. Agent-based modeling: A new approach for theory building in social psychology [J]. Personality and Social Psychology Review, 2007, 11 (1): 87-104.

④ Smith, E. R., Conrey, F. R. Agent-based modeling: A new approach for theory building in social psychology [J]. Personality and Social Psychology Review, 2007, 11 (1): 87-104.

⑤ Lundqvist, L. O., Dimberg, U. Facial expressions are contagious [J]. Journal of Psychophysiology, 1995, 9 (3): 203-211; Hatfield, E., Cacioppo, J. T., Rapson, R. L. Emotional contagion [J]. Current Directions in Psychological Science, 1993, 2 (3): 96-100; Hoffman, M. L. How automatic and representational is empathy, and why [J]. Behavioral & Brain Sciences, 2002, 25 (1): 38-39.

⑥ 吕传笑，栾晓峰. 个体行为与群体行为的互动分析 [J]. 山东省农业管理干部学院学报，2005，(5): 97-98.

一结论也为许多基于传染病模型或信息传播模型的集群行为探索奠定了基础。[①]

社会感染理论强调了人际互动对于个体行为演化为集群行为所发挥的重要作用，然而忽略了参与个体的自身属性。Allport 在此基础上提出了带有个体同质性的社会聚合理论，指出集群行为是个人思想依附在人际互动上的产物。[②] 社会聚合理论特别强调了集群行为发生的前提在于个体的同质性特征，因而当不同个体面临同一环境刺激时，会表现出相同的行为。Allport 在研究中论述道，"群体中的个体行为就如同个体自身的行为，群体成员的思想与个体行为在经过反复作用和磨合后会形成趋同的表现"[③]，因而社会聚合理论将集群行为视为同质个体行为的叠加。Lewin 在此基础上运用场域理论解释了个体心理如何与群体心理相互作用，强调了人际互动可以作用于个体心理的变化与发展，进而形成同质性的群体。[④] 在心理变化的过程中，个体逐渐形成一股场域凝聚力，而这一场域凝聚力在维持整体结构与保证个体间相互作用方面具有重要意义。[⑤] 社会聚合理论虽强调个体在群体中的同质性是集群行为的先决条件，但是仍有两方面的问题并未做出详细解释：第一，个体行为在复杂的社会系统中往往是多样的，在没有外力作用的情况下，并不能快速形成目标一致、协调统一的社会群体，同质性的个体如何在社会刺激中做出统一协调的集群行为需要进一步探讨；第二，Allport 并没有明确回答个体如何基于自身属性与社会互动形成同质性群体的问题，而这一直是集群行为演化研究中主要关注的问题之一。

Turner 和 Killian 给出了第一个问题的解释，他们基于突生规范的机制指出群体中的个体在相互模仿中产生群体规范，而集群行为就是这一规范实施的结果。[⑥] 在个体行为向集群行为演化的过程中，由于个体没有明确

① Penrose, L. S. On the Objective Study of Crowd Behaviour [M]. London: H. K. Lewis, 1952.

② Allport, F. H. Social psychology [M]. Boston: Houghton Mifflin Co., 1924.

③ Allport, F. H. Social psychology [M]. Boston: Houghton Mifflin Co., 1924.

④ Lewin, K. Resolving Social Conflicts [M]. New York: Harper & Brothers, 1948.

⑤ Festinger, L., Schachter, S., Back, K. W. Social pressures in informal groups, a study of human factors in housing [M]. New York: Harper & Brothers, 1950.

⑥ Turner, R. H., Killian, L. M. Collective behavior [M]. Englewood Cliffs: Prentice Hall, 1957: 105-106.

的组织目标与组织规范，此时个体即使存在同质性也并不能构成集群行为；只有当群体在面临统一外界刺激时，产生能够指导群体行为的规范，才可使个体行为演化成系统性的集群行为。[1] Manstead 指出，集群行为中存在多种角色的个体，包括意见领袖与普通参与者，只有当意见领袖充分利用群体规范调动普通个体时，集群行为方可产生。[2] Reicher 和 Tajfel 在突生规范机制的基础上提出了社会认同理论，同时该理论也对上文的第二个问题进行了解答。[3] 早期 Festinger 指出个体具有加入一个团体或与他人交往的倾向，人们愿意参与到群体中听取并吸纳他人意见，进而与群体观点保持一致，而这一模仿过程来源于个体对群体的认同。[4] Reicher 和 Tajfel 指出突生规范产生的原因就在于这一认同感，当群体中的个体具有强烈的认同感时，群体的凝聚力才会凸显，进而形成具有统一性的集群行为。[5] Abrams 和 Hogg 指出个体在向群体聚集的过程中会通过社会比较和自我归类形成对群体的认同，而该认同感对外决定了群体的目标与行为方向，对内则会形成组织内部规范。[6] Tajfel 对比了不同群体间的差异，发现群体间的社会比较以及群体内的社会认同会加深不同群体间成员的相对

① Turner, R. H., Killian, L. M. Collective behavior [M]. Englewood Cliffs: Prentice Hall, 1957: 105-106.

② Manstead, A. S. R., Hewstone, M., Fiske, S. T., et al., eds. The Blackwell encyclopedia of social psychology [M]. Blackwell Publishing, 1995.

③ Reicher, S. D. The determination of collective behavior [M] //Tajfel, H., ed. Social Identity and Intergroup Relations. Cambridge: Cambridge University Press, 1982: 41-84; Tajfel, H. Differentiation between social groups: Studies in the social psychology of intergroup relations [M]. London: Academic Press, 1978.

④ Festinger, L. A theory of social comparison processes [J]. Human Relations, 1954, 7 (2): 117-140; Reicher, S. D. The determination of collective behavior [M] //Tajfel, H., ed. Social Identity and Intergroup Relations. Cambridge: Cambridge University Press, 1982: 41-84.

⑤ Reicher, S. D. The determination of collective behavior [M] //Tajfel, H., ed. Social Identity and Intergroup Relations. Cambridge: Cambridge University Press, 1982: 41-84; Tajfel, H. Differentiation between social groups: Studies in the social psychology of intergroup relations [M]. London: Academic Press, 1978.

⑥ Abrams, W. D. J. Social identity, self-awareness and intergroup behaviour [D]. University of Kent, 1984; Hogg, M. A., Turner, J. C. Interpersonal attraction, social identification and psychological group formation [J]. European Journal of Social Psychology, 1985, 15 (1): 51-66.

剥夺感，进而更容易引发社会冲突。① Turner 对这一发现进行了再次论证，同时指出参照信息会加深个体对群体的社会认同，形成更统一的规范。② Reicher 此后利用一系列心理学实验验证了这一观点，也为后续基于社会认同理论的信息传播研究奠定了坚实的基础。③

五 研究述评

本节对集群行为的传统经典理论进行了综合梳理，包含宏观与微观、理性与非理性的研究，为后文构建集群行为的演化逻辑框架提供了理论支撑。

价值累加理论是当前集群行为研究中较为通用的普适性框架，在一定意义上引领了后续宏观、微观层面上的集群行为研究，但这一框架性的理论较为宏观，难以应用于探究集群行为中的个体行为演化机制，只能在集群行为研究的大方向上予以指引。

资源动员理论与政治过程理论则既可以应用于集群行为宏观机制的研究中，也可以应用于微观机制的探索中。资源动员理论在经济理性的假设前提下，从结构角度解释人群动员结构对于集群行为产生的影响，特别是将社会网络理论引入解释框架，强调社会网络对于集群行为产生的影响；该理论为后续基于社会网络视角的集群行为研究奠定了基础。政治过程理论则强调了群体所处的社会政治结构的作用，指明了集群行为演化中环境系统的重要性。在已有的基于资源动员理论与政治过程理论的集群行为研究中，以宏观结构机制与微观影响机制的讨论内容为主，很少有探讨从个体行为演化为集群行为的过程性机制的研究，原因在于这两套理论无法显示微观个体行为在人际互动中传递参与行为的依据。资源动员理论指出，个体对集群行为的动员取决于个体嵌入社会环境中的资源，而该理论主要

---

① Tajfel, H. Differentiation between social groups: Studies in the social psychology of intergroup relations [M]. London: Academic Press, 1978.

② Turner, J. C. Towards a cognitive redefinition of the social group [M] //Tajfel, H., ed. Social Identity and Intergroup Relations. Cambridge: Cambridge University Press, 1982: 15-40.

③ Reicher, S. D. Social influence in the crowd: Attitudinal and behavioural effects of de-individuation in conditions of high and low group salience [J]. British Journal of Social Psychology, 1984, 23 (4): 341-350.

针对少数的精英动员者，并非集群行为的参与主体，因而较难应用于演化机制研究的探讨，但该理论对集群行为演化的环境系统的描述仍具有一定的指导意义。

集团理论同样是以经济理性作为个体的假设前提，但关注点在于由个体聚集形成的集团的功能与特征，虽然这一领域的相关理论并不能直接对集群行为过程进行阐释，但集团理论中所涉及的集体产品供给过程与集群行为的参与过程具有相似的思维根源，因而这套理论体系可以用于分析个体在集群行为演化过程中的理性思维逻辑。但是在已有集群行为研究中，并非所有集群行为参与群体均是以理性计算作为前提，即个体行为的传递存在个体非理性特征，因而这一理论在集群行为研究中更适用于带有参与成本与收益的集群行为。Olson 的集体行动论为基于理性动因的集群行为发生与发展提供了理论基础，然而这一理论还缺乏实证或数学模型的支撑与解释，例如，对于搭便车机制与群体规范机制在数学模型中如何呈现以及在不同环境下会呈现何种变化，还需要做进一步的探讨。

社会感染理论、社会聚合理论、社会认同理论从微观视角阐释了个体行为在人际互动作用下传递的过程，为构建集群行为演化逻辑框架奠定了理论基础。这些理论不仅为探讨群体环境下个体的行为决策提供思路，强调了集群行为演化中人际互动的关键性作用，同时也给出集群行为演化过程中的内在心理机制。这些理论在过程性行为传递机制上的描述不尽相同，也并没有权威的研究证明哪种理论解释力更强，但这三者从不同角度探讨人际互动中行为模仿与传播，可以综合应用于集群行为演化的框架构建。需要指出的是，这三个理论以个体的情感化或非理性作为心理基础，集中解释了人际互动发挥作用的机制，而较少关注个体自身对于行为参与的认知；同时，也忽视了某些集群行为参与者的理性。因此，集群行为演化逻辑的框架构建需要对这些理论进行一定程度的整合与修正。

个体行为演化到集群行为的形成机制没有统一结论，原因可能在于传统社会科学研究范式将这些机制转化成具有可操作性的分析框架仍存在一定难度。集群行为理论中存在非理性与理性的不同路径，并没有通用的标准来判断何种理论解释性更强。非理性与理性集群行为的解释机制存在一定矛盾，并不能纳入统一的研究框架。

第三节　集群行为的本土化研究

国内针对集群行为的研究更加细化与具体化，特别是对群体性事件的讨论和研究，但仍没有形成有中国特色的完备理论体系。可以认为集群行为是群体性事件的学术内核，而群体性事件是其外在表现形式，关于群体性事件发生机制与影响因素的研究成果，可以扩展到广义的集群行为研究。国内集群行为的研究可大致分为宏观机制研究与微观机制研究。

一　集群行为的宏观机制

通过引入及借鉴国外理论与机制，国内学者对集群行为（特别是群体性事件）开展了不同视角的研究与分析。从已有研究来看，国内学者针对集群行为的研究大部分是从宏观角度出发，结合政治学、经济学、社会学等学科理论与方法，对集群行为的特征、成因等开展宏观描述性分析。例如，陈潭与黄金结合各种西方理论对中国群体性事件的特征开展了较为全面的分析。[①] 刘能从我国的政治维度层面分析了社会运动的不同理论在我国集群行为问题研究上的适用性。[②] 李永宠与陈晋胜指出中国群体性事件的发生有着国家的社会、经济、历史文化、政治制度、社会心理等根源。[③] 龙宗智、牛静坤等指出中国式集群行为的产生是社会变迁中多类因素引起的，综合反映了一系列社会矛盾；在矛盾激化的社会结构中，集群行为主要源于由利益矛盾所引发的社会冲突，这一方面是源于我国政治与文化的长期浸润，另一方面则是源于制度缺失所导致的底层向上沟通渠道的缺失。[④] 以上研究共同描述了我国"断层"的社会结构所形成的社会矛盾状况，[⑤] 即

---

① 陈潭，黄金. 群体性事件多种原因的理论阐释 [J]. 政治学研究，2009，(6)：54–61.

② 刘能. 社会运动理论：范式变迁及其与中国当代社会研究现场的相关度 [J]. 江苏行政学院学报，2009，(4)：76–82.

③ 李永宠，陈晋胜. 关于群体性事件的理性思考 [J]. 晋阳学刊，2004，(1)：33–38.

④ 龙宗智. 相对合理主义 [M]. 北京：中国政法大学出版社，1999；牛静坤，杜海峰，杜巍，刘茜. 公平感对农民工集群行为的影响研究——基于平等意识的调节效应分析 [J]. 公共管理学报，2016，13 (3)：89–99.

⑤ 孙立平. 断裂——20 世纪 90 年代以来的中国社会 [M]. 北京：社会科学文献出版社，2003.

当前的社会结构进一步加深了各阶层的分化与固化，形成了大量的相对弱势群体，伴随改革的逐步深化，经济利益冲突尤为明显，加之法律制度的不完善以及纵向沟通渠道的缺失，来自社会底层的弱势群体通常只能以非法律手段实现其诉求。① 孙立平认为，中国的精英集团基本左右了政策的制定，这就进一步导致了公共政策的不平衡性，具体表现为政策的向上倾斜性以及对底层民众需求的忽视。② 许章润认为改革开放形成了多元化社会利益主体并列的格局，随着各主体利益意识与维权意识的增强，形成了诉诸集群行为维护自身权益的趋势。③

随着城镇化进程的快速推进，大量的农村剩余劳动力涌入城市，使得集群行为或群体性事件的爆发已经打破了城市空间与乡村空间的界限，农民工成为弱势群体抗争行为的主体。④ 农民工是目前国内集群行为或群体性事件研究的重要群体。受到资源禀赋的限制，农民工主要就业于"次级劳动力市场"，在工作条件、待遇、保障上远不如当地城市居民，是城市社会的边缘群体。⑤ 由于话语权有限，他们经常无法通过合法渠道来争取和维护自身利益，而只能诉诸集群行为等手段。⑥ 对于农民工集群行为的宏观动因研究，学者们主要从宏观社会与政治系统的角度以质性分析方法探讨农民工集群行为的动因。大部分观点认为，农民工的集群行为是弱势群体在合法的利益诉求的正式渠道缺失的情况下所采取的非制度化维权方式。⑦ 牛

---

① 汪大海，何立军，玛尔哈巴·肖开提. 复杂社会网络：群体性事件生成机理研究的新视角 [J]. 中国行政管理，2012，(6)：71-75.

② 孙立平. 定型——节选自《90年代以来中国社会结构演变的新趋势》 [J]. 南风窗，2003，(6)：25.

③ 许章润. 多元社会利益的正当性与表达的合法化——关于"群体性事件"的一种宪政主义法权解决思路 [J]. 清华大学学报（哲学社会科学版），2008，(4)：113-119.

④ 刘能. 当代中国群体性集体行动的几点理论思考——建立在经验案例之上的观察 [J]. 开放时代，2008，(3)：110-123.

⑤ 李培林，李炜. 农民工在中国转型中的经济地位和社会态度 [J]. 中国党政干部论坛，2007，(8)：18-20+33；孟天广. 转型期中国公众的分配公平感：结果公平与机会公平 [J]. 社会，2012，(6)：108-134.

⑥ 许章润. 从政策博弈到立法博弈——关于当代中国立法民主化进程的省察 [J]. 政治与法律，2008，(3)：2-8.

⑦ 孙德厚. 村民制度外政治参与行为是我国农村政治、经济体制改革的重要课题 [J]. 中国行政管理，2002，(6)：35-37；王金红，黄振辉. 制度供给与行为选择的背离——珠江三角洲地区农民工利益表达行为的实证分析 [J]. 开放时代，2008，(3)：60-76.

静坤等指出农民工的集群行为具有一般性集群行为的特征，原因通常以经济纠纷为主，大部分属于被动式的维权抗争行为，但目前也有从被动式抗争向主动式抗争转变的趋势。① 张明军与陈朋指出农民工集群行为常发生在以广东为代表的东部沿海地区，这些地区人口流动性高、人员利益格局复杂，为集群行为的爆发提供了环境基础；同时，农民工的就职行业通常风险高、工资低，也容易导致由工伤、工资、侵权等引发的纠纷事件。② 除了社会经济的环境因素，学者们还考察了农民工宏观层面上的政府信任心理，也可以理解为一种政治文化或是社会心理。邹育根指出农民工集群行为的发生是公共管理失效与政府失信于公众的结果。③ 底层群众对政府缺乏信任，因而不愿通过制度化的形式进行维权，反而选择以集群行为的方式，将事情"闹大"。④ 谢秋山与许源源也指出中国特殊的政府信任结构对农民工利益诉求表达方式有一定的影响。⑤

二 集群行为的微观机制

集群行为的微观机制研究主要集中于以相对剥夺理论、社会认同理论、资源动员理论为指导的心理学与社会学研究，这些研究多采用实证方法。

进入社会转型期的中国出现了区域经济发展差异化与资源分配不均的状况，底层民众的社会满意度也因此而下降，形成相对剥夺的心理，这与中国传统文化中"不患寡而患不均"的思想相契合。张书维团队结合相对剥夺理论，构建了相对剥夺感与相对满意度对集群行为影响的研究框架，并详细探讨了相对剥夺的具体社会机制。⑥ 该团队同时对汶川地震的灾民

① 牛静坤，杜海峰，杜巍，刘茜.公平感对农民工集群行为的影响研究——基于平等意识的调节效应分析 [J].公共管理学报，2016，13 (3)：89-99.
② 张明军，陈朋.2012年上半年群体性事件分析报告 [J].中国社会公共安全研究报告，2013，(1)：3-13.
③ 邹育根.针对地方政府的群体性事件之特点、趋势及治理——政治信任的视角 [J].学习与探索，2010，(2)：66-69.
④ 张明军，陈朋.2012年上半年群体性事件分析报告 [J].中国社会公共安全研究报告，2013，(1)：3-13.
⑤ 谢秋山，许源源."央强地弱"政治信任结构与抗争性利益表达方式——基于城乡二元分割结构的定量分析 [J].公共管理学报，2012，9 (4)：12-20.
⑥ 张书维，王二平，周洁.相对剥夺与相对满意：群体性事件的动因分析 [J].公共管理学报，2010，7 (3)：95-102.

进行了调查，发现个体心理的相对剥夺感对集群行为的参与具有显著影响。[①] 于建嵘则根据对农村居民集群行为事件的调查，构建出"压迫性反应"的集群行为解释框架，并指出我国农民参与集群行为在很大程度上受到来自农民群体外部的压力。[②] 钟其研究了相对剥夺感对表意行为的影响机制，认为人们由于社会不平等而产生的剥夺感容易导致集群行为的发生。[③] 在城镇化背景下，黄岭峻与唐雪梅在农民工相对剥夺感与不公平感对集群行为的影响机制研究中也得出相似的结论。[④]

社会认同理论在国内学者对集群行为的讨论中逐渐成为较常用的解释理论。王卓琳与罗观翠指出社会认同会对集群行为的发生产生重要影响，而集群行为的发展也会进一步推动社会认同的形成。[⑤] 张书维等发现社会认同感对个体的相对剥夺感与集群行为的参与均存在调节作用。[⑥] 卜荣华则指出群体效能在社会认同作为中介变量的作用下会对集群行为意愿产生显著影响。[⑦] 鄢英通过贵州集群行为调查数据指出社会认同是导致集群行为发生的隐性心理因素。[⑧]

此外，一些学者从个体的经济理性角度去阐释集群行为的发生与影响机制，而这一层面的研究普遍应用于资源动员理论。对应西方资源动员理论中的"精英动员"，应星认为中国农民群体集群行为动员可以理解为

① 张书维，周洁，王二平. 群体相对剥夺前因及对集群行为的影响——基于汶川地震灾区民众调查的实证研究 [J]. 公共管理学报，2009，6 (4)：69-77.

② 于建嵘. 集体行动的原动力机制研究——基于 H 县农民维权抗争的考察 [J]. 学海，2006，(2)：26-32；于建嵘. 我国农村群体性突发事件研究 [J]. 山东科技大学学报（社会科学版），2002，4 (4)：10-13.

③ 钟其. 表意行为：人民群众的态度及影响因素研究 [J]. 浙江社会科学，2013，(6)：99-105.

④ 黄岭峻，唐雪梅. 农民工集体行动的中介机制研究——基于结构方程模型（SEM）的分析 [J]. 湖北经济学院学报，2015，(5)：51-57.

⑤ 王卓琳，罗观翠. 论社会认同理论及其对社会集群行为的观照域 [J]. 求索，2013，(11)：223-225.

⑥ 张书维，王二平，周洁. 相对剥夺与相对满意：群体性事件的动因分析 [J]. 公共管理学报，2010，7 (3)：95-102.

⑦ 卜荣华. 群际互动与群际威胁：青年网络集群行为的动力学分析 [J]. 山东青年政治学院学报，2020，36 (1)：45-53.

⑧ 鄢英. 社会认同视角下群体性事件实证调查分析——以贵州为调查样本 [J]. 中共太原市委党校学报，2013，(6)：66-68.

"草根动员"，动员对象来自底层人民的周围群体。[1] 这样的动员形式使得意见领袖充分利用嵌入社会网络的资源，将自身影响力向具有同质性目标的群体扩散。[2] 结合农民工特定的社会环境，蔡禾等从资源动员理论角度出发，指出农民工社会网络规模对其参与集群行为产生正向影响。[3] 牛静坤等结合资源动员理论，利用社会网络规模、非正式组织参与等变量验证了社会网络关系的横向整合促进了农民工集群行为的发生。[4]

三 研究综述

国内学者对集群行为理论的解读与应用开创了本土化的研究体系，为集群行为演化逻辑的搭建与分析方法的选择提供了指引。从总体上看，国内集群行为研究的内容主要是针对由利益矛盾引发的群体性事件。从集群行为的宏观机制研究来看，国内学者普遍将集群行为或群体性事件发生归因于我国当前阶层分化、社会结构变动以及政府政策与制度的不健全，以农民工为代表的底层群众难以也不愿通过制度性的利益诉求渠道进行维权，而是通过集群行为的方式表达自身的不满情绪。但目前的研究还较少系统深入探讨宏观结构如何对集群行为的微观演化机制产生作用。

国内对于集群行为的微观机制研究以探讨集群行为的发生与影响机制为主，其中相对剥夺理论、社会认同理论、资源动员理论在构建不同集群行为的解释框架中应用得最多，普遍的观点认为由社会不平等引发的相对剥夺感、由社会认同感产生的群体情绪以及嵌入不同载体中的可动员资源对集群行为具有显著的影响。然而，国内在集群行为微观机制的研究上过度关注个体的某一属性，人际互动在集群行为发生中所发挥的作用及其机制还未被充分重视，即使有一些学者以社会网络资源作为某种特别的属

---

① 应星. 草根动员与农民群体利益的表达机制——四个个案的比较研究 [J]. 社会学研究，2007，(2)：1-23.

② 高红波. 社会资源与行动网络：精英型意见领袖的抗争逻辑 [J]. 西北农林科技大学学报 (社会科学版)，2016，16 (3)：32-39.

③ 蔡禾，李超海，冯建华. 利益受损农民工的利益抗争行为研究——基于珠三角企业的调查 [J]. 社会学研究，2009，(1)：139-161.

④ 牛静坤，杜海峰，杜巍，刘茜. 公平感对农民工集群行为的影响研究——基于平等意识的调节效应分析 [J]. 公共管理学报，2016，13 (3)：89-99.

性，但将关系结构降维到个体属性就意味着抛弃了大部分网络关系的有效信息，很可能导致一定程度上的失真。

第四节　集群行为与社会计算

上述不同理论在剖析集群行为产生与演化过程时均强调集群行为是个体行为及其与社会互动共同作用的结果；集群行为不是多个个体行为的简单累加，而是嵌入群体环境中的个体行为演化凸显的结果。但是，个体行为如何演化成集群行为依旧是一个需要深入研究和探讨的复杂问题。① 已有不少学者进行了有益尝试，同时也明确指出相关工作的困难，Schelling 对区隔过程的分析表明，具有简单行动的行为者即使在很小的群体中也难以预期其可能造成的社会结果，② Granovetter 则强调小群体中的互动如何造成大规模模式的问题仍是社会学科难以解释的问题，③ 特别是具有复杂性特征的整体结构难以从次级单位的属性去理解。④ 在集群行为的演化过程中，具有主观能动性的参与成员的个体行为对于整体事件的动态发展会产生影响，而个体间的人际互动又会在原有个体属性的基础上发挥更深层次的作用。此外，在当前社会环境快速变化以及社会矛盾日益凸显的背景下，许多集群行为有了更新的形式与更复杂的表现形态，例如，互联网的虚拟人际互动或是数据信息的开源透明，将形成更加复杂的"线上-线下"与"虚实结合"的集群行为发生环境，为探索集群行为的演化机制增加了新的难度。我们认为，由于集群行为具有随机性、突发性、过程难以复现、数据难以收集、统计模型难以建立等特征，传统社会科学已难以满足对集群行为发生、发展的演化规律等的

---

① Schelling, T. C. Dynamic models of segregation [J]. Journal of Mathematical Sociology, 1971, 1: 143-186; Granovetter, M. S. The strength of weak ties [J]. American Journal of Sociology, 1973, 78: 1360-1380; Blau, P. M. Exchange and power in social life [M]. New Brunswick: Transaction Books, 1986.

② Schelling, T. C. Dynamic models of segregation [J]. Journal of Mathematical Sociology, 1971, 1: 143-186.

③ Granovetter, M. S. The strength of weak ties [J]. American Journal of Sociology, 1973, 78: 1360-1380.

④ Blau, P. M. Exchange and power in social life [M]. New Brunswick: Transaction Books, 1986.

研究，需要提出新的理论框架进行科学描述，并对其过程加以预测、干预与控制。①

社会计算作为计算技术与社会科学理论相互融合的交叉科学，是沟通静态到动态、个体到整体、简单到复杂的重要桥梁。② 结合复杂性科学，特别是复杂网络的理论与方法，社会计算的研究范式为研究集群行为提供了新的路径。该范式主要运用系统科学的方法研究集群行为复杂性机理及其演化规律，③ 其思路不仅与社会治理具有内在契合性，而且有助于识别非线性系统形成的内在机制。④ 以网络化结构为分析基础的复杂网络理论，强调了人际互动关系，可以真实反映出人群的复杂性结构。⑤ 结合复杂网络理论的社会计算研究方法可以有效解释集群行为，一方面，社会群体的网络化、多样化、自组织等特征要求以系统性、动态性、复杂性思维对集群行为的机制、预测、控制等问题进行新的思考与把握；⑥ 另一方面，复杂网络理论所强调的组织结构与要素之间的互动关系正是深入探究集群行为的关键所在。⑦ 然而复杂系统以及复杂网络理论目前在社会科学领域的应用还处于初期阶段，因此需要有更多的社会科学应用来丰富这一理论体系。

一 社会计算与复杂性科学

社会计算（social computing）早期主要是针对社交行为与人际交互的

---

① 常凯. 劳动关系的集体化转型与政府劳工政策的完善 [J]. 中国社会科学，2013，(6)：91−108.
② 中国科协学会学术部. 社会能计算吗 [M]. 北京：中国科学技术出版社，2009.
③ 王飞跃，刘德荣，熊刚，程长建，赵义斌. 复杂系统的平行控制理论及应用 [J]. 复杂系统与复杂性科学，2012，9 (3)：1−12.
④ 范如国. 复杂网络结构范型下的社会治理协同创新 [J]. 中国社会科学，2014，(4)：98−120.
⑤ 李明强，张凯，岳晓. 突发事件的复杂科学理论研究 [J]. 中南财经政法大学学报，2005，(6)：23−26.
⑥ 范如国. 复杂网络结构范型下的社会治理协同创新 [J]. 中国社会科学，2014，(4)：98−120.
⑦ 杜海峰，张楠，牛静坤等. 群体性事件中的集群行为——一个基于社会计算的研究框架 [J]. 中国人民公安大学学报（社会科学版），2014，30 (6)：81−90；杜海峰，牛静坤，张锴琦等. 集群行为的社会网络分析：社会计算在农民工集群行为研究中的应用 [M]. 北京：社会科学文献出版社，2019.

计算技术应用,[①] Musser 等人指出社会计算就是利用信息系统进行数据收集和处理，通过人机交互来理解社会过程。[②] 而伴随着社会计算的进一步应用与计算技术的进一步发展，社会计算已然发展出两类分支[③]：一类是面向技术应用的社会计算，即利用传统社会科学中的理论促进技术应用的发展，如利用社会网络理论推动社交软件或社会媒体平台的发展,[④] 或是将认知科学融入科学计算来分析人在特定时段情绪的变化趋势,[⑤] 抑或是通过社会心理学来设计计算机支持的协同工作系统，进而对人们在网络环境中的行为进行预测;[⑥] 另一类是面向社会科学的社会计算，即利用机器学习、模式识别、统计学、数学模型等自然科学方法，基于新的数据形式对传统社会科学进行探索。[⑦] 伴随着该类社会计算，大量的新型交叉学科与新的研究范式和方法开始出现，物理学、数学、生物学、计算机科学等各领域学者纷纷开始关注大数据与信息技术给传统社会科学研究带来的学

①　Schuler, D. Social computing [J]. Communications of the ACM, 1994, 37 (1): 28 - 29; Wang, F. Y., Carley, K. M., Zeng, D., et al. Social computing: From social informatics to social intelligence [J]. IEEE Intelligent Systems, 2007, 22 (2): 79 - 83; Dryer, D. C., Eisbach, C., Ark, W. S. At what cost pervasive? A social computing view of mobile computing systems [J]. IBM Systems Journal, 1999, 38 (4): 652-676.

②　Musser, D., Wedman, J., Laffey, J. Social computing and collaborative learning environments [C] //Proceedings of the 3rd IEEE International Conference on Advanced Learning Technologies. IEEE, 2003: 520-521.

③　孟小峰, 李勇, 祝建华. 社会计算: 大数据时代的机遇与挑战 [J]. 计算机研究与发展, 2013, 50 (12): 2483-2491.

④　Lugano, G. Social computing: A classification of existing paradigms [C] //Proceedings of the 2012 ASE/IEEE International Conference on Social Computing and 2012 ASE/IEEE International Conference on Privacy, Security, Risk and Trust. Washington, D. C.: IEEE Computer Society, 2012: 377-382.

⑤　Robles, C., Benner, J. A tale of three cities: Looking at the trending feature on foursquare [C] //Proceedings of the 2012 ASE/IEEE International Conference on Social Computing and 2012 ASE/IEEE International Conference on Privacy, Security, Risk and Trust. Washington, D. C.: IEEE Computer Society, 2012: 566 - 571; Golder, S. A., Macy, M. W. Diurnal and seasonal mood vary with work, sleep, and daylength across diverse cultures [J]. Science, 2011, 333 (6051): 1878-1881.

⑥　Ling, K., Beenen, G., Ludford, P., et al. Using social psychology to motivate contributions to online communities [J]. Journal of Computer-mediated Communication, 2005, 10 (4): 212-221.

⑦　Lazer, D., Pentland, A., Adamic, L., et al. Computational social science [J]. Science, 2009, (5915): 721-723.

术价值。

利用数学或计算机方法对社会问题进行建模在传统社会科学当中并不少见，计算社会学的概念早在 20 世纪 50 年代就已被提出。[①] 然而，计算机模拟仿真在传统社会科学研究中并不居于核心地位，[②] 直到互联网的兴起以及数据挖掘与处理技术有了新的发展，社会科学领域的研究者才开始重视与自然科学领域的学者合作，从而兴起了更广泛意义上的计算社会科学。[③] 在新一轮学科交叉的热潮中，以复杂网络为代表的复杂性科学逐渐成为探索社会科学问题的焦点，国内外有相当多的大学和研究机构开始将社会科学理论与复杂性科学研究方法相结合，利用交叉学科的方式对社会系统中的复杂现象进行探索性研究。作为复杂性科学研究的重要分支，复杂网络理论在社会计算的影响下有了更进一步的发展以及更广泛的应用。一方面，正是网络的交互导致了社会计算的兴起，因而网络本身是社会计算重要的研究内容和技术支持；[④] 另一方面，社会计算解决了复杂网络数据收集难的问题，尤其是传感技术的发展为人际互动关系数据的获得提供了新的技术支持。[⑤]

复杂系统（Complex Systems）理论是社会计算领域的重点研究内容，它涉及了系统论、控制论、人工智能、协同学、突变论、耗散结构理论等一系列交叉科学理论，以超越还原论为方法论特征，试图剖析具有非线性、不确定性、自组织性与涌现性的复杂系统。复杂适应系统（Complex

---

① 孟小峰，李勇，祝建华. 社会计算：大数据时代的机遇与挑战 [J]. 计算机研究与发展，2013，50（12）：2483-2491.

② Halpin, B. Simulation in sociology [J]. American Behavioral Scientist, 1999, 42（10）: 1488-1508.

③ Lazer, D., Pentland, A., Adamic, L., et al. Computational social science [J]. Science, 2009,（5915）: 721-723.

④ 杜海峰，张楠，牛静坤等. 群体性事件中的集群行为——一个基于社会计算的研究框架 [J]. 中国人民公安大学学报（社会科学版），2014，30（6）：81-90；杜海峰，牛静坤，张锴琦等. 集群行为的社会网络分析：社会计算在农民工集群行为研究中的应用 [M]. 北京：社会科学文献出版社，2019；Morgan, D. L., Neal, M. B., Carder, P. The stability of core and peripheral networks over time [J]. Social Networks, 1997, 19（1）: 9-25.

⑤ 杜海峰，张楠，牛静坤等. 群体性事件中的集群行为——一个基于社会计算的研究框架 [J]. 中国人民公安大学学报（社会科学版），2014，30（6）：81-90；杜海峰，牛静坤，张锴琦等. 集群行为的社会网络分析：社会计算在农民工集群行为研究中的应用 [M]. 北京：社会科学文献出版社，2019.

Adaptive Systems，CAS）理论是复杂性科学的前沿理论，由 Holland 在 1994 年提出，[①] 该理论强调了复杂系统的自适应性，根据个体与环境的交互结果，对个体行为进行调整以使其适应环境变化。在复杂适应系统中，每个独立个体是该系统的最基础要素，多智能体模型（Agent-based Model，ABM）是当前最主要的研究方法之一。ABM 可以根据现实问题，通过构建由科学理论指导的演化规则，进而探索现实世界的客观演化规律。ABM 最初用于自然科学中基础学科的规律探索中，而随着复杂性科学的兴起，ABM 逐渐在社会科学领域崭露头角。Schelling 提出的社会分离过程模型正是 ABM 在社会科学领域探索性应用的产物，他通过赋予个体搬迁行为的规律，科学探讨了为何美国社区存在严重的种族分割现象。[②] 此后 Granovetter 针对集群行为中的从众现象，为个体赋予阈值属性，并给出"当个体周围参与集群行为的人数大于该阈值，个体便会参与集群行为"的规则，成功地解释了集群行为中"涌现"的社会现象。[③] 此二人所设计的 ABM 为后续社会科学研究，特别是以动态演化为特征的社会过程性研究奠定了坚实的基础。著名社会学家与计算机科学家 Michael Macy 对二者所提的 ABM 给予了高度赞扬，并指出 ABM 对于今后社会科学的发展具有至关重要的作用。[④] 他认为传统社会科学基于统计实证的研究方法存在较大的偏误，特别是基于社会调查数据的研究，无法实现样本之间的相互独立，而以回归分析、相关分析等为基础做出的统计模型，其前提假设就是样本独立，因而应采用新的研究方法，将静态的影响因素（factor）转变为带有关系属性的智能个体（actor），从而消除旧有研究方法所带有的偏差。[⑤] ABM 虽然在社会科学当中并没有得到广泛运用，但其应用价值已经在社会科学领域中逐渐被学者

① Holland, J. H. Hidden order: How adaptation builds complexity [M]. New York: Addison-Wesley, 1995.
② Schelling, T. C. Dynamic models of segregation [J]. Journal of Mathematical Sociology, 1971, 1: 143-186.
③ Granovetter, M. Threshold models of collective behavior [J]. American Journal of Sociology, 1978, 83 (6): 1420-1443.
④ Macy, M. W., Willer, R. From factors to actors: Computational sociology and agent-based modeling [J]. Annual Review of Sociology, 2002, 28: 143-166.
⑤ Macy, M. W., Willer, R. From factors to actors: Computational sociology and agent-based modeling [J]. Annual Review of Sociology, 2002, 28: 143-166.

们所认可。

二 复杂网络理论

系统结构决定其功能,[1] 而系统中的结构多由各要素间的关系来体现。在复杂的社会系统中,复杂网络正是对系统中关系的描述,强调整体系统中的拓扑特征。一个网络 $G(V, E)$ 由节点集 V 和边集 E 共同构成,其中节点集 V 包含了网络群体中的行动者,以及每个行动者所带有的自身属性或行动力,而边集 E 则包含了行动者之间的关系。[2] 复杂网络包含了一般社会网络的普遍特性,[3] 因而传统社会网络分析方法中的一般指标如度值(Degree)、度中心性(Degree Centrality)、居间中心性(Betweenness Centrality)、接近中心性(Closeness Centrality)、网络密度(Density)、平均路径长度(Average Path Length)、聚类系数(Clustering Coefficient)等也同样适用于复杂网络结构的分析。

1998 年,Watts 与 Strogatz 在《自然》上提出的小世界网络(Small-world Network)[4],与 Barabási 与 Albert 在《科学》上提出的无标度网络(Scale-free Network)[5] 成为复杂网络研究的开端,也快速推进了网络结构特征分析及其结构形成与演化的研究。Watts 与 Strogatz 在规则网络到随机网络断边重连的过程中发现中间存在一种特殊的结构,具有较高的聚类系数和较低的平均路径长度,呈现了"六度分离"的小世界特性,并将其命名为小世界网络,而断边重连的算法(WS算法)也经常被后续学者用于小世界网络的构建。[6] Barabási 和 Albert 则指出实际网络的度分

① 许国志. 系统科学与工程研究 [M]. 上海:上海科技教育出版社,2000.
② 刘涛,陈忠,陈晓荣. 复杂网络理论及其应用研究概述 [J]. 系统工程,2005,23(6):1-7.
③ 汪大海,何立军,玛尔哈巴·肖开提. 复杂社会网络:群体性事件生成机理研究的新视角 [J]. 中国行政管理,2012,(6):71-75.
④ Watts, D. J., Strogatz, S. H. Collective dynamics of "small-world" networks [J]. Nature, 1998, 393 (6684):440-442.
⑤ Barabási, A., Albert, R. Emergence of scaling in random networks [J]. Science, 1999, 286 (5439):509-512.
⑥ Watts, D. J., Strogatz, S. H. Collective dynamics of "small-world" networks [J]. Nature, 1998, 393 (6684):440-442.

布服从幂律（Power Law）分布，同时根据这种度分布特征的网络设计了无标度网络模型（BA 模型）。[①] 而后有不少学者提出了针对小世界与无标度结构的一系列复杂网络构建模型。[②] 此后，Girvan 与 Newman 提出的社群结构（Community Structure）[③] 特征成为复杂网络结构研究中又一重要的内容。社群结构描述了网络中存在若干小团体或社群的特征，这些社群内部的节点关系较为稠密，而社群间的关系较为稀疏。[④] 尽管目前仍存在一些争议，Newman 等所提出的模块性（Modularity）指标是目前衡量社群结构特征较为通用的指标，[⑤] 而有关社群结构特征的研究主要集中在对社群结构探测方法的研究上，特别是通过对衡量指标的优化来获取更合理的社群划分结果。[⑥] 类似于上述研究的网络结构特征的研究并非单一数学或网络科学的探讨，而是社会科学与自然科学所共同关注的问题，以上研究问题也在许多真实的社会网络如演员网络、空手道网络、邮件网络、企业网络、通信网络、科技创新网络等领域得到了实际的验证。[⑦] 随着复杂网络学科的发展，更多的研究表明复杂网络模型突破了传统社会科学在整体系

---

① Barabási, A., Albert, R. Emergence of scaling in random networks [J]. Science, 1999, 286 (5439)：509-512.

② Newman, M. E. J., Watts, D. J. Renomalization group analysis of the small-world network model [J]. Physics Letters A, 1999, 263：341-346；Newman, M. E. J., Watts, D. J., Strogatz, S. H. Random graph models of social networks [J]. Proceedings of the National Academy of Sciences, 2002, 99：2566-2572；Barrat, A., Weigt, M. On the properties of small-world network models [J]. European Physical Journal B, 2000, 13 (3)：547-560；Albert, R., Barabási, A. L. Topology of evolving networks：Local events and universality [J]. Physical Review Letters, 2000, 85 (24)：5234-5237.

③ Girvan, M., Newman, M. E. J. Community structure in social and biological networks [J]. Proceedings of the National Academy of Sciences, 2002, 99 (12)：7821-7826.

④ Girvan, M., Newman, M. E. J. Community structure in social and biological networks [J]. Proceedings of the National Academy of Sciences, 2002, 99 (12)：7821-7826.

⑤ Arenas, A., Duch, J., Fernández, A., et al. Size reduction of complex networks preserving modularity [J]. New Journal of Physics, 2007, 9：176.

⑥ Newman, M. E. J., Girvan, M. Finding and evaluating community structure in networks [J]. Physical Review E, 2004, 69 (2)：26113；Clauset, A., Newman, M. E. J., Moore, C. Finding community structure in very large networks [J]. Physical Review E, 2004, 70 (6)：66111；Blondel, V. D., Guillaume, J. L., Lambiotte, R., et al. Fast unfolding of communities in large networks [J]. Journal of Statistical Mechanics：Theory and Experiment, 2008, (10)：P10008.

⑦ 汪大海，何立军，玛尔哈巴·肖开提．复杂社会网络：群体性事件生成机理研究的新视角 [J]. 中国行政管理, 2012, (6)：71-75.

统与结构之间的边界的限制，可以对真实社会个体及其互动关系予以解释。[1] Newman 认为这是复杂网络的结构突破了传统的规则结构对于结构的认识，使得个体行为在整体网络结构演化中，特别是针对 CAS 与 ABM 的建构模型中，呈现不同的状态。[2] 例如，Fagiolo 等在小世界网络中对 Schelling 的社会分离模型进行了讨论，指出小世界网络结构有利于区隔分离的形成；[3] Banos 则指出网络的派系结构会对区隔分离的过程产生很大影响；[4] Valente 构建了基于复杂网络结构演化的 Granovetter 阈值模型，并指出复杂网络结构会加剧集群行为的发展。[5] 在复杂网络结构中建构 CAS 系统与 ABM 已成为当前复杂性科学研究中较为通用的范式。

三　信息传播模型

集群行为演化过程是个体行为在人际互动的媒介中向外扩散的过程，即个体行为通过复杂的环境系统形成带有同质性的群体行为。社会计算研究中的信息传播模型关注信息如何从一个个体传播到另外一个个体，以及个体如何通过人际关系互动相互影响并接收与传递信息。集群行为演化过程与社会计算研究中的信息传播过程具有相同的内涵。伴随着社会计算与复杂网络理论的发展，信息传播模型研究，特别是基于复杂网络与社会网络的研究，进展迅速，其中最为基础的两个模型分别是独立级联模型（Independent Cascade Model，ICM）与线性阈值模型（Linear Threshold

① 刘军. 社会网络分析导论［M］. 北京：社会科学文献出版社，2004；Wasserman, S., Faust, K. Social network analysis: Methods and applications［M］. Cambridge University Press, 1994; Burt, R. S., Kilduff, M., Tasselli, S. Social network analysis: Foundations and frontiers on advantage［J］. Annual Review of Psychology, 2013, 64: 527-547.

② Newman, M. E. J. The structure and function of complex networks［J］. SIAM Review, 2003, 45（2）: 167-256.

③ Fagiolo, G., Valente, M., Vriend, N. J. A dynamic model of segregation in small-world networks ［M］//Naimzada, A. K. Stefani, S., Torriero A., eds. Networks, Topology and Dynamics. Springer, 2009: 111-126.

④ Banos, A. Network effects in Schelling's model of segregation: New evidence from agent-based simulation［J］. Environment and Planning B: Planning and Design, 2012, 39（2）: 393-405.

⑤ Valente, T. W. Social network thresholds in the diffusion of innovations［J］. Social Networks, 1996, 18（1）: 69-89.

Model，LTM）。独立级联模型最早由 Goldenberg 和 Muller 提出，[①] 而后 Kempe 等人将这两个模型应用于影响最大化的研究并对其过程做出了更为细致的解释，[②] 相关成果得到了学界的广泛关注。独立级联模型描述了个体以一定概率激活其他个体从而形成信息级联的过程。线性阈值模型的思想最早来自 Granovetter 对集群行为探讨中所提到的阈值模型，[③] Kempe 等人在网络上对其做了进一步的扩充，形成更加广义的线性阈值模型，强调了个体行为的激活是基于个体对周边群体影响感知的阈值。[④] 此后，学者们对这两个模型进行了不同的改进与重塑，形成了一系列更加精细化的信息传播模型，用以解释不同的社会机制与情境。Chen 等人将独立级联模型进行了扩展，用以探讨负面信息的传递。[⑤] Borodin 等人将线性阈值模型拓展到可以进行正反两方信息的传递，进而对影响最大化过程的传播机制进行更深入的探讨。[⑥] Lee 等人提出一种连续性激活与时间限制性独立级联模型，其中节点可以反复激活其邻居。[⑦] Wang 等人则提出了带有权重的级联模型并将

---

① Goldenberg, J., Muller, L. E. Talk of the network：A complex systems look at the underlying process of word-of-mouth [J]. Marketing Letters, 2001, 12：211-223.

② Kempe, D., Kleinberg, J., Tardos, É., et al. Maximizing the spread of influence through a social network [C] //Proceedings of the Ninth ACM SIGKDD International Conference on Knowledge Discovery and Data Mining. New York：Association for Computing Machinery, 2003：137-146.

③ Granovetter, M. Threshold models of collective behavior [J]. American Journal of Sociology, 1978, 83 (6)：1420-1443.

④ Kempe, D., Kleinberg, J., Tardos, É., et al. Maximizing the spread of influence through a social network [C] //Proceedings of the Ninth ACM SIGKDD International Conference on Knowledge Discovery and Data Mining. New York：Association for Computing Machinery, 2003：137-146.

⑤ Chen, W., Collins, A., Cummings, R., et al. Influence maximization in social networks when negative opinions may emerge and propagate [J]. Journal of China University of Petroleum, 2010：379-390.

⑥ Borodin, A., Filmus, Y., Oren, J. Threshold Models for Competitive Influence in Social Networks [C] //Saberi, A., ed. Internet and Network Economics. Berlin：Springer-Verlag, 2010：539-550.

⑦ Lee, W., Kim, J., Yu, H. CT-IC：Continuously activated and time-restricted independent cascade model for viral marketing [C] //Zaki, M. J., Siebes, A., Yu, J. X., Goethals, B., Webb, G., Wu, X., eds. 12th IEEE International Conference on Data Mining. IEEE, 2012：960-965.

节点属性处理为独立于结构的属性。[①] He 等人将线性阈值模型拓展到符号网络中，探索了结构平衡对于信息传播的影响。[②] 延续独立级联模型与线性阈值模型，一系列传染病模型包括 SIS（Susceptible-infected-susceptible）与 SIR（Susceptible-infected-removed）模型及其变体也相继被提出，[③] 其中 SIS 模型关注感染节点与未被感染节点之间的病毒传递，而 SIR 模型则在其基础上增加了可以免疫病毒的康复状态。此外，还有一些研究关注动态网络上的信息传递。[④] Snijders 等人提出了网络关系与节点属性协同变动的随机过程模型，并将该模型用于解释青少年的嗜酒行为，[⑤] Steglich 等人则在该模型基础上分开论述了节点变换与关系变换在信息传播中的作用机制。[⑥] Aral 等人设计出可以区别出关系变换与节点变换作用机制的方法，并将此方法应用于一套真实的信息网络。[⑦] Greenan 则将此动态模型拓展到创新传播模型中，并举例解释了青少年吸烟行为的传播。[⑧] Apolloni 等

① Wang, Y., Wang, H., Li, J., et al. Efficient influence maximization in weighted independent cascade model [C] //Navathe, S. B., Wu, W. Shekhar, S. Du, X. Wang, S. X. Xiong, H., eds. Database Systems for Advanced Applications. Berlin: Springer-Verlag, 2016: 49-64.

② He, X., Du, H., Feldman, M. W., et al. Information diffusion in signed networks [J]. PLoS ONE, 2019, 14 (10): e0224177.

③ Moreno, Y., Pastor-Satorras, R., Vespignani, A. Epidemic outbreaks in complex heterogeneous networks [J]. The European Physical Journal B, 2002, 26: 521-529; May, R. M., Lloyd, A. L. Infection dynamics on scale-free networks [J]. Physical Review E, 2001, 64 (6): 066112; Pastor-Satorras, R., Vespignani, A. Epidemic spreading in scale-free networks [J]. Physical Review Letters, 2001, 86 (14): 3200-3203; Zhou, X., Cui, J. Analysis of stability and bifurcation for an SEIR epidemic model with saturated recovery rate [J]. Communications in Nonlinear Science and Numerical Simulation, 2011, 16 (11): 4438-4450.

④ Hamelin-Alvarez, J. I., Fleury, E., Vespignani, A., et al. Complex dynamic networks: Tools and methods [J]. Computer Networks, 2012, 56 (3): 967-969.

⑤ Snijders, T. A. B., Steglich, C. E. G., Schweinberger, M. Modeling the co-evolution of networks and behavior [M] //van Montfort, K., Oud, H., Satorra, A., eds. Longitudinal models in the behavioral and related Sciences. Mahwah: Erlbaum, 2007: 41-71.

⑥ Steglich, C., Snijders, T. A. B., Pearson, M. Dynamic networks and behavior: Separating selection from influence [J]. Sociological Methodology, 2010, 40 (1): 329-393.

⑦ Aral, S., Muchnik, L., Sundararajan, A. Distinguishing influence-based contagion from homophily-driven diffusion in dynamic networks [J]. Proceedings of the National Academy of Sciences, 2009, 106 (51): 21544-21549.

⑧ Greenan, C. C. Diffusion of innovations in dynamic networks [J]. Journal of the Royal Statistical Society: Series A (Statistics in Society), 2015, 178 (1): 147-166.

人通过纳入节点的人口因素与关系互动频率构建了社交技术网络，并探讨了动态的信息传播机制。[①] Gayraud 等人在原有独立级联模型与线性阈值模型基础上加入了增减节点与增减边的演化机制，并指出在一定程度上延迟初始发起者的激活行为可以有效扩散信息。[②] 通过对比随机演化策略，Guimarães 等人发现中心化有利于信息扩散。[③] 除了独立级联模型与线性阈值模型，也有一些其他概率统计模型可以用于分析信息传播路径，如波利亚罐子模型（Pólya Urn Model，简称"波利亚模型"）[④]。波利亚模型相比独立级联模型与线性阈值模型，其演化规则更为基础，后续一系列改进的波利亚模型也被应用于不同场景的传播分析。[⑤] Dellaposta 等人特别强调了该模型所具有的社会学意义，并通过构建波利亚行为传播模型证明了个体之间的同质性或人际互动可以导致个体属性发生较大的

① Apolloni, A., Channakeshava, K., Durbeck, L., et al. A study of information diffusion over a realistic social network model [C] //Proceedings of the 2009 International Conference on Computational Science and Engineering：Vol. 4. Washington, D. C.：IEEE Computer Society, 2009：675-682.

② Gayraud, N. T. H., Pitoura, E., Tsaparas, P. Diffusion maximization in evolving social networks [C] //Proceedings of the 2015 ACM on Conference on Online Social Networks. New York：Association for Computing Machinery, 2015：125-135.

③ Guimarães, A., Vieira, A. B., Silva, A. P. C., Ziviani, A. Fast centrality-driven diffusion in dynamic networks [C] //Proceedings of the 22nd International Conference on World Wide Web. New York：Association for Computing Machinery, 2013：821-828.

④ Eggenberger, F., Pólya, G. Über die Über die Vorgänge [J]. Zeitschrift für Angewandte Mathematik und Mechanik, 1923, 1：279-289；Pólya, G. Sur quelques points de la théorie des probabilités [J]. Annales de l'institut Henri Poincaré, 1931, 1：117-162；Dellaposta, D., Shi, Y., Macy, M. Why do liberals drink lattes? [J]. American Journal of Sociology, 2015, 120 (5)：1473-1511.

⑤ Friedman, B. A simple urn model [J]. Communications on Pure and Applied Mathematics, 1949, 2 (1)：59-70；Hill, B. M., Lane, D., Sudderth, W. A strong law for some generalized urn processes [J]. The Annals of Probability, 1980, 8 (2)：214-226；Pemantle, R. A time-dependent version of Pòlya's urn [J]. Journal of Theoretical Probability, 1990, 3：627-637；Gouet, R. A martingale approach to strong convergence in a generalized Pólya-Eggenberger urn model [J]. Statistics & Probability Letters, 1993, 8 (3)：225-228；May, C., Paganoni, A. M., Secchi, P. On a two color generalized Pólya urn [J]. Metron, 2005, 63：115-134；Chen, M. R., Wei, C. Z. A new urn model [J]. Journal of Applied Probability, 2005, 42 (4)：964-976.

变化，因而揭示出传统实证科学研究在统计估计上所带有的偏误。①

演化博弈是信息演化传播研究的另一分支。集群行为的参与与不参与在 Olson 看来是集体物品供给中的合作行为或背叛行为。② 博弈论（Game Theory）为解释群体中这样的合作行为或背叛行为的涌现提供了理论基础。Von Neumann 与 Morgenstern 于 1944 年撰写的《博弈论与经济行为》（*Theory of Games and Economic Behavior*）奠定了博弈论的基础，③ Nash 于 1950 年所提出的纳什均衡（Nash Equilibrium）成为博弈论发展的重要里程碑，④ 为非合作博弈奠定了理论基础。传统博弈论以经济人的"完全理性"作为假设前提，忽视了群体间的相互影响，完全以自我为中心的追求利益最大化的方式进行决策，难以解释现实中合作博弈现象的客观规律。为解决此问题，Smith 与 Price 于 1973 年提出博弈中的演化稳定策略（Evolutionary Stable Strategy，ESS），他们摒弃了传统博弈论中"完全理性"的假设，转而形成了带有学习与模仿机制的"有限理性"选择，这也是演化博弈理论发展的开端。⑤ 学习与模仿是有限理性博弈分析的核心，强调了群体演化中随机配对、人际互动、反复博弈等特征。⑥ 此后，学者们进一步将演化博弈拓展到复杂网络的空间上，形成基于复杂网络传播的演化博弈理论，⑦ 其

① Dellaposta, D., Shi, Y., Macy, M. Why do liberals drink lattes? [J]. American Journal of Sociology, 2015, 120 (5): 1473-1511.
② Olson, M. The logic of collective action: Public goods and the theory of groups [M]. Cambridge: Harvard University Press, 1971.
③ Von Neumann, J., Morgenstern, O. Theory of Games and Economic Behavior [M]. Princeton: Princeton University Press, 1944.
④ Nash, J. F. Equilibrium points in n-person games [J]. Proceedings of the National Academy of Sciences, 1950, 36 (1): 48-49.
⑤ Smith, J. M., Price, G. R. The logic of animal conflict [J]. Nature, 1973, 246 (5427): 15-18.
⑥ 谢识予. 经济博弈论 [M]. 上海: 复旦大学出版社, 2006.
⑦ Nowak, M. A., May, R. M. The spatial dilemmas of evolution [J]. International Journal of Bifurcation and Chaos, 1993, 3 (1): 35-78; Huberman, B. A., Glance, N. S. Evolutionary games and computer simulations [J]. Proceedings of the National Academy of Sciences, 1993, 90 (16): 7716-7718; Lindgren, K., Nordahl, M. G. Evolutionary dynamics of spatial games [J]. Physical D. 1994, 75: 292-309; Nowak, M. A., Bonhoeffer, S., May, R. M. More spatial games [J]. International Journal of Bifurcation and Chaos, 1994, 4 (1): 33-56; Nowak, M. A., Bonhoeffer, S., May, R. M. Spatial games and the maintenance of cooperation [J]. Proceedings of the National Academy of Sciences, 1994, 91 (11): 4877-4881.

研究可分为以下两类。

第一，网络拓扑结构对于演化过程的影响。Nowak 和 May 首次将囚徒困境演化引入规则的空间方格网络，证明了稀疏的网络结构有利于组成紧凑的合作团簇并使合作行为扩散。[①] 随后 Szabó 等人对比了不同规则网络结构形态，包括方格、四点派系宫格和 Kagome 宫格对演化博弈扩散的影响，并指出 Kagome 宫格最有利于保证群体合作行为的扩散。[②] Abramson 和 Kuperman 则将演化博弈模型应用于小世界网络中，通过控制从规则网络到随机网络断边重连的概率，对比了演化博弈在规则、小世界、随机网络中所呈现的不同结果，发现随机网络更有利于支持合作行为，[③] Szabó 与 Vukov 也验证了此规律。[④] 此后，Santos 和 Pacheco 发现博弈中的合作行为在无标度网络中会得到更多的支持；[⑤] 学者们通过梳理推算与仿真实验表明，无标度网络的合作行为可归因于网络异质性，网络异质性会使度值较小的节点向收益较高且度值较大的节点（Hub 节点）学习合作行为，因而网络异质性对合作具有正向的影响。[⑥] Tang 等人研究发现，网络的平均度会对演化博弈的过程产生影响，度值过大会使网络接近于全连接网络从而降低合作者的收益，而度值过小又会导致合作行为不容易形成扩散。[⑦] 这些网络拓扑结构影响的研究此后同样也被拓展到其他类型的演化模型中，如石

①　Nowak, M. A., May, R. M. Evolutionary games and spatial chaos [J]. Nature, 1992, 359 (6398): 826-829.

②　Szabó, G., Vukov, J., Szolnoki, A. Phase diagrams for an evolutionary prisoner's dilemma game on two-dimensional lattices [J]. Physical Review E, 2005, 72 (4): 047107.

③　Abramson, G., Kuperman, M. Social games in a social network [J]. Physical Review E, 2001, 63 (3): 030901.

④　Szabó, G., Vukov, J. Cooperation for volunteering and partially random partnerships [J]. Physical Review E, 2004, 69 (3): 036107.

⑤　Santos, F. C., Pacheco, J. M. Scale-free networks provide a unifying framework for the emergence of cooperation [J]. Physical Review Letters, 2005, 95: 098104.

⑥　Rong, Z., Li, X., Wang, X. Roles of mixing patterns in cooperation on a scale-free networked game [J]. Physical Review E, 2007, 76 (2): 027101; Assenza, S., Gómez-Gardeñes, J., Latora, V. Enhancement of cooperation in highly clustered scale-free networks [J]. Physical Review E, 2008, 78 (1): 017101.

⑦　Tang, C. L., Wang, W. X., Wu, X., et al. Effects of average degree on cooperation in networked evolutionary game [J]. The European Physical Journal B, 2006, 53 (3): 411-415.

头-布-剪刀模型（Rock-paper-scissors Game）[1] 或公共产品模型（Public Goods Game）等[2]。

第二，演化规则对于演化过程的影响。在给定网络结构以及初始状态的条件下，不同的演化规则对于演化结果有不同的影响。Nowak 和 May 首次构造了基于模仿最优原则的演化博弈模型，研究发现个体在追求有限理性过程中会学习收益最高的邻居的策略，从而实现合作行为的扩散。[3] Szabó 等则在此基础上提出一套基于费米更新规则的演化模型，[4] 这也激发了后续一系列基于费米更新规则的变体演化模型的构建。[5] 此外，学者们也将有关自然演化机制法则纳入博弈模型，包括奖惩机制[6]、策略变换适应性能力[7]、协同

[1] Szolnoki, A., Perc, M., Danku, Z. Towards effective payoffs in the prisoner's dilemma game on scale-free networks [J]. Physica A. 2008, 387 (8-9): 2075-2082; Szabo, G., Szolnoki, A., Izsak, R. Rock-scissors-paper game on regular small-world networks [J]. Journal of Physics, 2004, 37 (7): 2599-2609.

[2] Szöllősi, G. J., Derényi, I. Evolutionary games on minimally structured populations [J]. Physical Review E, 2008, 78 (3): 031919; Yang, D., Lin, H., Wu, C., Shuai, J. Effect of mortality selection on the emergence of cooperation with network dynamics [J]. New Journal of Physics, 2009, 11 (7): 073048; Szolnoki, A., Perc, M. Conditional strategies and the evolution of cooperation in spatial public goods games [J]. Physical Review E, 2012, 85 (2): 026104.

[3] Nowak, M. A., May, R. M. Evolutionary games and spatial chaos [J]. Nature, 1992, 359 (6398): 826-829.

[4] Szabó, G., Vukov, J., Szolnoki, A. Phase diagrams for an evolutionary prisoner's dilemma game on two-dimensional lattices [J]. Physical Review E, 2005, 72 (4): 047107; Szabó, G., Hauert, C. Phase transitions and volunteering in spatial public goods games [J]. Physical Review Letters, 2002, 89 (11): 118101; Wu, Z., Xu, X., Huang, Z., et al. Evolutionary prisoner's dilemma game with dynamic preferential selection [J]. Physical Review E, 2006, 74 (2): 021107; Guan, J., Wu, Z., Wang, Y., et al. Effects of inhomogeneous activity of players and noise on cooperation in spatial public goods games [J]. Physical Review E, 2007, 76 (5): 056101.

[5] Szolnoki, A., Perc, M. Conditional strategies and the evolution of cooperation in spatial public goods games [J]. Physical Review E, 2012, 85 (2): 026104; Perc, M., Jordan, J. J., Rand, D. G., et al.

[6] Statistical physics of human cooperation [J]. Physics Reports, 2017, 687: 1-51.

[7] Hauert, C., Traulsen, A., Brandt, H., et al. Via freedom to coercion: The emergence of costly punishment [J]. Science, 2007, 316 (5833): 1905-1907.

演化与教导机制①、噪声机制②、记忆机制③、中立收益矩阵④、偏好选择原则⑤等，发展出新的模型；Li 等人还设置了收益分享机制，发现高收益个体将一部分收益分享给低收益个体可以使合作行为得到进一步扩散。⑥同时，学者们开始关注动态关系对演化过程造成的影响，从而形成一系列关系变换与策略变换协同演化的演化模型。⑦

四 研究述评

社会计算是沟通静态到动态、个体到整体、简单到复杂的重要桥梁，特别是基于多智能体的仿真模型不仅可以将行为传递的演化过程可视化并进行过程拆分，同时也可以描述高度复杂的非线性系统，对于集群行为演

---

① Szolnoki, A., Perc, M. Coevolution of teaching activity promotes cooperation [J]. New Journal of Physics, 2008, 10 (4): 043036.

② Szabó, G., Vukov, J., Szolnoki, A. Phase diagrams for an evolutionary prisoner's dilemma game on two-dimensional lattices [J]. Physical Review E, 2005, 72 (4): 047107; Vukov, J., Szabó, G., Szolnoki, A. Cooperation in the noisy case: Prisoner's dilemma game on two types of regular random graphs [J]. Physical Review E, 2006, 73 (6): 067103; Perc, M., Marhl, M. Evolutionary and dynamical coherence resonances in the pair approximated prisoner's dilemma game [J]. New Journal of Physics, 2006, 8 (8): 142.

③ Qin, S., Chen, Y., Zhao, X., Shi, J. Effect of memory on the prisoner's dilemma game in a square lattice [J]. Physical Review E, 2008, 78 (4): 041129.

④ Szolnoki, A., Perc, M. Evolutionary dynamics of cooperation in neutral populations [J]. New Journal of Physics, 2018, 20 (1): 013031.

⑤ Du, W., Cao, X., Zhao, L., Hu, M. Evolutionary games on scale-free networks with a preferential selection mechanism [J]. Physica A, 2009, 388 (20): 4509-4514.

⑥ Li, Y., Zhang, J., Perc, M. Effects of compassion on the evolution of cooperation in spatial social dilemmas [J]. Applied Mathematics & Computation, 2018, 320: 437-443.

⑦ Santos, F. C., Pacheco, J. M. Scale-free networks provide a unifying framework for the emergence of cooperation [J]. Physical Review Letters, 2005, 95: 098104; Santos, F. C., Pacheco, J. M., Lenaerts, T. Cooperation prevails when individuals adjust their social ties [J]. PLoS Computational Biology, 2006, 2 (10): e140; Li, Q., Iqbal, A., Perc, M., et al. Coevolution of quantum and classical strategies on evolving random networks [J]. PloS One, 2013, 8 (7): e68423; Szolnoki, A., Perc, M. Emergence of multilevel selection in the prisoner's dilemma game on coevolving random networks [J]. New Journal of Physics, 2009, 11 (9): 093033; Szolnoki, A., Perc, M., Danku, Z. Making new connections towards cooperation in the prisoner's dilemma game [J]. Europhysics Letters, 2008, 84 (5): 50007; Szolnoki, A., Perc, M. Resolving social dilemmas on evolving random networks [J]. Europhysics Letters, 2009, 86 (3): 30007.

化这样一个过程复杂的问题具有较强的解释力。在已有研究中，社会计算在社会科学领域的应用主要集中在框架性的探讨，针对某一具体社会机制的研究还不多见。

目前复杂网络在社会科学领域的应用还处于初级阶段，一方面，其理论与方法并未普及，技术上的局限性给问题研究带来了阻碍；另一方面，可能是因为真实问题数据获取存在较大的难度，特别是网络关系数据的获取面临很大挑战。结合实际数据的集群行为研究不仅可以拓展复杂网络理论在社会科学中的应用，同时也可以丰富集群行为的理论研究，特别是针对特殊人群（本书为农民工）行为的机制描述，将为人群的管控与政策的制定提供较好的借鉴。

集群行为的演化过程是个体行为在人际互动中行为传递的过程，社会计算中的信息传播模型为行为传递路径的解析提供了指引，也为把集群行为逻辑转化为可操作的数学分析模型提供了指南。具体来讲，独立级联模型、线性阈值模型与波利亚模型均为社会行为的信息传递研究提供了基础，但在已有集群行为演化的研究中，并没有明确统一的标准模型，也没有权威研究指出哪一类模型最具解释力，因而需要对这些模型进行细致的剖析，结合集群行为的演化逻辑框架，构建出符合特定社会情境演化逻辑的集群行为分析模型。此外，复杂网络演化博弈可以为集群行为演化研究提供新的参考，尽管目前探讨演化博弈与集群行为关系的研究还不多见。在集群行为传统理论的研究中，个体基于经济理性的行为决策研究是其中的重要分支，演化博弈模型可以将集群行为中的理性选择与人际行为传递有机地联系在一起。

第五节　本章小结

本章主要从集群行为的公共管理理论、西方集群行为经典理论、国内集群行为研究以及社会计算相关研究理论与方法四个方面进行了文献梳理，发现目前的研究存在以下特征。

首先，本章对公共危机管理理论、公共治理理论、公共选择理论进行了梳理。集群行为具有瞬时性、爆发性、危害性、多样性等复杂特征，需要在宏观上构建多元合作的集群行为治理体系，更需要将公共管理的理论思考落实到操作层面。公共选择理论以经济学的研究思维与方法探讨了政治过程问题，可以将经济人的理性思维逻辑纳入集群行为的逻辑框架，分析集群行为中个体的理性动因。

其次，本章回顾了西方集群行为经典理论，认为价值累加理论可以为集群行为的整体动员过程提供框架性指导，但难以应用于探究集群行为中的具体个体行为演化机制；在经济理性的假设前提下，资源动员理论与政治过程理论从结构角度解释了人群动员结构对于集群行为产生的影响；集团理论可以用于分析个体在集群行为演化过程中的理性思维逻辑；社会感染、社会聚合、社会认同理论从微观视角阐释了个体行为在人际互动作用下传递的机理，是构建集群行为演化逻辑分析框架强有力的理论基础。

再次，本章对国内集群行为问题的研究进行了梳理。国内学者针对集群行为的研究大部分从宏观角度出发，结合政治学、经济学、社会学等学科理论和方法，对集群行为的特征、成因等开展描述性分析。普遍的观点认为，国内集群行为的发生来自阶层分化的社会结构以及制度的不健全，但目前研究很少关注宏观结构如何对集群行为的微观演化机制产生作用。此外，对集群行为微观机制的研究主要集中于以相对剥夺理论、社会认同理论、资源动员理论为指导的心理学与社会学研究，并通过实证研究方法来加以分析与验证。但人际互动在集群行为发生中的作用机制还未被广泛重视。

最后，本章回顾了社会计算的相关研究，认为社会计算的理论与方法可以服务于集群行为的演化过程分析。社会计算框架下的复杂网络研究强调了网络系统中结构的作用，为集群行为中人群的结构作用机制探究提供了工具性支持。社会计算中的信息传播模型为行为传递路径的解析提供了指引，也为把集群行为逻辑转化为可操作的数学分析模型提供了指南，其中独立级联模型、线性阈值模型、波利亚模型与复杂网络演化博弈模型可能是集群行为分析中较为适用的模型，但这些模型并不能直接套用，而是需要进一步结合实际社会情境构建集群行为演化逻辑的分析框架，讨论信息的具体传递过程，修正模型，用以分析集群行为演化的过程与特征。受制于传统社会科学方法以及学科差异，将社会计算的有关成果用于集群行为研究还处在探索阶段，复杂网络与信息传播有关研究也很少通过与真实数据相结合来开展特定社会问题及其机制的研究。因此，将社会计算与集群行为相结合，既可以拓展社会计算理论与方法的应用，创新已有社会计算分析方法，也可以丰富集群行为的研究范式与内容。

第三章

基于社会计算的集群行为演化分析框架

　　本章对集群行为概念进行辨析，进而将集群行为从单一维度扩展到"理性与非理性"以及"独立与影响"的多层维度；整合社会感染理论、社会聚合理论、社会认同理论、集团理论等经典理论，形成个体行为演化为集群行为的逻辑解释框架；结合社会计算理论中的信息传播路径分析，构建基于社会计算的集群行为演化分析框架；最后，给出框架实施的具体操作策略。

第一节　集群行为的概念辨析及其解释

一　集群行为的概念辨析

　　集群行为（Collective Behavior）如果简单地等同于群体性事件，在国内就具体指由人民内部矛盾引发的由公众参与的上访、集体请愿、罢工、集体抗议、集体讨薪、聚众闹事等带有组织性与目的性，并对社会产生一定负面影响的群体行为。[①] 相比之下，源自西方社会学的集群行为具有更加泛化之意，有学者认为，集群行为是群体性事件的理论化表述，是群体性事件发生的核心机制，而群体性事件是其外在的表现形式。[②] 除集群行

---

① 中国行政管理学会课题组. 我国转型期群体性突发事件主要特点、原因及政府对策研究 [J]. 中国行政管理, 2002, (5): 6-9.

② 杜海峰, 张楠, 牛静坤等. 群体性事件中的集群行为——一个基于社会计算的研究框架 [J]. 中国人民公安大学学报（社会科学版）, 2014, 30 (6): 81-90; 杜海峰, 牛静坤, 张镨琦等. 集群行为的社会网络分析: 社会计算在农民工集群行为研究中的应用 [M]. 北京: 社会科学文献出版社, 2019.

为与群体性事件，国内在关于社会矛盾与社会冲突的文献中也出现了"集体行动""集体行为""群体性行为""社会运动"等近似概念。有学者认为可以按照参与诉求、组织化的程度、过程的持续时间以及对制度的扰乱程度进行排列，形成"群体性行为"、"集体行动"、"社会运动"和"革命"四类不同的概念，认为"群体性行为"与"集体行动"是当前中国群体性事件的主要体现，既不同于有诉求、有组织、时间长的"社会运动"，也不同于有政治诉求、对社会制度造成极大影响的"革命"。[①] 集群行为在西方学界经常与社会运动的概念并用，二者不同之处在于集群行为的参与个体带有较强的自发性，而社会运动中个体的组织化程度较高。[②] McAdam 等学者指出集群行为是社会运动在社会变迁中的开端，二者遵循相似的规律，[③] 赵鼎新也强调二者都是以群体形式参与的制度外政治行为，[④] 因而可纳入同一分析框架。从"集群""集体""群体"等词语来看，"集群"具有不同阶层民众聚集形成的临时性群体的内涵，"集体"主要针对共同利益和目标的人员集合，[⑤] 而"群体"则更多被理解为单纯的个体的集合，是一种不同于独立个体的情境。结合群体性事件的发生过程，"集群"相比其他词语更能体现出行为的动态演变以及突破了对于群体同质性的限制。另有学者对"行动"（action）与"行为"（behavior）进行了细微的辨析，认为"行动"具有更多的意向性与组织性，而"行为"对于参与者的目的并不具有特殊要求，其发生也存在群众自发的表现。[⑥] 总体来讲，集群行为相比集体行为与群体性行为更能体现出行为的发展过程，集群行为既是行为涌现的结果，也是行为演变的过程，同时集群行为对于群体的同质性或非同质性没有严格限制，是更加广泛的概念；此外，集群行为相比集体行动，在目的与组织化程度上都不做要求，是一种更加

① 王赐江. 当前中国群体性事件的学理分析 [J]. 人民论坛, 2010,（17）: 54-55.
② 赵鼎新. 社会与政治运动讲义 [M]. 2 版. 北京：社会科学文献出版社, 2012.
③ McAdam, D., Tarrow, S. G., Tilly, C. The Dynamics of Contention [J]. Social Movement Studies, 2003, 2（1）: 97-98.
④ 赵鼎新. 社会与政治运动讲义 [M]. 2 版. 北京：社会科学文献出版社, 2012.
⑤ 王赐江. 当前中国群体性事件的学理分析 [J]. 人民论坛, 2010,（17）: 54-55.
⑥ 童世骏. 大问题和小细节之间的"反思平衡"——从"行动"和"行为"的概念区分谈起 [J]. 华东师范大学学报（哲学社会科学版）, 2005, 37（4）: 16-23.

广泛的集体行动。

Park 和 Burgess 在 1921 年提出集群行为的概念,认为集群行为是个体在某种具有共同性和集体性的冲动影响下做出的行为,是人际互动的产物。[①] 这是目前集群行为较为通用的解释。Popenoe 进一步更加详细地将集群行为理解为,因受到某种共同影响和群体鼓舞而在无组织的、自发的、不稳定的情况下所产生的群体行为。[②] 在该定义的基础上,一些学者将集群行为与群体的情绪、情感联系在一起,认为集群行为是受到情绪化影响的群体性行为。[③] Tajfel 等则指出集群行为是个体为了得到社会认同,遵循群体规范的行为结果。[④] 从以上定义可以看出,集群行为并非同质性行为的累加,而是由社会互动产生的社会性群体行为。需要说明的是,这种行为往往由于人际互动的影响偏离了社会、市场或各事物本身的价值。例如,群体共同追求一种时尚或是购买同一种市场产品本身并不算作集群行为,只能算是一种群体行为,而当这种追求行为或购买行为由于社会互动的影响导致时尚或产品市场远远偏离了其原有价值,即群体过度追求某时尚品牌或某产品,如发生"抢盐""抢口罩"风波时,此时的群体行为可以称为集群行为,而这样的行为很有可能导致市场偏离运行轨道、贫富差距拉大等,这对我国的社会安定造成了严重的损害。集群行为虽不会像"革命"一样对社会制度造成巨大的冲击和影响,但也会偏离本有的价值,而这也正是与"独立行为累加"最大的区别。

本书结合已有文献与理论,给出集群行为的定义:在人际互动影响下,由不特定的多数个体在特定空间上,做出的偏离当时社会价值且具有一定自发性与随机性的群体共同性行为。这一定义强调了集群行为的五个

---

① Park, R. E., Burgess, E. W. Introduction to the science of sociology [M]. Chicago: University of Chicago Press, 1921.

② 波普诺. 社会学: 下册 [M]. 辽宁: 辽宁人民出版社, 1988: 566-567.

③ Marx, G. T., McAdam, D. Collective behavior and social movements: Process and structure [M]. Englewood Cliffs: Prentice Hall, 1994; 弯美娜, 刘力, 邱佳, 等. 集群行为: 界定、心理机制与行为测量 [J]. 心理科学进展, 2011, 19 (5): 723-730.

④ Tajfel, H. Social psychology of intergroup relations [J]. Annual Review of Psychology, 1982, 33 (1): 1-39; Tajfel, H., Turner, J. C. The social identity theory of intergroup behavior [M] //Worchel Stephen and W. G. Austin. Psychology of Intergroup Relations. Chicago: Nelson-Hall, 1986: 7-24.

特征：第一，集群行为的发生条件在于人际互动；第二，集群行为以群体同质性的行为作为表现形态；第三，集群行为的结果偏离了社会或市场当时的价值；第四，集群行为不受"社会运动"或"集体行动"对于目的性、组织程度等因素的限制，具有一定的自发性与随机性；第五，本书并没有对集群行为所嵌入的特定空间做出严格的限制，它包含了线上网络舆情或线下过分追求某些产品或文化等一系列行为。

集群行为可以有狭义与广义之分。狭义上的集群行为特指以提升群体不利处境为目的，同时以群体形式出现的行为，[①] 例如，农民工由于被拖欠工资而采取的集体讨薪行为；而广义上的集群行为通常不具有反社会性，Granovetter 指出集群行为是一切由人际互动所形成的具有某种共同性的行为，[②] 因而，广义上的集群行为内容十分广泛，包含了一切由社会影响所带动的偏离社会价值的群体同质性行为。传统理论在解释集群行为演化的过程中，并没有对集群行为的广义和狭义层面做特别的区分，原因是这些理论均存在较强的普适性。本书在第四章到第八章的研究均聚焦狭义集群行为的讨论，但其相关分析过程与结果也在一定程度上适用于广义集群行为的讨论。

集群行为所呈现的是一个点，但其演化过程如同线或面。Smelser 的价值累加理论探讨了集群行为发生的六个因素，描述了从环境到事件爆发的系统过程，而集群行为就是这一过程累积演化形成的涌现性结果。[③] 集群行为虽是一个时间连续性复杂演化过程的结果，但从单一个体行为演化到何种程度才能被称作集群行为无法从理论中找到解释，同时在不同的现实情境中，集群行为的发生规模、环境、条件、影响范围都具有很大的差异性，难以确切地找出集群行为形成的临界点。从个体行为发展到集群行为的过程是时间连续的；不论集群行为是以瞬时性突发事件为起因的行为还

---

① Wright, S. C., Taylor, D. M., Moghaddam, F. M. Responding to membership in a disadvantage group: From acceptance to collective protest [J]. Journal of Personality and Social Psychology, 1990, 58 (6): 994-1003; Thomas, E. F., McGarty, C. A. The role of efficacy and moral outrage norms in creating the potential for international development activism through group-based interaction [J]. British Journal of Social Psychology, 2009, 48 (1): 115-134.

② Granovetter, M. Threshold models of collective behavior [J]. American Journal of Sociology, 1978, 83 (6): 1420-1443.

③ Smelser, N. J. Theory of collective behavior [M]. New York: Free Press, 1962.

是蓄谋已久的罢工、讨薪等行为，均可表示为 t 和 $t+1$ 的状态，集群行为的演化也正是在时间上的动态变化。

在已有社会运动或集群行为的理论解释框架中，其演化动因机制可划分为基于理性动因和非理性动因两种。[①] 针对理性动因的研究将集群行为理解为经济理性计算的过程，个体在该过程中以实现利益最大化为目的，这一取向理论以资源动员理论或集团理论为代表；针对非理性动因的研究则认为集群行为的参与个体是带有情感色彩与愤怨情绪的，他们在群体中受到环境与人际互动的影响，从而形成统一的集群行为，这一取向理论以社会感染理论、社会认同理论等为代表。两种取向理论形成了非理性与理性之争，被社会学界称作重要而持久的争论。[②] Park 曾试图将群众与公众分割开，将群众定义为那些具有偏执、情感化特征的非理性群体，将公众定义为带有理性与批判性特征的群体，然而他无法解释理性的公众也会发生恐慌、谣言等非理性的群体行为。[③] 周晓虹指出集群行为既可能带有理性动因，也可能带有非理性动因，这取决于集群行为的特定形态与其发展阶段。[④] 例如，以集体请愿、罢工、集体讨薪为代表的弱势群体抗争类集群行为通常会有较高的参与成本与风险，弱势群体在做出决策之前就需要衡量自身的成本收益，需要对行为的理性动因进行细致分析；而类似于追求时尚、传播恐慌、散布谣言等集群行为并不存在参与成本或者成本很低，此时的集群现象更可能是由人际互动中的非理性动因造成。无论是基于理性动因的解释，还是基于非理性动因的探讨，这些研究均为集群行为的演化过程提供了有力解释。在复杂的社会系统中，参与集群行为的个体既可以有理性取向的选择行为，也可以有非理性取向的感性行为，本书在构建研究框架时同时将理性动因与非理性动因纳入，形成从非理性动因到理性动因的递进层次，以期能更全面地阐释集群行为的演化机制。

---

① 赵鼎新. 社会与政治运动讲义 [M]. 2 版. 北京：社会科学文献出版社，2012.

② 周晓虹. 集群行为：理性与非理性之辨 [J]. 社会科学研究，1994，(5)：53-57.

③ Park，R. E. The crowd and the public and other essays [M]. Chicago：University of Chicago Press，1972.

④ 周晓虹. 集群行为：理性与非理性之辨 [J]. 社会科学研究，1994，(5)：53-57.

二 集群行为的非理性选择解释

根据上文对集群行为的定义，集群行为是偏离社会价值的群体性行为，而这种价值偏离是个体并非基于自身理性选择而做出的非自身价值判断行为所产生的结果，即个体行为的非理性。非理性行为可以理解为更加一般化的非利益判断的集群行为。从灾难中人们的群体慌恐行为到市场中产品销售的马太效应，从网络舆情中网民的盲目跟风到极端事件中的打砸抢烧，这些都可以用集群行为的非理性动因进行解释。在集群行为群体场域的作用下，如果个体的非理性行为不是在个体独处时产生的，那么就必然是由个体所处的群体环境导致的，而具体在环境中促使个体做出非自身意愿或价值判断的则是人际互动的相互影响。本节给出集群行为的非理性动因（简述为非理性化集群行为）的定义：多数个体在受到群体环境和人际互动影响的情况下产生情绪化与情感化的心理，进而做出非自身价值判断的群体共同性行为。经典理论将研究重点放在人际互动上，即考虑人际互动如何作用于个体行为，从而产生集群行为。

Le Bon 的社会感染理论指出，人们在群体中会相互感染，个体心理被他人同化，产生一种集体心理，进而使他们做出独处时并不会做出的行为，其过程如图 3-1 所示。Le Bon 同时指出，个体生活、职业、智力、性格等因素并不会对他们参与集群行为产生太多的影响，即参与集群行为个体之间的异质性属性并不会阻挡他们参与集群行为。[1] 周晓虹总结了社会感染理论中参与集群行为的群众存在的几个特征：第一，去个性化，即个体在群体中有一种屈服于本能的压力；第二，个体的非理性，即个体之间容易受到相互影响与感染；第三，个体责任感的缺失，即个体在群体中会无法控制自己的本能从而做出独处时所不能做的行为。[2]

基于社会感染理论，Allport 进一步指出集群行为是个人思想依附在人际互动上的产物。[3] Allport 特别强调集群行为发生的前提是个体的同质性特征，即只有当个体存在同质性的心理或思想时，在同样的社会刺激下，

---

① 勒庞. 乌合之众：大众心理研究 [M]. 冯克利，译. 北京：中央编译出版社，2015.

② 周晓虹. 集群行为：理性与非理性之辨 [J]. 社会科学研究，1994，(5)：53-57.

③ Allport, F. H. Social psychology [M]. Boston：Houghton Mifflin Co., 1924.

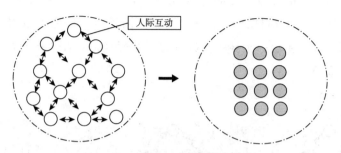

图 3-1 社会感染机制的演化示意

说明：图中大圆代表群体，小圆代表群体中的个体，圆内的箭头表示人际互动；该图
说明个体在人际互动的影响下相互感染，形成一致性的群体心理，进而演化出集群行为。

才会呈现相同的反应，形成集群行为。对比社会感染理论，Allport 所提的
社会聚合理论更强调了个体同质性原则在行为演化中所起的作用，即只有
当个体心理或情绪统一化时才可以形成集群行为，其过程可见图 3-2。从
原理上讲，Allport 把社会感染进行了分步的拆解，将个体同质性看作社会
互动的结果，而将集群行为看作个体同质性的结果。

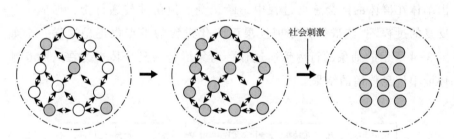

图 3-2 社会聚合机制的演化示意

说明：图中大圆代表群体，小圆代表群体中的个体，圆内的箭头表示人际互动；该图
说明个体在群体人际互动的影响下先形成同质性的个体心理，当社会刺激发生时，群体对
该刺激做出相同的反应，进而演化出集群行为。

Turner 和 Killian 在社会聚合理论的基础上指出，个体在相互感染的过
程中产生了群体规范，这种规范导致成员向统一的方向行动。[①] Reicher 和

---

① Turner, R. H., Killian, L. M. Collective behavior [M]. Englewood Cliffs：Prentice Hall, 1957：
105-106.

Tajfel 则将这种规范的形成归因于成员对群体的认同，即社会认同。[①] 他们指出当个体对他人和群体存在较强烈的认同感时，群体的凝聚力才会凸显，进而可以产生统一指导各成员行为的共同规范，社会认同机制的演化示意见图 3-3。

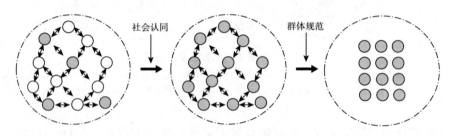

图 3-3　社会认同机制的演化示意

Le Bon、Allport、Turner 和 Killian 虽然在理解集群行为演化传播的具体过程中存在一定差异，但均强调了集群行为中个体间的行为感染机制，而社会感染的基础则是以人际互动为形式的行为传递与模仿。Blumer 指出个体在群体的社会感染过程中不断接受、模仿并传递行为，形成一个反复的过程。[②] 集群行为非理性层面演化过程的重点也正是这样一个如图 3-4 所示的抽象的行为传递过程；而集群行为是个体行为在人际互动环境中信息传递的结果。

图 3-4　集群行为演化过程中的行为传递

①　Reicher, S. D. The determination of collective behavior ［M］ //Tajfel, H., ed. Social Identity and Intergroup Relations. Cambridge: Cambridge University Press, 1982: 41 - 84; Tajfel, H. Differentiation between social groups: Studies in the social psychology of intergroup relations ［M］. London: Academic Press, 1978.

②　Blumer, H. Collective behavior ［M］ //Park R. E., ed. An Outline of the Principles of Sociology. New York: Barnes & Noble, 1939.

三　集群行为的理性选择解释

理性是一种行为方式，也是一种思维模式。经济学一直把市场中的行为个体看作理性经济人，即以自身利益最大化为目的。虽然诺贝尔经济学奖得主 Simon 对管理决策制定中的"绝对理性"提出质疑，并发展了"有限理性"决策模型，指出人们在制定决策或选择过程中存在"有限理性"，即以实现"满意"为目的，而非追求"最优"，① 但人们依然是以理性的思维方式在生活的各个方面做出选择，以更多地满足自己的需求。上文的一系列理论探讨人际互动如何作用于个体进而产生非理性的集群行为，但作为集群行为基础要素的个体，作为一项行动或一项决策主体不能将理性动因隔离开。个体在做出行为之前，特别是针对那些非紧急的事件，会有充足时间分析参与的利弊，这就要求在探讨集群行为机制时，有必要将个体的理性思考纳入分析。以理性的权衡利弊分析作为动因的集群行为不仅仅体现在传统涉及利益纠纷的维权抗争事件当中，也在新常态下发生的特殊性群体性事件当中有所体现，许多涉及环境的群体性事件就是典型的理性化集群行为的体现。如 2012 年发生的江苏启东事件，参与者在事件发生全过程中花费了大量人力物力，利益驱动较为明显。人们在参与这一事件的过程中既要权衡集群行为的收益与成本，同时也身受周边个体的影响。本书所强调的集群行为理性动因，是指个体会以理性经济人的思维方式对参与行为与环境进行权衡利弊分析，在群体中形成背离社会价值判断的群体共同性行为。

集群行为理论中的资源动员理论、政治过程理论均是以经济理性作为假设前提，这些理论重点聚焦于集群行为的宏观架构，以整体论的视角分析集群行为的发生机制。例如，McCarthy 和 Zald 提出的资源动员理论指出集群行为参与者可利用的资源会导致社会整体为集群行为提供有利的动员结构，进而促使集群行为的发生。② 这些理论与价值累加理论可以为集群行为研究做很好的宏观性指引，但不太适用于解释个体行为演化为集群行

① 刘丽丽，闫永新. 西蒙决策理论研究综述 [J]. 商业时代，2013，(17)：116-117.
② McCarthy, J. D., Zald, M. N. Resource mobilization and social movements: A partial theory [J]. American Journal of Sociology, 1977, 82 (6): 1212-1241.

为的具体过程。而与这些理论具有相同理性假设的集团理论则以更为微观的视角对人群的互动与行为做出了详细与深刻的解释，该理论可以很好地用于阐释集群行为演化中经济理性的作用机制。

Olson 在《集体行动的逻辑》中第一次将经济学集团理论用于阐释集群行为问题。[①] 在书中，Olson 并没有明确将集群行为作为主要的研究对象，而是重点关注了个人理性与集团理性的逻辑关系。在 Olson 看来，集团是由有共同利益的个体组成的，其目的是增进他们的共同利益，这一点与集群行为中的群体概念极为相似。Olson 指出，集团中除非有奖励、惩罚、逼迫等特殊手段迫使成员按照集团的共同利益行动，否则经济理性的个体并不会采取任何行为以实现集团的利益；换言之，即使集团中的个体都清楚他们在采取集体行为后能够获益，他们也不会自愿采取行为以增进集团所有成员的利益。Olson 把这一现象的原因归结为集体物品所蕴含的特殊性。集群行为，特别是那些以增进弱势群体利益为目的的集群行为，本身就可以看作一种集体产品，在集群行为发生后，群体所获得的利益通常不能把群体中未参与集群行为的成员排除在外。例如，工人的集体讨薪或是罢工行为通常也会帮助未参与集群行为的人获得收益。当一个群体中的成员在未参加群体活动的情况下就可以免费获得集群行为的收益时，他参与集群行为的动力会进一步减弱。对于该个体自身来说，他不承担参与集群行为的任何风险与成本，却获取群体所带来的劳动报酬，那么不参与行为这样的选择总是利益最大化的。这一分析过程凸显了集群行为中的搭便车现象，形成了群体中的个体与其他个体在参与行为选择上的互相博弈。

为了进一步阐明这一机理，表 3-1 给出了两个个体之间参与集群行为博弈的收益矩阵。当两个个体均参与了集群行为，每个个体均获得的收益为 R；当一个个体参与了集群行为，而另外一个个体未参与，那么参与的个体遭到了背叛，同时还要承担所有参与集群行为的成本与风险，此时该个体的收益为 S，而不参与的个体则通过搭便车的方式免费获取

① Olson, M. The logic of collective action: Public goods and the theory of groups [M]. Cambridge: Harvard University Press, 1971.

了行动收益 T；如果两个个体均不参与集群行为，那么他们虽然没有承担行为参与的成本，但也不会获得任何通过发动行为所争取到的收益，此时定义他们的收益为 H。针对集群行为这样的发生事件，特别是狭义上的集群行为是以改善群体不利处境为目的而以群体形式出现的行为，这类行为要求个体在整个事件中不能发挥主体作用，就如竞争市场中的个体定价与交易并不能影响到整个市场环境，这类事件行为的个体单独参与成本很高，且高于其收益，即 $S<H$。也就是说，若个体通过单一行为就可以获得收益，且收益大于其成本，那么个体就不会以群体的形式参与行为，因而也就失去了集群行为本身的内涵，如讨薪的农民工靠自己就可以要回拖欠的工资，就不需要联合他人共同讨薪。但集群行为作为一项集体产品并不能排除未参与成员享受收益，因而搭便车的个体在没有承担任何风险或成本的情况下，其收益要高于参与成员扣除成本后的净收益，因而 $T>R$。集群行为发动的目的就是改变自己不利地位并获取收益，因而 $R>H$。由此推论，集群行为个体间的博弈收益矩阵应满足囚徒困境的逻辑，即 $T>R>H>S$。

在传统囚徒困境理论中，个体为追求自身的利益最大化，均会选择背叛对方，从而双方总会做出陷入劣势的选择；而在公共选择理论中，集体产品总是被过度利用，形成"公地悲剧"。这两种现象均属于由博弈导致的困境结果。从博弈的角度来讲，个体基于理性对集群行为的价值判断可归结为不参与行为以获取自身利益最大化的选择。但 Park 指出，即使在理性的公众中，集群行为的现象也依然不可避免。[①] 这一现象的产生可以从两方面解释：一是将这些理性公众的行为也视为在群体中受到人际互动影响的非理性行为；二是把该现象理解为演化博弈中的其他信息传递机制。二者在集群行为的演化逻辑解释上会存在较大区别，但二者均肯定了理性人在行为选择中参照了人际互动中周边个体的影响，前者可由集群行为的非理性理论解释，后者则可以通过博弈演化逻辑进行解释。

---

① Park，R. E. The crowd and the public and other essays［M］. Chicago：University of Chicago Press，1972.

表 3-1　集群行为博弈收益矩阵

	参与集群行为	不参与集群行为
参与集群行为	R, R	S, T
不参与集群行为	T, S	H, H

虽然 Olson 在集团理论中并未探讨个体间博弈的问题，但是将集群行为看作具有非排他性与非竞争性的集体产品就已然涉及集体产品提供的博弈。在集团理论的框架支撑下，从集群行为参与成员的理性角度出发，成员为获取最大的自身收益，势必会在参与和不参与的选择上同周围群体进行权衡博弈，这就是集群行为演化中理性动因解释最应关注的关键问题，即个体行为如何基于人际互动间的博弈从而形成统一一致的集群行为。演化博弈的理论与方法，特别是复杂网络视域下的演化博弈为这一层面的集群行为演化研究提供了较好的研究基础。

第二节　集群行为的演化逻辑框架

一　独立选择与人际互动中的非理性与理性之辩

根据传统定义，集群行为属于一种非理性的行为结果。[①] 集群行为既存在非理性动因，也存在理性动因，而这并不与集群行为的非理性结果产生矛盾，原因在于理性经济人也会在群体中受到人际互动的影响从而做出非理性的举动，或是集群行为的纯经济理性的演化博弈中也存在导致整体非理性的机制，因而通俗来讲，集群行为可分为不带有理性动因机制演化的行为与带有理性动因机制演化的行为。本书更关注的是，群体环境中的人际互动可以将非理性动因包含于内，也可以将个体的理性动因纳入人际互动中；由于个体在独处时可能也会根据理性计算来进行决策，因而总体来讲，理性动因同时被包含于群体与个体独处时的环境中，而群体环境也包含了理性动因与非理性动因，图 3-5 给出了独立选择与人际互动影响中基于非理性与理性两

---

① Park, R. E. The crowd and the public and other essays [M]. Chicago: University of Chicago Press, 1972.

类动因的集群行为演化过程机理。为方便理解，本书在后续部分分别从独立选择、人际互动的非理性、人际互动的理性三个层次进行讲述。

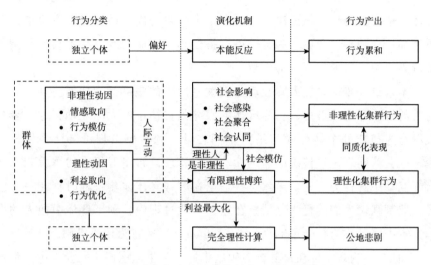

图 3-5　独立选择与人际互动中的非理性与理性动因对比

从集群行为发生的个体独处环境来讲，在现实世界中，虽然万事万物存在普遍性的联系且相互影响，但大部分个体行为或决策都是通过个体自我独立思考或基于大脑本能反应做出的。例如，个体会根据自我偏好下载喜欢的歌曲，或是根据突发事件的实际情况做出本能反应。本书假定个体没有生理或智商缺陷，独处时并不会做出非理性的行为选择。个体在独处时所做的决策与行为可能会基于本能，也可能会经过精细的计算，这因具体事件而异。基于本能反应的独处行为可能主要针对那些要求快速反应或不涉及任何成本的事件，而那些要经过理性计算才做出决策的行为主要针对带有经济成本或事件过程本身发展较慢的事件。因此，对于集群行为发生事件的非理性与理性逻辑，个体独处时基于自身偏好或价值判断所做出的本能反应与为追求个体利益最大化所做出的完全理性计算正好相互对应。

无论是基于理性动因还是非理性动因，集群行为的产生结果都具有较强的相似性，即个体最终呈现同质化的表现。但基于偏好的本能反应与经过理性计算的两种行为并不一定导致相似的结果。若个体行为都是基于偏好所做出的，则个体行为之间相互独立，因而整体上的行为输出更可能是个体行为的简单累加；若个体行为是经过理性计算所做出的选择，根据 Olson 的集团理论，个体为追求自身利益会选择不参与集群行为，从而在整体上导致"公地悲剧"的发生。总体来讲，在不存在社会影响时，一般个体仅依据自身偏好做出决策，而多个个体参与决策后仅会形成决策的简单累加；而纯理性个体认为自己可以搭便车，因而所有人都不会参与到集群行为当中，致使集群行为失败。

本章进一步探讨在人际互动非理性层次中的集群行为如何呈现。集群行为的发生环境是群体，行为传播的媒介是群体中的人际互动，这二者是集群行为与独处个体行为的最大不同之处。社会感染理论、社会聚合理论、社会认同理论等传统的非理性动因解释理论将集群行为的爆发归因于人际互动中的行为传递。虽然这些理论在解释具体演化过程时存在一定差异，但都强调人们的行为与情感在连续演化过程中受到了群体中他人的影响，本书将其称为社会影响（Social Influence）的行为传递机制。

"社会影响"一词在集群行为领域中并不陌生，该词比社会学中其他涉及传播的概念拥有更加广泛的内涵，涵盖一切由人际互动作用所决定的个体行为或选择，它包含了社会感染理论、社会聚合理论、社会认同理论所有的共同点。在群体动力学研究上，社会影响在政治、经济、社会、文化各层面都发挥着重要的演化作用，以人际互动的方式作用于人的决策与行为。① 本书试图采用社会影响机制作为非理性化集群行为传递的动因，一方面是社会影响与集群行为在本质上都是人际互动的作用过程，因而二者具有较强的内在契合性；另一方面是可以避免纠缠于由个体行为形成集体同质性行

① Salganik, M. J., Dodds, P. S., Watts, D. J. Experimental study of inequality and unpredictability in an artificial cultural market [J]. Science, 2006, 311（5762）: 854 - 856; Granovetter, M. Threshold models of collective behavior [J]. American Journal of Sociology, 1978, 83（6）: 1420-1443; Coleman, J., Katz, E., Menzel, H. The diffusion of an Innovation among physicians [J]. Sociometry, 1957, 20（4）: 253 - 270; Bikhchandani, S., Hirshleifer, D., Welch, I. A theory of fads, fashion, custom, and cultural change as informational cascades [J]. Journal of Political Economy, 1992, 100（5）: 992-1026; Goldstone, J. A. Initial conditions, general laws, path dependence, and explanation in historical sociology [J]. American Journal of Sociology, 1998, 104（3）: 829 - 845; Salganik, M. J., Watts, D. J. Leading the herd astray: An experimental study of self-fulfilling prophecies in an artificial cultural market [J]. Social Psychology Quarterly, 2008, 71（4）: 338 - 355; Muchnik, L., Aral, S., Taylor, S. J. Social influence bias: A randomized experiment [J]. Science, 2013, 341（6146）: 647-651.

为的具体过程，因为目前这一过程在不同理论框架下并不统一。将社会影响与集群行为纳入同一分析框架，也可以拓宽集群行为研究领域，丰富集群行为的社会学含义。

在信息技术快速发展的大环境下，社会信息的获取途径以及人际互动更加普遍化与多样化，人们更容易受到周边社会信息，特别是线上信息的影响。随着人际互动频率的提高，社会影响对于人类行为的作用将进一步深化，[1] 进而加剧了社会经济的非帕累托最优或是"富人俱乐部"的形成。[2] 具体来讲，社会影响会形成一个"路径依赖"的过程，使得周边群体被早期集群行为参与群体所影响，进而影响到自身的策略与选择，形成正向的反馈。[3] 路径依赖特性是指人们一旦做出某选择，在社会影响的作用机制下，就会导致整个群体沿着既定的方向不断地自我强化，即后人的选择受到前人选择的影响，形成一种惯性。

社会学家 Salganik 等人为了探测社会影响机制，于 2006 年进行了一项著名的音乐实验（Music Lab），实验结果发表于《科学》杂志。该实验指出后期实验参与者会受到早期参与者发布的社会信息的影响，市场早期的成功会导致未来的成功，从而会增大市场的不平等性。[4] 这一实验对于集群行为亦有较强的启示，可以类比集群行为的后期参与者在群体中受到早期集群行为发动者的影响的过程，这是一个从动员到发展，再到聚集的连

①　Sorensen, A. T. Bestseller lists and product variety [J]. Journal of Industrial Economics, 2007, 55 (4): 715-738; Davis, C. J., Bowers, J. S., Amina, M., et al. Social influence in televised election debates: A potential distortion of democracy [J]. PLoS ONE, 2011, 6 (3): e18154.

②　Barabási, A., Albert, R. Emergence of scaling in random networks [J]. Science, 1999, 286 (5439): 509-512; Onnela, J. P., Reed-Tsochas, F. Spontaneous emergence of social influence in online systems [J]. Proceedings of the National Academy of Sciences, 2010, 107 (43): 18375-18380.

③　Salganik, M. J., Dodds, P. S., Watts, D. J. Experimental study of inequality and unpredictability in an artificial cultural market [J]. Science, 2006, 311 (5762): 854-856; Salganik, M. J., Watts, D. J. Leading the herd astray: An experimental study of self-fulfilling prophecies in an artificial cultural market [J]. Social Psychology Quarterly, 2008, 71 (4): 338-355; Muchnik, L., Aral, S., Taylor, S. J. Social influence bias: A randomized experiment [J]. Science, 2013, 341 (6146): 647-651.

④　Salganik, M. J., Dodds, P. S., Watts, D. J. Experimental study of inequality and unpredictability in an artificial cultural market [J]. Science, 2006, 311 (5762): 854-856.

续演化过程，也就是前文所讨论的非理性化集群行为在人际互动中实现行为传递的过程。社会影响在社会学意义上讲是人际互动的伴生物，只要在特定空间中存在人际互动，就必然会在个体行为决策上发生感染、聚合、规范、认同等复杂性影响过程。本书将社会影响机制设定为集群行为非理性演化的核心机制，也是在一定程度上强调人际互动在人们行为情感化、同质化以及整体场域中所发挥的作用。

在集群行为理性动因解释层面，若集群行为被视为一件具有非排他性与非竞争性的集体产品的供给行为，个体之间在集群行为中的博弈过程就会陷入囚徒困境的状态，特别是搭便车机制的存在抑制了人们集群行为的参与意愿，理性的思考会抑制带有成本类的集群行为的发生，那么与 Park 所指出的理性公众也会形成集群行为的现象[①]就产生了一定矛盾。若单从个体对于全局的博弈计算来看，不论周围个体做何选择，他都可以通过不参与集群行为来追求个体利益的最大化，因此，独立个体对于集群行为收益的计算并不能很好地解释集群行为的产生，反而可以用于说明集群行为的阻碍机制。Olson 在集团理论中所指出的大集团中的个体不会自发去提供集体产品也正是说明了这一点。[②] 集群行为理性动因的解释理论均以个体是理性经济人作为前提假设，但如果将 Olson 的集团理论带入解释环境中，基于理性动因解释的传统理论也并不能做出很好的解释。例如，资源动员理论认为可动员资源的增加会给集群行为的发生带来更大的可能性，[③] Tilly 更是强调了社会网络资源在动员过程中所具备的重要作用，[④] 我国学者也对此理论进行了一些实际数据的验证，认为可动员的资源对于集群行为具有正向影响。[⑤] 但资源动员理论的关注点在于 Smelser 所提出的价值累

① Park，R. E. The crowd and the public and other essays [M]. Chicago：University of Chicago Press，1972.

② Olson，M. The logic of collective action：public goods and the theory of groups [M]. Cambridge：Harvard University Press，1971.

③ McCarthy，J. D.，Zald，M. N. Resource mobilization and social movements：a partial theory [J]. American Journal of Sociology，1977，82 (6)：1212-1241.

④ Tilly，C. From mobilization to revolution [J]. American Political Science Association，1980，84 (1)：653.

⑤ 牛静坤，杜海峰，杜巍，刘茜. 公平感对农民工集群行为的影响研究——基于平等意识的调节效应分析 [J]. 公共管理学报，2016，13 (3)：89-99.

加理论的行为动员，在这一环节中集群行为的发动者起主导作用，此时若以社会资源的拥有量作为集群行为参与的影响因素，并不适于拓展到集群行为的所有参与者，而只能用于说明群体中的少数精英行为；同时，若以集团理论中的经济人搭便车机制套用于该理论，行为被动员者并无任何参与到集群行为中的意愿。因此，单纯地将集群行为参与者假设为绝对理性的经济人无法解释理性人的参与行为，即理性人不可能自发地参与到集群行为中。若将理性人参与集群行为的原因归纳于非理性动因，又有悖于理性人追求自身利益最大化的前提，针对这一矛盾只能得出理性人在群体中也被群体影响的结论。基于此，集群行为基于理性计算的演化需要强调两点：第一，理性人在群体环境中同非理性群体一样会受到群体环境的感染从而产生非理性、情感化的同质性心理，这一过程适用于在上述非理性化集群行为的社会影响机制上进行探讨；第二，理性人在群体环境中会寻求一种不同于绝对理性的简单博弈收益对比分析，但同样可以保证自身利益的行为，换句话讲，理性个体在追求利益最大化的过程中，并不是基于独立个体的理性计算来调整自身策略，而是将理性计算带入群体环境，在人际互动的影响下，以学习、模仿、竞争等模式进行行为选择，即有限理性选择。对于第一种认识，可采用集群行为非理性动因的解释框架对理性群体予以探讨，本书在此不再赘述；对于第二种认识，则需要探索出一种有限理性的人际博弈的机制，这样的机制仍以理性经济人为前提假设，但同时要考虑群体环境中的人际互动对于个体行为的影响。Olson 的集团理论已经论述到理性个体并没有参与集群行为的意愿，结合理性个体参与集群行为的事实，[1] 可以反推出群体环境这样的特殊场域会对理性个体的思维产生影响。

人际互动和社会影响是伴随群体环境共同出现的，理性个体在群体环境中会将他人的收益成本纳入考量，形成个体与他人的收益比对，比较过程也是被他人影响的过程，是人际互动中的社会影响使理性个体计算思维产生改变的过程；但与非理性的社会影响的不同之处在于，理性个体仍是

① Park, R. E. The crowd and the public and other essays [M]. Chicago: University of Chicago Press, 1972.

以理性计算来选择策略，在社会影响中掺杂更多的理性选择。带有社会影响的理性计算，是非理性化集群行为演化中融入有限理性思维的结果，在这一过程中将形成相互影响的有限理性的人际动态博弈，而非独处时所采取的完全理性决策。

二　集群行为的信息接收与处理机制

无论是基于非理性动因还是理性动因，集群行为均是社会影响作用机制下形成的演化传播结果，而社会影响的作用载体就是人际互动中的信息传播。集群行为的信息传播不同于普通个体行为的信息传播，并非个体对单一的个体行为模仿并进行传递，而是个体在群体环境中同时受到多方其他个体共同作用，从而共生出同质性的群体心理。[1] 特别是针对非理性化的集群行为，个体行为取决于多个其他个体的影响，如图 3-6 所示，个体在群体环境中会接收多个个体的信息并进行处理，进而做出反应。

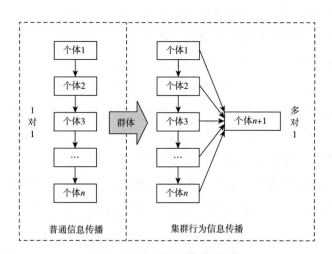

图 3-6　集群行为的传播特征

随着信息技术的快速发展，人们获取集群行为的社会信息渠道变得更加多样化，而这也会进一步分化出不同的集群行为传播途径。传统集群行

① Park，R. E.，Burgess，E. W. Introduction to the science of sociology ［M］. Chicago：University of Chicago Press，1921.

为的传播途径是通过人际关系网络或通过人群的实际接触与互动进行传播，[①] 而在社会信息获取渠道多样化的情况下，人群不仅接收来自个体自身所嵌入的现实关系网络的信息，而且可能受到来自网络等的非直接接触信息的影响。从总体来讲，个体接收信息的源头可划分为两类，一类是通过其可接收到全局（global）群体成员的信息，另一类则是只接收到来自局部（local）社会网络或地域上邻近人群的信息。从第一类信息接触源，个体可以接触到群体系统中的所有个体的社会信息，例如，在对电影或音乐时尚的追求中，个体可以看到每部电影的票房或每首音乐的具体下载量，这些信息均来自群体中所有已参与互动的成员；在网络舆情中，个体也可以接触到不认识的网友的信息，进而做出自己的判断。从第二类信息接触源，个体只能接触到来自自身网络的局部信息，例如，农民工参与集群行为的网络往往来自亲缘、地缘关系上的熟人。[②] 虽然以上两种信息源头在集群行为演化机制上可能会呈现并不相似的特征，但二者均可以采用网络的形式进行表示，对于第一类信息接触源，个体之间可采用全连接网络的形式进行表达，而对于第二类信息接触源，则可以采用非全连接网络的形式进行表达。图3-7给出了两类信息接触源的传播形式，图中上半部分为个体可接触全局信息时的演化模式，首先个体1将其信息传递给个体2，进而个体1和个体2共同将他们的信息传递给个体3，然后个体1、个体2、个体3共同将信息传递给个体4……而图中下半部分为个体只可接触到局部信息时的演化模式，首先个体1将其信息传递给个体2，由于个体3在整体网络拓扑结构中与个体1和个体2均有连边，因而个体3可接收到个体1与个体2的信息，但由于个体4仅与个体3具有连边，因而个体4只能接触到个体3的信息，而并不清楚其他个体的社会信息。这两类信息接触源的演化传播过程可表示不同类别的集群行为过程，但其差异可归结于网络密度的差异：在个体可接触全局信息的群体中，群体中的社会网络

---

① 杜海峰，张楠，牛静坤等．群体性事件中的集群行为——一个基于社会计算的研究框架［J］．中国人民公安大学学报（社会科学版），2014，30（6）：81-90；杜海峰，牛静坤，张锴琦等．集群行为的社会网络分析：社会计算在农民工集群行为研究中的应用［M］．北京：社会科学文献出版社，2019.

② 牛静坤，杜海峰，杜巍，刘茜．公平感对农民工集群行为的影响研究——基于平等意识的调节效应分析［J］．公共管理学报，2016，13（3）：89-99.

密度为 1；而在个体仅能接触局部信息的网络中，其密度要小许多。通过调整网络密度，全局信息的传播可转化为局部信息的传播，但由于全局信息传播作为网络传播的一种特殊形式，具有较强的集群行为的社会学意义与现实意义，因而本书在后文机制讨论部分将分开论述全局与局部信息的传播。需要指明的是，有时基于局部信息接收机制也可以以信息累积的形式接收到局部网络之外的信息，例如，某个体在向另一个体传递信息时同时也传递了其他行为参与者的信息，这同样也使得信息接收者可以掌握局部网络之外的信息。此时，这一新个体在拓扑网络上应同时增加与提到的其他行为参与者的连边，但这同样是以局部网络的形式进行信息传递，这种局部信息累积的形式应包含于局部信息接收机制的范围之内，除非累积的信息使得网络增设的关系连接了全部原有局部网络的非连接节点对，进而形成了全连接网络。

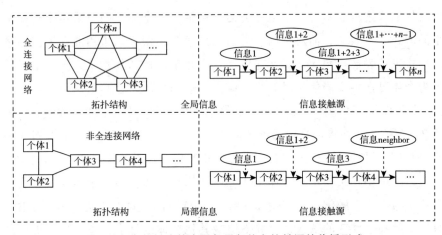

图 3-7　集群行为的全局与局部信息接触源的传播形式

在接收集群行为的信号之后，个体会依据所接收的信息做不同方式的处理，信息具体可划分为两类：第一类是个体会将其进行完整的消化并能够精确地解读的信息，例如，个体会在网上查到电影票房或音乐下载量的精准数字，或是个体可以看到网络集群行为的支持与不支持的精准人数，本书将这一类别信息定义为完备信息；第二类是个体并不能在群体中获取具体而精确的数字时，能够获取的相对模糊的信息，例如，参与集群行为的农民工有可能并不能准确地数出周边参与成员的数量，而仅仅是大概了解身边参与行为的成员是否处于多数，本书将这一类别信息定义为不完备信息。对于精准的完备信息，个体会将其处理为连续型的信号，例如，音乐下载量的数字与其社会影响存在一定的相关性，[①] 而该数字是以连续型的变量表示；对于模糊的不完备信息，个体则通常会将其处理为阈值型的信号，[②] 即个体会对比接收的社会信息与自身阈值，进而做出基于阈值对比的行为，这一类型的处理方式主要依据个体在群体中情感化与社会影响的作用机制，因而只适用于不掺有理性计算的非理性集群行为研究。图 3-8 展示了集群行为中针对完备与不完备信息的不同处理方式，其中灰色个体代表参与集群行为的个体，而白色个体代表不参与集群行为的个体，若个体接收到精确完备的信息，个体则会指出集群行为参与与不参与者数量的精确数字；若个体只能接收到模糊的不完备信息，个体会将集群行为的参与个体理解为"多数"或"少数"，并与自身阈值进行对比。

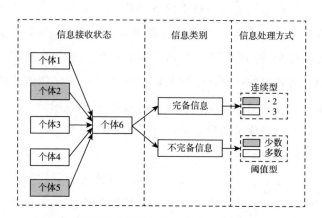

图 3-8　集群行为的完备与不完备信息的处理方式

结合信息接触源与信息处理方式的分类，可将集群行为的信息传播演化机制划分为以下四类：全局完备信息结构、局部完备信息结构、全局不

① Salganik, M. J., Dodds, P. S., Watts, D. J. Experimental study of inequality and unpredictability in an artificial cultural market［J］. Science, 2006, 311（5762）: 854-856.

② Granovetter, M. Threshold models of collective behavior［J］. American Journal of Sociology, 1978, 83（6）: 1420-1443.

完备信息结构、局部不完备信息结构。这四类信息传播结构均可反映现实中各类别的集群行为，本书将在后文机制描述部分分别论述这四类传播过程。局部信息通常可以由具有一定结构的网络进行传递，而全局信息则可以由全连接网络的形式进行表达，因而局部完备/不完备信息下的集群行为是对应的全局完备/不完备信息下集群行为更加广义化的形式，而全局信息下的集群行为则是更为基础的研究。另外，完备与不完备信息的处理机制是两类完全不同的信息处理机制，但从实践来看，由于人们获取精确社会信息的可能性略低一些，不完备信息处理机制下的集群行为更为一般化。

全局完备信息下的集群行为是指个体在一定的群体空间内可以收集到全部已参与互动者精准的参与信息，并依据这些信息为自身的行为决策做出考量，进而形成偏离人们认知与社会价值的群体共同性行为。依据上述对信息接收机制与处理机制的探讨，这类集群行为的特点表现在集群行为信息的全局透明性以及处理过程中信息利用的充分性。这种广播式的集群行为信息传递事实上是最为理性的传递方式，也是 Music Lab 实验中所设计的信息传递过程。① 剖析这一类别的集群行为，特别是挖掘出集群行为演化过程中所表现出的特有社会学机制，对于处理网络舆情事件具有较强的政策启示。但需要指出的是，即使在全连接的社会网络中，个体也并不会向所有认识的网络成员传递信息，此时的全连接网络也并不能呈现全局信息接收源的状态。

局部完备信息下的集群行为是指个体在群体之中只能收集到来自自身社会网络的已参与互动者的参与信息，并依据这些信息为自身的行为决策做出考量，进而形成偏离人们认知与社会价值的群体共同性行为。这类集群行为的特点主要表现在集群行为信息传递的非透明性以及信息的充分利用。相比全局完备信息的传播模式，这一模式并非以广播的形式进行外扩，而是依赖于个体的社会网络进行行为信息的传递。当每个个体认识所有群体成员并且同时向所有群体内部的成员进行信息传递时，此时的局

① Salganik, M. J., Dodds, P. S., Watts, D. J. Experimental study of inequality and unpredictability in an artificial cultural market [J]. Science, 2006, 311 (5762): 854-856.

部信息传递状态转变为全局信息传递的模式。基于局部完备信息模式传播的集群行为研究可以用于探讨依赖局部信息传播的线上舆情事件、部分线下空间的小规模聚众行为以及同时涉及线上、线下行为的小规模群体性事件。

全局不完备信息下的集群行为是指个体在一定的群体空间内可以收集到全部已参与互动者的参与信息，但该信息较为模糊，以至于只能通过与自身的参与阈值对比来为自身的行为决策做出考量，进而形成偏离人们认知与社会价值的群体共同性行为。在这类集群行为的发生过程中，信息具有较强的公开性与透明性，然而由于信息量大或者信息模糊，人们并不能准确地评判获取的每条信息，而只能以类似"少数服从多数"的阈值决策方式进行信息处理，这正是与全局完备信息传播机制的本质不同点。相比完备信息的处理模式，不完备信息处理机制做了去精细化的降维处理，进而对接收信息的质量不做任何要求，这就表明不完备信息处理机制对应于更广阔的应用空间。全局不完备信息下的集群行为与传播较为广泛的线上网络舆情以及线下空间中的大规模聚众行为具有相似的特征，探讨这一类别集群行为的内在机理，对于处理以上种类的群体性事件具有较强的现实启示。

局部不完备信息下的集群行为是指个体在群体之中只能收集到来自自身社会网络的已参与互动者的社会信息，且该信息较为模糊，并只能通过与自身的参与阈值对比来为自身的行为决策做出考量，进而形成偏离人们认知与社会价值的群体共同性行为。这类集群行为的信息并不透明公开，只能依靠自身的社会网络进行传递与收集；同时，由于收集的信息较为庞杂，信息处理的精细化程度有所降低，"少数服从多数"的简单化从众心理更加凸显。局部不完备信息下的集群行为在信息收集源头上做了更加广义化的处理，而在信息处理机制上做了去精细化的处理，因而这类集群行为最为一般化，也对应着现实当中最常见的集群行为类别。

三　集群行为的演化逻辑框架

基于上文对理性化集群行为与非理性化集群行为的论证以及集群行为信息接收与处理机制的探讨，本书形成如图3-9所示的集群行为的演化逻辑框架，该框架同时包含非理性化与理性化集群行为的演化逻辑内容，其中理性化集群行为演化逻辑框架是在非理性化集群行为演化逻辑框架设计基础上进一步加入理性计算与理性演化的内容得到的。无论是非理性还是理性的演化，探讨的集群行为均处于带有社会影响的人际互动环境之中，Salganik 等人称这种带有社会影响的环境为"影响世界"（Influenced World），把个体独立做出行为决策的环境称为"独立世界"（Independent World），并指出影响世界更容易导致集群行为的发生。[①] 为更深层次地挖掘集群行

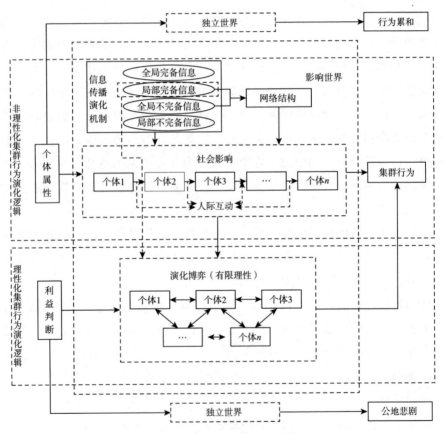

图 3-9　集群行为的演化逻辑框架

① Salganik, M. J., Dodds, P. S., Watts, D. J. Experimental study of inequality and unpredictability in an artificial cultural market [J]. Science, 2006, 311 (5762): 854-856.

为中的影响世界对于个体行为产生的作用机制，本书在非理性化与理性化集群行为演化逻辑框架中均结合了影响世界与独立世界的行为对比，并通过独立世界的结果反映出集群行为作用场域的特殊性。非理性化行为在独处时最终会形成"行为累和"的结果，而经过利益判断的理性行为在独处时最终形成"公地悲剧"这样的结果，这分别是两类行为在独立世界的作用结果；而对于影响世界的场域，有两类路径可以解释集群行为的发生，一类是个体在人际互动的社会影响下会形成带有同质性的群体心理从而产生非理性化集群行为的演化路径，另一类是个体在社会影响下同时保持理性的价值判断从而形成理性计算与社会影响相结合的有限理性演化博弈解释路径。在影响世界的两类集群行为解释路径中，不同的信息传播演化机制也会造成结果的分化，因此在集群行为演化具体机制探讨中，也会就全局完备信息、局部完备信息、全局不完备信息、局部不完备信息分别进行探讨，其中基于局部完备信息与局部不完备信息的行为传播均会涉及不同类别的人际网络结构，本书也将这样不同拓扑结构的作用机制纳入研究的范畴。需要指出的是，四类信息传播结构在非理性化集群行为解释路径中均可在现实中找到依据，并对应到不同的具体事件当中。其中，全局完备信息下的集群行为在一定程度上对应一般网络舆情事件，例如，"雷洋事件"的阴谋论在网络中快速流传，网民可以看到所有具体的信息评论，并依据社会信息与社会影响发表新的评论；局部完备信息下的集群行为主要涉及局部传播的线上舆情事件、部分线下的人群聚集行为以及一些线上、线下行为共同组成的群体性事件，例如，"广东河源电厂事件"中一些网民利用微信朋友圈转发的形式煽动群众参与非法游行；全局不完备信息下的集群行为与规模适中的人群聚集行为具有一定的契合性，例如，"昆明民众与城管冲突事件"中城管执法所造成的人员围观与聚集现象；局部不完备信息下的集群行为则可以用于解释很多农民工参与的群体性事件，例如，由企业欠薪所引发的工地农民工集体讨薪、上访等行为。而在理性化集群行为中，本书在对个体经济人的假设中要求个体对所处群体环境具有充足的认识与把握，并可对周围群体的收益进行精准计算，因此本书在理性化集群行为的演化机制探讨中排除了不完备信息处理机制；同时由于个体较难获取全局的准确信息，讨论全局信息的集群行为演化机制不具有现实意义，因而本书只考虑局部的完备信息演化结构。局部完备信息下的理性化集群行为可以更多地理解为组织化程度更高、目的性更强的"集体行动"，例如，"启东事件"中人们耗费较大的物力、财力去宣传"排海工程"的负面影响，进而形成具有组织性的集体行动。

第三节　集群行为的演化传播分析思路

集群行为的演化逻辑带有较强的复杂性，而社会计算作为计算技术与社会科学理论相互融合的交叉科学，是研究带有动态性、复杂性、系统性等问题的有效路径。这一学科范式以不同分析角度与思路，构建出从静态到动态、个体到整体、简单到复杂的理论解释模型，对于研究集群行为这一复杂问题具有较的适用性。特别是社会计算中的信息传播模型，通过科学描述一系列动态信息传播过程，可以形成具有自适应性、自组织性、自相似性等明显的复杂性特征的动态系统，为集群行为的演化机制分析提供研究思路。首先，本书通过对比传统实证研究方法，探讨社会计算的适用性，并据此构建出针对集群行为的建模框架；其次，通过探讨当前社会计算中的各类经典信息传播模型，深入剖析每个模型的传播机理，进一步分析各类模型在集群行为传播中的适用性，用以构建集群行为的专业演化模型；最后，结合上文所提出的集群行为演化逻辑框架，通过引入适用的社会计算模型，形成集群行为的信息传播演化模型构建思路，并最终形成基于社会计算的集群行为演化分析框架。

一　社会计算的适用性分析

在对集群行为机制探讨的数据分析方法中，当前大部分研究采用传统实证统计方法，针对集群行为参与个体的属性进行讨论，如探讨农民工的组织参与情况是否对集群行为具有显著的影响。[1] 这类实证研究范式主要是通过

---

[1]　牛静坤，杜巍，张楠，王帆. 组织参与对农民工集群行为的影响研究——基于 X 市农民工调查的实证分析 [J]. 西安交通大学学报（社会科学版），2015，35（4）：94-100.

构建理论框架分析自变量与因变量之间存在的某种机制，从而推理出这一社会机制中存在的理论假设，并通过多元回归、结构方程、倾向值匹配等统计方法，利用实际个体属性数据对理论假设进行验证。针对集群行为这类系统性、复杂性、瞬时性都极强的问题，传统实证研究虽可以在一定程度上为集群行为的影响因素分析提供可借鉴的思路，在理论与实际应用上提供一定的指引，但对于带有人际互动的涌现行为难以做出完美的诠释。Dellaposta 等人对美国一般社会调查（General Social Survey，GSS）1972~2010 年的数据进行了分析，发现绝大部分变量之间的相关性均能通过 $p<0.05$ 的显著性检验，而这些变量之间的显著性相关并不是变量本身存在社会学意义的相关性，而是样本之间同质性或是人际互动影响所导致的结果。[①] 统计学中的回归分析要求的假设前提是样本独立，而实际数据中的样本不可能绝对独立，基于真实数据做的回归分析也就与原有统计学上的假设前提存在一定矛盾。解决这一问题不应过分追求实际数据的样本独立性，而是应该充分利用样本之间的相互作用机制，以更加真实、科学地反映深层次的社会机制，特别是对于集群行为这样一个必须探讨人际互动机制的研究问题。虽然传统统计研究范式中也有将个体间的人际互动（关系）数据纳入统计模型中的情况，如采用个体中心网络相应变量测度集群行为可动用的社会资源，即将个体间的关系数据转化为个体属性数据，[②] 但此分析方法依然忽略了一些重要人际互动的信息，如人际互动的关系结构。

　　社会计算的分析方法可以将完整的人际互动关系数据纳入分析模型，在分析框架中并不是简单地将关系数据转换为个体属性数据，而是基于复杂网络的理论与分析方法将个体属性融入带有关系结构的整体环境中进而加以分析。图 3-10 给出了社会计算与传统实证研究分析过程的异同。在社会计算的研究框架中，一些传统的统计分析方法也会发展为更高级的统计模型，如指数随机图模型。但社会计算更突出的优势在于通过建模与仿真等方法对系统环境进行实验建构，对于规律性差、环境多变的人际互动

① Dellaposta, D., Shi, Y., Macy, M. Why do liberals drink lattes? [J]. American Journal of Sociology, 2015, 120 (5): 1473-1511.

② 牛静坤，杜海峰，杜巍，刘茜. 公平感对农民工集群行为的影响研究——基于平等意识的调节效应分析 [J]. 公共管理学报，2016，13 (3): 89-99.

分析具有更强的适用性，特别是结合复杂网络理论与方法的计算实验，可以对集群行为的动态演化实现有效解析，为进一步探究行为变换的演化机制提供了很好的解释路径。①

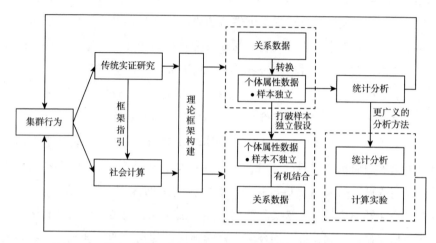

图 3-10　社会计算与传统实证研究在集群行为研究过程中的异同

王飞跃等人指出，仿真与建模的计算实验方法可突破传统社会实验对集群行为不可复现、要求实验人员水平或应变能力高等限制。② 本书参考Easton 所提出的政治过程系统③，构建出如图 3-11 所示的基于社会计算的演化分析系统建模框架。以集群行为的理论推演为依据，将集群行为演化规则纳入复杂性自适应系统中，输入社会系统的环境参数以及个体属性参数，经过演化系统后输出个体的行动决策，再将输出结果作为下一步输入的反馈前端，形成"输入—输出—反馈—输入"的集群行为循环演化全过程，以探寻人群演化的普适性规律。在探寻集群行为演化规律的基础上对中间环节进行控制，为集群行为的控制与治理提供科学依据。

---

① 杜海峰，张楠，牛静坤等．群体性事件中的集群行为——一个基于社会计算的研究框架[J]．中国人民公安大学学报（社会科学版），2014，30（6）：81-90；杜海峰，牛静坤，张锴琦等．集群行为的社会网络分析：社会计算在农民工集群行为研究中的应用 [M]．北京：社会科学文献出版社，2019．

② 王飞跃，刘德荣，熊刚，程长建，赵冬斌．复杂系统的平行控制理论及应用 [J]．复杂系统与复杂性科学，2012，9（3）：1-12．

③ 戴维·伊斯顿．政治生活的系统分析 [M]．王浦劬等，译．北京：华夏出版社，1989．

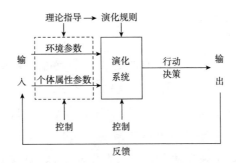

图 3-11 基于社会计算的演化分析系统建模框架

二 信息传播模型与适用性探讨

无论是基于非理性动因还是理性动因产生的集群行为，都是个体行为嵌入人际互动关系中演化的结果，而这样一个个体行为在群体中进行信息传递的链条可通过复杂网络信息传播模型来进行建模与分析。信息传播在集群行为环境中以人际互动关系为载体，而这种关系可抽象为节点和连线构成的互动关系网络。复杂网络信息传播模型为集群行为的演化建模提供了重要参考，具体包括独立级联模型、线性阈值模型、波利亚罐子模型、演化博弈模型。

1. 独立级联模型

独立级联模型（Independent Cascade Model）是一个通过概率计算的信息传播模型，[①] 其基本思想是，在网络中设定活跃（active）节点与非活跃（inactive）节点，活跃节点通过信息传播以一定的概率激活非活跃节点，从而形成信息扩散。独立级联传播的演化规则如下。

（1）在每一时刻 t，网络中的某一活跃节点 u 将以一定概率 p_{uv} 去激活邻边中非激活的节点 v。若 v 没有被激活，则 u 不会在将来的时刻再对 v 尝试激活。

（2）节点 v 的所有邻边活跃节点均会尝试激活 v，当 v 被激活后，也会

---

① Goldenberg, J., Muller, L. E. Talk of the network：A complex systems look at the underlying process of word-of-mouth [J]. Marketing Letters, 2001, 12：211-223.

尝试激活它的邻边非活跃节点。

（3）在信息传递过程中，每个激活事件均是独立的，激活概率同时受激活源节点与目标节点影响。

（4）演化过程将一直持续，除非已没有节点可以被激活。

图 3-12 是独立级联模型传播演化的示意图，在 $t=0$ 时刻，节点 1 被激活，它将以不同的激活概率尝试激活邻边节点 2、3、4；在 $t=1$ 时刻，节点 2 和 4 被激活，但节点 3 没有被激活，此时节点 2 尝试去激活邻边节点 5、6、7，而节点 4 则尝试去激活邻边节点 8；在 $t=2$ 时刻，节点 7 和 8 被激活，而节点 7 尝试以不同概率分别激活邻边节点 10 和 11；在 $t=3$ 时刻，节点 10 被激活，演化过程结束。最终该演化过程实现了 $1\rightarrow2\rightarrow7\rightarrow10$ 和 $1\rightarrow4\rightarrow8$ 的信息传播链条。

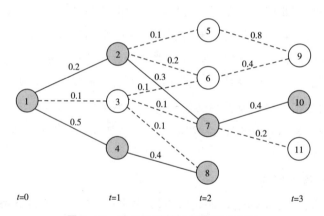

图 3-12　独立级联模型传播演化示意

说明：图中 t 对应的所在列为不同时刻下的参与激活过程的节点，连边上方的数字代表激活概率，灰色节点为被激活的节点，白色节点为未被激活的节点，实线代表激活成功的路径，虚线代表未激活成功的路径。

独立级联模型在探究集群行为的演化路径中有积极意义，其中活跃节点与非活跃节点可分别代表参与集群行为和不参与集群行为的个体；而集群行为在感染传递过程中所依赖的人际互动，也可由个体间的连边路径表示。但此模型在应用于集群行为的演化路径解释中时存在一些使其无法与现实很好契合的缺陷。首先，独立级联模型假设只有激活的节点才可以传播信息，这并不符合集体行动的逻辑。例如，着火大楼里发生的恐慌行为，个体在拥挤人群中争先恐后地奔跑，带动着其他人也奔跑起来，导致出现更加危险的集群行为；但在人群相互影响的过程中，奔跑的个体（集群行为参与者）可以影响别人，而那些在危急时刻镇定自若的人同样也可以影响其他人进行有秩序的疏散。因此，在集群行为的演化中，不能只关注活跃节点的信息传播与影响，同样也应该关注非活跃的节点在信息传播中发挥作用的机制。其次，虽然个体的激活概率代表何种现实意义直至目前也没有合理的说明，但从某种抽象意义上讲，某个个体越是容易激活另一个个体做出某种行为，则在一定程度上表明该个体对另外一个个体产生重要影响。假设我们以影响力作为激活概率，当某个个体未被激活，该个体即使对另一个个体具有巨大的影响力，例如，该个体是另外一个个体的父亲/母亲，但依据独立级联模型的演化规则，该个体也并不能说服另外的这个个体不去参与集群行为，而这有悖于集群行为演化的现实与理论逻辑。如节点 3 这个个体，它对节点 7 具有重要的影响力，而且可以大概率说服节点 7 不去参与集群行为，但在独立级联模型中只有激活的节点才可以影响周围人，这就造成了模型与现实的脱节。另外，独立级联模型的激活事件是独立的，即每次新节点的成功激活都只是由一个独立节点激活形成，而在实际集群行为中一个个体可能会同时受到多个个体的影响而非单一节点的影响。例如，在追求某时尚的过程中，个体并非只根据某个个体的抉择做出自己的决定，而是关注有多少个体参与其中，进而依据少数服从多数原则参与到某特定时尚或产品的选择之中。

2. 线性阈值模型

美国社会学家 Granovetter 所提出的阈值模型（Threshold Model）是最早用于研究集群行为的多智能体模型，[①] 他通过给每个人赋予阈值属性，成功探索了阈值参数影响下集群行为的涌现性特征。Kempe 等人在 2003 年进一步详细探讨了该阈值模型，并结合社会网络方法，将传统阈值模型拓展为广义的线性阈值模型（Linear Threshold Model）。与独立级联模型类似，线性阈值模型同样在网络中设定活跃节点与非活跃节点，活跃节点通过信息

---

① Granovetter, M. Threshold models of collective behavior [J]. American Journal of Sociology, 1978, 83 (6): 1420–1443.

传播激活非活跃节点。然而不同点在于，线性阈值模型的激活事件并不独立，一个节点在激活过程中会同时受到多点的影响。该模型为每个节点 v 赋予一个阈值 T_v，当邻边激活的个体数量或影响比例高于或等于该阈值时，则激活该节点，从而形成多点行为影响一点的传播路径。线性阈值传播的具体演化规则如下。

（1）在每一时刻 t，网络中的某一非活跃节点 u 将试图被邻边的活跃节点激活，若 u 的所有邻边影响比例（或数量）之和大于或等于该节点的阈值 T_u，则节点 u 被激活。

（2）某节点一旦被激活，它将永远处于激活状态。

（3）非活跃节点可被邻边活跃节点尝试重复激活，直到该节点被激活或演化终止。

（4）演化过程将一直持续，除非已没有节点可以被激活。

图 3-13 是线性阈值模型传播演化的示意图，假设初始状态节点 1 被激活；由于节点对 1-2 和 1-4 的影响权重分别大于节点 2、4 的阈值，因而节点 2 和 4 被激活；接下来依据上述规则，节点 2 激活节点 6，节点 4 激活节点 8；由于节点对 2-5 的影响权重小于节点 5 的阈值，因而节点 2 还不能激活节点 5；但在节点 9 被节点 6 激活之后，节点 2 和节点 9 对节点 5 的影响权重之和高于节点 5 的阈值，因而最终节点 5 也被激活，演化过程结束。最终该演化过程实现了 1→2→6→9→5 和 1→4→8 的信息传播链条。

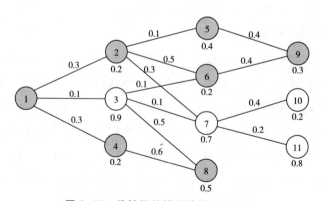

图 3-13　线性阈值模型传播演化示意

说明：图中连边上方的数字代表边的影响权重，节点下方的数字代表该节点的阈值，灰色节点为被激活的节点，白色节点为未被激活的节点。

线性阈值模型对于集群行为的研究具有重要作用，Granovetter 于 1978 年就将此模型应用于集群行为涌现性的探讨。[①] 线性阈值模型首先避免了独立级联模型激活过程独立性的问题，将个体行为看作邻居个体共同影响的结果，与现实集群行为的群体互动机制契合性更强。在实际的集群行为中，个体并不是只受群体中某一个个体的影响，而是可能同时受到多个个体的感染作用。社会感染、社会聚合等理论强调个体是在群体这样的特殊场域中发挥人际互动的作用并被影响，而非单对单的个体行为传递，线性阈值模型将个体行为产出归结于该节点的多个有邻边节点的行为正是反映出了群体环境对于个体的累积影响，个体与周边群体同时互动的作用机制在集群行为演化机制探讨中必然应保留下来。线性阈值模型的核心机制在于为节点设立阈值属性，而阈值属性可以反映个体在群体中的从众心理。社会聚合、社会认同等理论所强调的群体心理同质性也要求群体的同质性达到一定程度以上方可形成统一的集群行为，而阈值正是个体从众的心理底线。个体在接收事件传播的信息时经常无法准确无误地判断出群体参与行为的状况，以农民工集体讨薪为例，农民工在得知讨薪的消息后可能无法准确地摸清准备参与和不参与人员的数量，而他只会对周边群体信息做大致判断，当认为参与组织超过自己预期规模的时候才会选择参与集体讨薪；基于线性阈值模型的行为传递包含了个体不熟知完备群体信息这一情况，相比独立级联模型的激活概率，线性阈值模型更加贴近真实群体中个体的信息感知。

线性阈值模型同样没有考虑非活跃节点在集群行为中所发挥的作用，在上文中已经提及，个体不参与行为依然可以对周围个体产生影响。此外，在瞬时性较强的集群行为中，个体通常很难在短时间内反复做出不同的决定，这一点违背了线性阈值模型允许非活跃节点可以反复被尝试激活的规则；若是在持续时间较长的集群行为运动中，个体可以由参与集群行为转变为不参与状态，或是转变集群行为的参与意愿，而这又违背了线性阈值模型中活跃节点无法转化为非活跃节点的规则。

---

① Granovetter, M. Threshold models of collective behavior [J]. American Journal of Sociology, 1978, 83 (6): 1420-1443.

线性阈值模型虽然在集群行为演化机制讨论中存在一定的缺陷，但它对于集群行为的演化过程分析有两点可借鉴性极强：第一，个体在行为信息传递中受到的是多重个体的影响，而这也反映出社会感染、社会聚合等非理性动因理论的场域机制；第二，基于线性阈值模型的从众效应可以较好地反映现实中个体无法获取完备整体信息情况时进行决策的心理反应。

3. 波利亚罐子模型

波利亚罐子模型（Pólya Urn Model，以下简称"波利亚模型"）是上述独立级联模型和线性阈值模型的基础模型。[①] 波利亚模型原本用于计算动态随机过程的统计分布，但其设定的演化过程亦可以应用于信息传播或传染病传播分析。[②] 该模型将社会系统抽象为一个罐子，罐子中装有不同颜色的球，各类颜色球的数量变化服从以下动态演化规则。

（1）在时刻 t，任意取出罐子中的一个球并记下该球颜色，随后将该球放入罐子中并同时放入另外 1 个与之颜色相同的球。

（2）该过程将持续进行直到 t 达到指定时刻。

图 3-14 是波利亚模型演化的示意图，假设初始状态下罐子中有 2 个灰球与 1 个白球；在 $t=1$ 时刻，如果前期抽到灰球，则此时有 3 个灰球，否则是 2 灰 2 白；而在 $t=2$ 时刻，则会出现三种情况。波利亚模型演化过程每一时刻的不同情况都可以用概率计算出来，如在 $t=1$ 时刻罐子中拥有 3 个灰球的概率为 $P_{t=1}^{3灰}=\dfrac{2}{3}$，而拥有 2 灰 2 白的概率为 $P_{t=1}^{2灰}=\dfrac{1}{3}$，而在 $t=2$ 时刻罐子中拥有 4、3、2 个灰球的概率分别为 $P_{t=2}^{4灰}=\dfrac{3}{4}\cdot P_{t=1}^{3灰}=\dfrac{1}{2}$、$P_{t=2}^{3灰}=\dfrac{1}{4}\cdot P_{t=1}^{3灰}+\dfrac{2}{4}\cdot P_{t=1}^{2灰}=\dfrac{1}{3}$、$P_{t=2}^{2灰}=\dfrac{2}{4}\cdot P_{t=1}^{2灰}=\dfrac{1}{6}$。以此类推，若初始状态有 N_1 个灰球与 N_2 个白球，在 $t=n$ 的时刻应出现 $n+1$ 个情况，而抽中 x 个灰球的

① Eggenberger, F., Pólya, G. Über die Über die Vorgänge [J]. Zeitschrift für Angewandte Mathematik und Mechanik, 1923, 1: 279-289; Pólya, G. Sur quelques points de la théorie des probabilités [J]. Annales de l'institut Henri Poincaré, 1931, 1: 117-162.

② Johnson, N. L., Kotz, S. Urn models and their application [M]. New York: John Wiley & Sons, 1977; Gong, T., Shuai, L., Tamariz, M., et al. Studying language change using price equation and Pólya-urn dynamics [J]. PLoS ONE, 2012, 7 (3): e33171; Aoudia, D. A., Perron, F. A new randomized Pólya urn model [J]. Applied Mathematics, 2012, 3, 2118-2122.

概率则为 $P_{t=n}^{N_1+x} = P_{t=n-1}^{N_1+x-1} \cdot M_{t=n-1} + P_{t=n-1}^{N_1+x} \cdot (1-M_{t=n-1})$，其中 $M_{t=n-1}$ 为前一时刻灰球的比例。通过此概率公式，可求出当 t 趋于无穷时灰球比例的期望值，当 $\lim\limits_{n \to \infty} E\left[M_{A(n)}\right] = M_{A(n-1)}$，系统收敛。

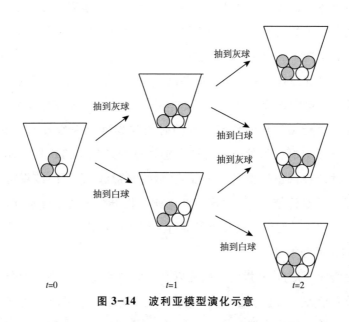

图 3-14 波利亚模型演化示意

波利亚模型与独立级联模型、线性阈值模型相比，其演化规则更为基础，所涉及的参数也较少；同时，一旦给出该模型的初始环境，就可以用概率推算中间各环节，而其他两个模型中间过程的推算相对困难。波利亚模型与社会影响过程具有较强的相关性，但在集群行为研究领域，较少有学者将波利亚模型应用于演化过程的分析，原因在于学者并未从社会影响角度来对集群行为开展研究。本书在充分分析与理解集群行为演化过程与理论后，特别是就集群行为形成的非理性动因讨论时可以发现，波利亚模型的演化过程虽然简单，但反映出的人际互动的行为传递意义与集群行为的内在演化机制具有很强的契合性。

在集群行为的演化过程中，群体对个体的影响在数学上是以特定概率形式进行影响，具体来讲，即个体在群体环境中会同时或在短时间内参与到周边群体的人际互动，其被影响的对象来自群体，而非单一个体，同时群体对个体的影响在数学上也会以概率形式呈现，如群体中有80%的个体参与了集群行为，那么就会以 80% 的概率使新的个体参与该行为，而该概率在集群行为的不同演化阶段会发生动态变化，具有不确定性。这一过程可体现出两个特征。第一，个体受群体的影响，因而个体做出选择的事件与被周边个体尝试激活的事件并不独立，个体行为是周边多个个体在人际互动中共同作用的结果。第二，个体在群体中所做出的行为选择是概率事件，而非确定性事件，这种不确定性有两方面的原因：一是个体在具体事件中拥有自身的理解、偏好与价值判断，如罢工的工人本身具有很强的公民权利意识，追求某特殊时尚的个体本身对于该时尚就有特殊的偏好；二是个体在集群行为演化的环境中会同时受到集群行为参与者与不参与者的影响，导致集群行为参与者的社会感染过程产生不确定性。He 等人指出，传统的线性阈值模型具有过程确定性的特征，它可以排除路径依赖，形成确定性的激活结果，① 而这一点也就与集群行为的不确定性形成了逻辑偏差。波利亚模型可以反映出集群行为演化的上述两个特征。

4. 演化博弈模型

演化博弈理论自 20 世纪末兴起以来逐渐放弃了完全理性的分析假设，转而向带有学习、模仿、竞争等机制的有限理性博弈理论发展，② 并广泛应用于群体性事件或集群行为的分析之中。③ 在已有的研究中，大部分基于演化博弈分析的论文以探讨不同群体间的博弈作为研究内容，通过构建各群体的收益矩阵与复制动态方程，进而探索博弈演化系统的均衡点，挖掘出群体间的有益互动机制。④ 这一研究范式虽然可以科学分析出群体间博弈与合作的稳定关系与均衡条件，但并不涉及具体的每个微观个体之

① He, X., Du, H., Feldman, M. W., et al. Information diffusion in signed networks [J]. PLoS ONE, 2019, 14 (10)：e0224177.
② Weibull, J. W. Evolutionary game theory [M]. Cambridge：The MIT Press, 1995.
③ 刘德海. 群体性突发事件中政府机会主义行为的演化博弈分析 [J]. 中国管理科学，2010, 18 (1)：175-183；刘德海. 信息交流在群体性突发事件处理中作用的博弈分析 [J]. 中国管理科学，2005, 13 (3)：95-102；刘德海，韩呈军，尹丽娟. 城市拆迁群体性事件演化机理的多情景演化博弈分析 [J]. 运筹与管理，2016, 25 (1)：76-84.
④ 华坚，张长征，吴祠金. 利益博弈与群体力量——基于演化博弈的群体性事件生成机理及其化解 [J]. 河海大学学报（哲学社会科学版），2015, 17 (4)：53-59；王君，徐选华. 媒体参与下群体性突发事件的演化博弈 [J]. 华南农业大学学报（社会科学版），2019, 18 (4)：127-140.

间的互动（非博弈互动）。基于复杂网络传播的演化博弈为研究集群行为的演化提供了新的路径，这种新型范式下的演化博弈模型一方面保留了"有限理性"博弈的特征，为集群行为（在模型中可理解为合作行为）的扩散提供了可能，另一方面则聚焦于每个节点的演化策略，并以网络连边的形态构成博弈网络，更加贴近于现实集群行为中的计算与算计。

Nowak 和 May 首次在网络中构造了基于模仿原则的演化博弈模型,[①]其中每个节点具有自身的策略属性（合作或背叛），网络中的连边表示两个节点间的博弈关系。在该演化模型中，每个节点都会依据邻居节点的策略计算出自身的总收益，并根据各节点收益情况选择模仿其他个体的行为。图 3-15 是复杂网络上的演化博弈示意图，其中灰色节点的策略为合作行为（cooperation），白色节点的策略为背叛行为（defection），图中的矩阵为博弈收益矩阵。根据计算，节点 1 的总收益为 $3S+2R$，节点 2 的总收益为 $3T+H$，在下一步的博弈演化过程中，节点 1 有向节点 2 学习背叛行为

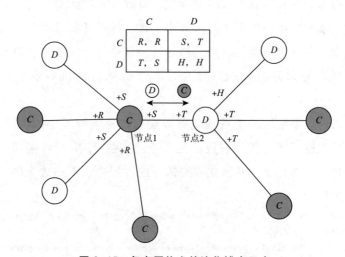

图 3-15　复杂网络上的演化博弈示意

① Nowak, M. A., May, R. M. Evolutionary games and spatial chaos [J]. Nature, 1992, 359 (6398): 826-829.

的趋势，而节点 2 有向节点 1 学习合作行为的趋势。Nowak 和 May 在最初的模型设计中强调了个体模仿最优个体的原则，即个体选择邻居中收益最大的个体并模仿其策略,[①] 而 Szabó 等人指出模仿最优个体的原则无法很好地建模群体中的人际互动与社会影响机制，因而他们提出了个体间收益差异的费米策略更新规则,[②] 该规则强调，个体模仿周边个体的策略存在某种概率，这种概率取决于博弈双方自身的总体收益，具体来讲，个体 A 向个体 B 学习策略的概率为 $p = \{1+\exp\left[-\beta\left(f_B - f_A\right)\right]\} - 1$，其中 β 是自然选择的强度系数[③]，f_A 和 f_B 分别为个体 A 与个体 B 的适应度函数，即各自的累计收益。该模型通过逐代调整每个节点的策略，可以很好地呈现合作行为或背叛行为的涌现规律。此后，Santos 等人设计出策略与关系同时变换的适应性网络演化模型，在模型中个体可依据对方的策略属性动态调整相互之间的博弈关系，使博弈理论在复杂网络演化传播领域得以进一步丰富与扩展。[④]

复杂网络演化博弈研究重点关注何种机制可以导致合作行为的扩散，这与集群行为的演化具有内在的契合性。就理性化的集群行为而言，集群行为的参与和博弈论中的合作行为如出一辙，通过考察合作行为涌现的社会环境机制就可以得出集群行为的参与（特别是针对那些带有理性计算的行为的选择）是如何在特殊的社会过程性或结构性机制中形成演化与扩散。

具体来讲，复杂网络上的演化博弈规则首先强调了个体的经济理性，即同样是以理性经济人作为假设前提，并没有抛弃 Olson 在集团理论中所假设的个体自私性。个体在演化策略选择的过程中仍以周边个体的收益作

① Nowak, M. A., May, R. M. Evolutionary games and spatial chaos [J]. Nature, 1992, 359 (6398): 826-829.

② Szabó, G., Vukov, J., Szolnoki, A. Phase diagrams for an evolutionary prisoner's dilemma game on two-dimensional lattices [J]. Physical Review E, 2005, 72 (4): 047107.

③ 谢识予. 经济博弈论（第三版）[M]. 上海：复旦大学出版社，2008；Lindgren, K., Nordahl, M. G. Evolutionary dynamics of spatial games [J]. Physical D. 1994, 75: 292-309.

④ Santos, F. C., Pacheco, J. M. Scale-free networks provide a unifying framework for the emergence of cooperation [J]. Physical Review Letters, 2005, 95: 098104; Santos, F. C., Pacheco, J. M., Lenaerts, T. Cooperation prevails when individuals adjust their social ties [J]. PLoS Computational Biology, 2006, 2 (10): e140.

为参考进行衡量，而向对方学习与模仿的行为也是以自身收益增长为目标，从而实现了整体过程的理性选择。这一演化过程考虑了群体中基于人际互动的社会影响因素，即个体行为的选择是由自身与周边个体共同决定的。在理性考虑中，个体不参与行为是其利益最大化的决策，如同在传统博弈论的囚徒困境中每个个体都会选择背叛策略来争取自身利益最大化。然而，集群行为的产生环境并非个体的孤立存在，这也是集群行为与个体行为选择的唯一不同点。基于费米策略更新规则的演化博弈模型充分地把个体理性与社会影响融合在一起，从而形成带有理性思维的学习与模仿，[①]正好可以映射到理性化集群行为的演变。演化博弈从完全理性跨越到有限理性的过程，也正是从个体行为的独立计算到集群行为的群体算计的转变过程。此外，Olson 在集团理论中指出社团中强制性的奖励或惩罚机制有利于成员对于集体产品的供给，对应到集群行为问题则是群体内部的规范或鼓励可以迫使或激发群体成员参与集群行为。[②] 而 Santos 等人在原有演化博弈理论基础上发展出的适应性网络演化博弈模型正好可以映射到集群行为中的种种群体规范机制中。[③]

三　基于社会计算的集群行为演化总体分析框架

从上文对信息传播模型的讨论与适用性分析来看，充分考量社会影响机制的波利亚模型最适合用于非理性化集群行为的演化分析，而同时考量社会影响与理性计算的网络演化博弈模型则适合用于理性化集群行为的演化分析。结合以上内容与图 3-9 中集群行为的演化逻辑框架，本书形成基于社会计算的集群行为演化分析框架，如图 3-16 所示。

---

① Szabó, G., Vukov, J., Szolnoki, A. Phase diagrams for an evolutionary prisoner's dilemma game on two-dimensional lattices [J]. Physical Review E, 2005, 72 (4): 047107.

② Olson, M. The logic of collective action: Public goods and the theory of groups [M]. Cambridge: Harvard University Press, 1971.

③ Santos, F. C., Pacheco, J. M. Scale-free networks provide a unifying framework for the emergence of cooperation [J]. Physical Review Letters, 2005, 95: 098104; Santos, F. C., Pacheco, J. M., Lenaerts, T. Cooperation prevails when individuals adjust their social ties [J]. PLoS Computational Biology, 2006, 2 (10): e140.

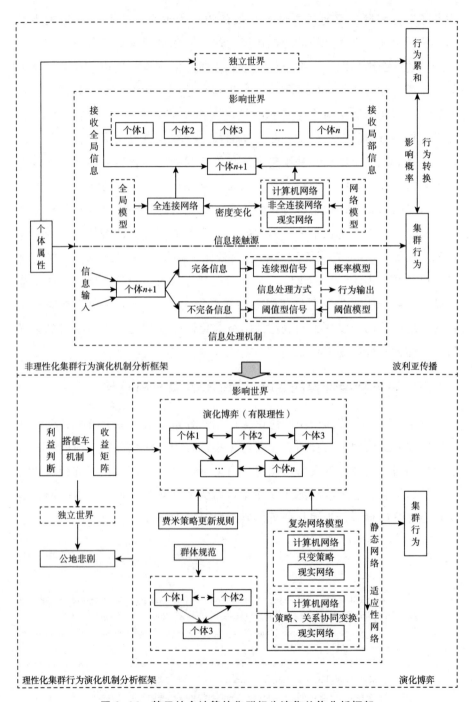

图 3-16 基于社会计算的集群行为演化总体分析框架

在探讨非理性化集群行为的过程中，通过构建个体行为在独立世界与影响世界的运行环境，形成行为累和与集群行为的对比；二者以一定概率相互转化，本书引入独立世界向影响世界转化的概率作为考量社会影响程度的参数，用以分析群体中的影响世界如何作用于个体行为向集群行为演化的过程。本书在探讨集群行为的信息接收与处理机制时指出，在个体传递集群行为信息过程中存在两类信息接触源——全局信息接触源与局部信息接触源，通过网络密度形式的变化，二者可互相转化；局部信息接触源是一种包含全局信息接触源的更广泛意义上的信息接触类型。然而由于基于全局信息接触源的演化传播适用于对多类现实类型的集群行为的抽象化，具有较强的社会学意义，本书将专门用一部分笔墨讨论基于全局信息接触源的演化传播，这一部分可用传统波利亚模型与社会影响机制相结合的模型进行分析。在局部信息接触源的讨论中，考虑到复杂网络中拓扑结构对于演化传播的特殊作用机制，本书将在不同结构网络上进行实验与讨论。同时，通过对比人工网络与现实网络的差异，结合实际人群的个体属性，也可以发现现实网络中存在的特有的人际互动规律，这不仅为模型的应用提供了现实可行的范例，也使集群行为一般模型所推导的普适性规律可以拓展到特殊人群，从而丰富集群行为演化机制的研究。在这一部分研究中，需要将波利亚模型与复杂网络结构相结合，形成基于复杂网络传播的波利亚模型。个体根据所接收到的不同类别信息也会做相应不同模式的处理，对于具有精准数字的完备信息，个体将其处理为连续型信号，可对应于波利亚概率模型中的小球数量，因而可以用传统概率模型进行演化分析；对于模糊的不完备信息，个体将其处理为阈值型信号，可采用信息传播模型中的阈值处理机制办法，这就需要将波利亚传播机制与阈值传播机制相结合形成波利亚阈值模型并进行演化分析。

总之，根据以上两个维度所形成的四类信息传播演化机制，全局完备信息的演化传播可采用传统波利亚概率模型与社会影响机制结合进行研究，局部完备信息的演化传播可采用复杂网络的波利亚概率模型研究，全局不完备信息的演化传播可采用波利亚阈值模型研究，局部不完备信息的演化传播可采用复杂网络上的波利亚阈值模型研究。

理性化集群行为的研究是社会影响机制在个体理性选择上的进一步拓

展，是有限理性与社会影响协同作用的进一步研究，同时也是现实中带有经济理性或涉及参与成本的集群行为的抽象。根据 Olson 的集团理论，个体在没有人际互动影响的机制下通过独立计算可推算出不提供集体产品或不参与集群行为是个体利益最大化的选择，进而会导致集体中"公地悲剧"的产生。在影响世界中，个体会根据社会影响追求有限理性，一方面，复杂网络演化博弈模型为这一维度的行为演化提供了支撑；另一方面，基于费米策略更新规则还原了现实个体在利益驱使下的模仿行为。[①] 此二者共同构成的演化博弈过程可以有效解释理性化集群行为的演化过程。而 Santos 等人所提出的适应性网络演化模型则可以进一步探索集群行为的群体规范机制如何作用于集群行为参与的扩散。[②] 因此，本书首先在静态网络中探寻理性化集群行为的演化机制，其次将演化模型运用于适应性网络以探讨群体规范机制对演化行为造成的影响，结合现实人群的个体属性与社会网络的仿真，将真实人群的网络演化结果同对应的带有特殊拓扑结构的计算机网络进行对比，析取特定人群所呈现的特殊规律。

结合图 3-11 的演化分析系统建模框架与图 3-16 的集群行为演化总体分析框架，本书形成更加细化的集群行为演化分析系统建模框架，如图 3-17 所示。在波利亚模型与复杂网络演化博弈模型基础上构建特有的集群行为演化系统，包括非理性化集群行为的全局完备信息演化系统、局部完备信息演化系统、全局不完备信息演化系统、局部不完备信息演化系统（详见本书第四章到第七章），以及理性化集群行为中的静态网络博弈演化系统与适应性网络博弈演化系统（详见本书第八章）。为对集群行为实施有效的治理，可根据系统输出结果反映出的社会机制对系统中的各环节做进一步调控。一项政策的实施往往会带动一套社会运行系统的变换或是系统参数的调整，因此演化系统的调整变换可以作为宏观政策对社会运行的干预，而政策的实施也可由系统运行机制的调整来呈现。从微观干预来讲，

---

① Szabó, G., Vukov, J., Szolnoki, A. Phase diagrams for an evolutionary prisoner's dilemma game on two-dimensional lattices [J]. Physical Review E, 2005, 72 (4): 047107.

② Santos, F. C., Pacheco, J. M. Scale-free networks provide a unifying framework for the emergence of cooperation [J]. Physical Review Letters, 2005, 95: 098104; Santos, F. C., Pacheco, J. M., Lenaerts, T. Cooperation prevails when individuals adjust their social ties [J]. PLoS Computational Biology, 2006, 2 (10): e140.

对于企业、公民、第三方组织或是特定危机事件的管理者或处理者，事件的干预或是个体人员的疏导则主要可通过调节系统中的输入参数来进行反映。例如，管理者在处理企业员工的罢工行为时往往是以提高工资来提高员工工作满足度，从而降低员工的罢工意愿，而这一过程也正是调节输入参数的过程。

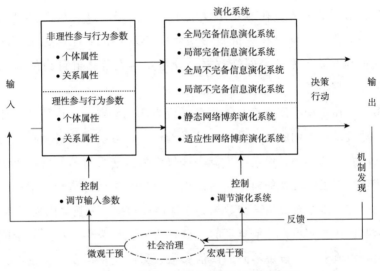

图 3-17　集群行为演化分析系统建模框架

第四节　集群行为演化机制分析的实施策略

一　框架实施思路

根据研究框架，本书首先对非理性化集群行为的演化过程进行探讨，具体包括四类不同信息传播机制下的演化分析；其次对理性化集群行为的演化过程进行探讨，包括静态网络结构与动态适应性网络结构下的演化分析内容。

1. 非理性化集群行为的演化

第一，在全局完备信息下的集群行为演化研究中，采用传统波利亚模型作为原型进行建模。在演化中设定不同的社会影响概率，用以探讨影响世界与独立世界的差异与关系，从而挖掘出集群行为在演化中所具备的不同于个体行为的特征。同时，结合真实人群对于事件的认知以及参与集群行为的偏好，探讨特定人群集群行为的特殊演化规律与特征。

第二，在局部完备信息下的集群行为演化研究中，构建基于复杂网络演化的波利亚概率模型。采用不同的社会影响概率，用以探讨两类世界中演化过程的差异；在演化中设定不同的网络密度，从而找出全局完备信息与局部完备信息在集群行为演化中的差异；结合真实人群的个体属性数据与互动关系社会网络数据，分析特定人群集群行为的演化规律与特征。

第三，在全局不完备信息下的集群行为演化研究中，构建波利亚阈值模型。通过设定不同的阈值参数以及影响概率，分析阈值机制在集群行为演化中所发挥的作用；设定一个概率参数作为从连续型信号处理机制向阈值型信号处理机制转换的概率，用以探讨全局完备信息与全局不完备信息的差别；进一步结合真实人群数据的个体属性数据，分析其内在规律。

第四，在局部不完备信息下的集群行为演化研究中，构建复杂网络上的波利亚阈值模型。设定不同的阈值参数、影响概率以及网络密度，分析以上三类参数对集群行为演化所具有的影响；进一步结合真实人群的个体属性数据与关系数据，探寻该群体集群行为演化的内在规律。

2. 理性化集群行为的演化

第一，在静态网络演化博弈的集群行为研究中，重点关注集群行为的搭便车机制在演化中所起到的作用，这也是 Olson 集团理论中形成群体背叛的核心机制，[①] 因此，在博弈收益矩阵中调整不同的收益函数，用以分析搭便车的作用机制，并结合真实人群的个体属性数据与互动关系社会网络数据，探寻该群体集群行为演化的特殊规律。

第二，在上述静态网络模型中加入动态变边机制，形成适应性网络博弈演化模型。通过设定不同的调整关系或节点策略的速度比率，用以分析

---

① Olson, M. The logic of collective action: Public goods and the theory of groups [M]. Cambridge: Harvard University Press, 1971.

网络适应性程度对最终演化产生的影响，说明集团规范作用机制对集群行为所产生的影响；结合对真实人群数据的仿真探寻演化规律，丰富 Olson 的经典理论。[①]

二　集群行为真实人群的选取

人口数量和社会结构的持续变迁导致了社会利益主体进一步阶层分化，阶层间关系日趋复杂、利益冲突更趋尖锐；由利益冲突所引发的集群行为现象频发，给社会安全体系带来了隐患。[②] 中国新型城镇化的持续推进，加速了城乡人口的频繁流动，大量农民工涌入城市，对人口结构与产业结构造成了深远影响。由于其社会关系和身份标签的存在，农民工不可避免地成为城市社会的弱势群体。[③] 有学者指出，当前社会状态下的农民工已经成为群体性事件（集群行为）的高风险人群，给城市稳定造成了一定的隐患。[④]

农民工群体的出现与中国经济社会阶段性不平衡发展相关，由于户籍制度等制度性因素的影响，农民工在城市中难以获得充分的权利保障，可能遭受权益的损害，渐渐成为城市社会的边缘群体。由于底层民众自下而上的政治诉求通道阻塞，[⑤] 农民工群体的利益表达难以被上层知悉，可能形成不满情绪的积蓄，构成社会的结构性紧张环境。此外，政府应对特定事件的处理方式欠妥，处理问题时经常被农民工的反应所左右，使得农民工在遭受权益损害时习惯把事情"闹大"，助长了农民工集群行为这一机会主义行为。总之，当前农民工群体性事件频发并非偶然，更可能是特定时空条件下社会变化所导致的必然结果。本书以农民工这样一个特殊群体

①　Olson，M. The logic of collective action：Public goods and the theory of groups［M］. Cambridge：Harvard University Press，1971.

②　Van Zomeren，M.，Iyer，A. Introduction to the social and psychological dynamics of collective action［J］. Journal of Social Issues，2009，65（4）：645-660.

③　顾东东，杜海峰，刘茜，李姚军. 新型城镇化背景下农民工社会分层与流动现状［J］. 西北农林科技大学学报（社会科学版），2016，（4）：69-79.

④　牛静坤，杜海峰，杜巍，刘茜. 公平感对农民工集群行为的影响研究——基于平等意识的调节效应分析［J］. 公共管理学报，2016，13（3）：89-99.

⑤　牛静坤，杜海峰，杜巍，刘茜. 公平感对农民工集群行为的影响研究——基于平等意识的调节效应分析［J］. 公共管理学报，2016，13（3）：89-99.

作为集群行为演化机制分析的研究对象，一方面，该群体是目前中国群体性事件发生的高风险群体，通过对该群体进行深入剖析，可以总结目前集群行为主要的演化特征；另一方面，对农民工集群行为的规律及原因的剖析，可以进一步丰富和拓展城市管理、危机管理等公共管理研究，为以人为本的新型城镇化稳步推进、社会治理提供有价值的参考。

三　变量选择及其概念操作化

系统演化分析需要对一系列输入参数进行设定，具体包含个体属性与关系属性。对于个体属性来说，上文所述的演化系统均涉及个体对于集群行为本身的认知，即独立世界中个体对集群行为的偏好。集群行为意愿是这一偏好的理论化表述，描述了个体对于集体行动参与的看法，是潜在的集群行为风险。[①] 首先，本书在演化模型中以集群行为参与意愿作为个体在独立世界的看法。对于农民工这一群体而言，农民工的集群行为多源于经济利益受损导致的维权抗争，依据农民工的个体特征，本书通过询问以下题项来获取集群行为的参与意愿："如果单位出台规定延长上班时间，或拖欠工资，损害您的权益时，您是否会采取下列行动解决？如集体上访、签名请愿、罢工、集体抗议、集体讨薪、与亲戚朋友一起去讨公道等。"其中选"是"代表具有参与意愿，选"否"代表不具有参与意愿。其次，本书的阈值演化系统中还涉及了个体在集群行为上的参与阈值，本书通过询问以下题项来获取集群行为的参与阈值："当发生群体冲突且与您利益相关时，您认识的人中有多少人参加后您也会参加？"选项包括"1. 少数人""2. 一小部分""3. 大约一半""4. 一半以上""5. 几乎所有人""6. 均不参加"六个选项，为能更好地纳入模型系统，本书将此处理为 [0，1] 区间中连续型的参与阈值。

本书的演化模型还考虑群体中个体互动的社会网络拓扑结构，即关系属性，因此在个体属性数据获取中还匹配了相应的关系属性数据。对于农民工来说，二元体制的长期分割以及城市社会保障制度的缺陷，加之传统农耕文

---

① 牛静坤，杜海峰，杜巍，刘茜 . 公平感对农民工集群行为的影响研究——基于平等意识的调节效应分析 [J]. 公共管理学报，2016，13（3）：89-99.

化的作用，使他们的关系网络带有了同质性与乡土性的特征。[①] 有研究者指出农民工社会网络以亲缘或地缘关系为基础形成，并非特有的"农民习惯"，而是制度安排所产生的选择结果，[②] 然而这种关系仍不能满足农民工获取城市资源的需求，因而农民工在城市中进行网络再构建成为必然。[③] 以务工为由进入城市的农民工，一方面在工作单位形成了以正式制度关系为基础的工作网络［简称"正式网络"（Formal Network）］，另一方面则是按照差序格局与工具理性结构所形成的以非正式制度关系为基础的社会支持网络［简称"非正式网络"（Informal Network）］。[④] 正式网络主要针对人群的工作关系，本书通过询问"在工作中，您经常与哪些人联系？"来获取农民工的整体正式网络；而非正式网络主要针对人群的非正式制度关系，本书通过询问"下班后，您与哪些人交往，如吃饭、喝酒、逛街等？"来获取农民工的整体非正式网络。

四 实验参数与指标选取

不同于一般实证科学所采用的统计验证思路，本书的研究范式采取仿真实验对演化过程进行分析。在仿真实验过程中，本书采用真实的调查数据作为仿真基本参数与实验环境进行模拟。具体来讲，本书在真实人群的仿真实验中，将真实数据中的"集群行为参与意愿"作为个体偏好，即当个体遵从自我选择而非受社会影响机制作用时，个体的集群行为策略选择将与该个体偏好一致。本书同时将真实数据中的"集群行为参与阈值"作为不完备信息处理机制中的阈值水平，即当个体受到人际互动中的社会影响且周边参与集群行为的人数高于自身阈值时，个体将选择参与集群行为。以上仿真过程设计符合 Salganik 等人在 Music Lab 实验中设计的规则[⑤]

---

① 司睿. 农民工流动的社会关系网络研究 [J]. 社科纵横, 2005, 20 (5): 139-140.

② Aoudia, D. A., Perron, F. A new randomized Pólya urn model [J]. Applied Mathematics, 2012, 3, 2118-2122.

③ 曹子玮. 农民工的再建构社会网与网内资源流向 [J]. 社会学研究, 2003, (3): 99-110.

④ 李树茁, 任义科, 费尔德曼, 杨绪松. 中国农民工的整体社会网络特征分析 [J]. 中国人口科学, 2006, (3): 19-29.

⑤ Salganik, M. J., Dodds, P. S., Watts, D. J. Experimental study of inequality and unpredictability in an artificial cultural market [J]. Science, 2006, 311 (5762): 854-856.

以及 Granovetter 所设计的阈值模型的仿真规则[①]。本书在仿真实验中同样涉及了人际互动网络的数据，对于一般演化机制的探讨，本书采用计算机生成网络（随机网络、规则网络、无标度网络）进行模拟，用以分析网络结构对于集群行为信息传递的影响；而对于特殊真实人群的仿真实验，本书采用真实调研获得的"农民工正式网络"与"农民工非正式网络"进行仿真，结合网络与节点属性的统一样本数据，用以探讨真实人群的集群行为参与特征。本书的实验过程将包含以下参数。

（1）社会影响概率 p。为更好地划分独立世界与影响世界中人际互动的作用程度，本书引入社会影响概率这一参数表示人们的选择行为受到人际互动的影响程度。p 取值范围是 $[0, 1]$，$p=0$ 表示个体处于独立世界，即个体的选择策略完全遵从个人偏好，$p=1$ 表示个体处于完全影响世界，即个体的选择仅来源于人际互动的影响。

（2）群体中集群行为的初始参与比例 I。集群行为的初始参与比例衡量的是集群行为的初始规模，本书关注不同的参与规模对集群行为演化与消散过程的影响。I 取值范围是 $[0, 1]$，$I=0$ 表示当前无人参与集群行为，而 $I=1$ 表示群体中所有的成员均已参与集群行为。

（3）网络密度 ρ。作为社会网络最重要的指标之一，网络密度反映了群体关系的疏密程度。在探讨局部信息接触源时，本书通过网络密度参数区分全局信息接触源、稠密网络信息接触源与稀疏网络信息接触源在集群行为演化过程中发挥的调节作用。ρ 取值范围是 $[0, 1]$，$\rho=1$ 表示群体的网络结构为全连接状态，ρ 越小表示网络越稀疏。对于实际调研网络，该密度值为固定值。

（4）阈值 T。Granovetter 所提出的阈值概念反映的是人们从众的心理底线，当周边人群选择参与某一行动的数量超过特定个体阈值时，该个体会愿意参与同样的行动。[②] 阈值进一步细分为绝对阈值与相对阈值，为更好地进行标准化处理，本书选择相对阈值，即通过对比某个体周边人群参

① Granovetter, M. Threshold models of collective behavior [J]. American Journal of Sociology, 1978, 83（6）: 1420-1443.
② Granovetter, M. Threshold models of collective behavior [J]. American Journal of Sociology, 1978, 83（6）: 1420-1443.

与某行为的比例与该个体自身阈值来判断该个体的行为。具体来讲，阈值 T 取值范围是 [0, 1]，阈值越高表明个体越不愿意从众，当 $T=0$ 时，只要个体周边有人参与集体行动，则该个体也会跟随参与到行动之中；而当 $T=1$ 时，只有周边所有人都参与集体行动，该个体才可能参与。对于实际调研人群，每个个体的阈值为自身参与集群行为的固定阈值。

（5）阈值机制概率 Q。本书在探讨信息处理机制时，由于完备信息的连续型处理机制以及针对不完备信息的阈值型处理机制在集群行为演化过程中发挥着截然不同的作用，因此本书引入 Q 来调节二者的关系，Q 取值范围是 [0, 1]。Q 值越大表明个体越倾向于采用不完备信息的阈值型处理机制，当 $Q=0$ 时，个体完全采取连续型处理机制；而当 $Q=1$ 时，个体完全采取阈值型处理机制。

（6）搭便车强度系数 λ。在现实博弈中，搭便车机制发挥着大小不同的作用。例如，对于集体行动成本较高的上访行为，搭便车机制发挥的作用较强；而对于一般性的群体聚集行为，搭便车不存在太大作用。本书通过引入搭便车强度系数来调节不同集体行动环境下的搭便车作用，进而探讨搭便车机制的作用。

（7）适应性网络关系更新速度 τ。Santos 等人在探索适应性网络演化博弈中引入了关系更新速度这一参数，用以调节关系更新与策略更新的速度差异，反映现实中动态适应性系统不断调整的现象。[①] 在动态的博弈中，利益相关者都愿意与合作者建立关系，并与背叛者断绝关系，这就会造成社会网络中关系的不断调整以及个体自身策略的不断调整。本书仿照 Santos 等人的实验策略引入 τ，用以探寻集群行为中存在的关系制约。

为进一步讨论分析实验结果，本书还涉及以下参数。

（1）集群行为参与比例 M。在 Salganik 等人的 Music Lab 研究中，作者采用市场分享率（market share）表示每首歌曲下载的比例，用以衡量市

---

① Santos, F. C., Pacheco, J. M. Scale-free networks provide a unifying framework for the emergence of cooperation [J]. Physical Review Letters, 2005, 95: 098104; Santos, F. C., Pacheco, J. M., Lenaerts, T. Cooperation prevails when individuals adjust their social ties [J]. PLoS Computational Biology, 2006, 2 (10): e140.

场中产品的资源占比。① 对于集群行为这一公共产品，其选择方式只有
"参与"与"不参与"两种，本书采用集群行为参与比例 M 来测度参与集
群行为的规模。

（2）不可预测性指标 U。在 Music Lab 的研究中，Salganik 等人采用系
统的不可预测性指标 U 分析社会实验整体的路径依赖性。② 对于每个状态 s
（本书对应为参与和不参与两种集群行为状态），其不可预测性可表示为

$u_s = \sum_{i=1}^{W} \sum_{j=i+1}^{W} |M_{s,i} - M_{s,j}| / \binom{W}{2}$，其中 $M_{s,i}$ 表示第 i 次实验中状态 s 的比

例，W 代表实验的总次数，系统整体的不可预测性指标可表示为 $U = \sum u_s / S$。

五 数据采集策略

本书所采用的农民工个体属性与网络关系属性数据来源于西安交通大
学新型城镇化课题组于 2013 年 12 月在深圳市坪山新区所进行的流动人口
抽样调查，农民工为本次调查的主要对象。

中国的城镇化表现出很强的地区差异，东部地区城镇化进程明显快于
中、西部地区，其中广东省是东部地区中我国农民工流入的主要省份，截
至 2018 年末，全省常住人口城镇化率已达 70.70%，是城镇化推进最快的
省份之一。深圳市是广东省下辖的副省级市、计划单列市、超大城市，也
是国务院批复确定的中国经济特区、全国性经济中心城市和国际化城市。
深圳市作为我国最早一批成为经济特区对外开放的城市之一，目前已成为
经济效益最好的城市之一，截至 2018 年，深圳市 GDP 位列全国第三，吸
引了大批外来人口流入。2010 年的第六次全国人口普查数据显示，深圳市
户籍人口达到 251.03 万，而截至 2012 年底，深圳市流动人口达 1532.8
万，远远超过本市户籍人口。公安部门抽样调查显示，深圳市约有 120 万
的流动人口没有稳定收入，其中超过 80 万的无业人员长期滞留该市。深圳

---

① Salganik, M. J., Dodds, P. S., Watts, D. J. Experimental study of inequality and unpredictability in
an artificial cultural market [J]. Science, 2006, 311 (5762): 854-856.

② Salganik, M. J., Dodds, P. S., Watts, D. J. Experimental study of inequality and unpredictability in
an artificial cultural market [J]. Science, 2006, 311 (5762): 854-856.

市成为经济发展快、外来人口比例高、社会治安问题与矛盾突出的典型人口流入地城市，是研究流动人口的理想样本地。深圳市下属的坪山新区是2009年新成立的功能新区。

对于个体属性数据，本书采用传统随机抽样的形式获得；然而对于关系属性数据，特别是复杂网络研究中所需要涉及的整体网络数据，则必然需要以整群抽样的形式去获取。为较好地获得个体属性与关系属性相匹配的代表性数据，本书分别对 ADS、YDSC、WH 三个公司进行了整群抽样。坪山新区以新能源汽车、电子信息、生物医药和装备制造等产业作为该地区的支柱产业，吸纳了大量具有一定专业技能的劳动力投入这些产业的工作中，因而此次调查选取了能够代表新区先进制造业的 ADS 电子元件加工厂作为专业能力较强的农民工的代表企业。由于调查时坪山新区刚建成不久，包含较多在建在投行业，建筑工地成为农民工就业的主要方向之一。建筑工地行业人员的工作与生活通常具有较高的聚集程度，因而本次调查还选取了 YDSC 建筑工地作为聚居农民工的代表企业。坪山新区还具有较多的传统劳动密集型加工产业，这类产业通常对农民工的受教育程度与专业技能要求不高，本次调查同样选取了能够代表传统密集劳动力加工产业的 WH 五金加工厂作为低专业化技能农民工的代表企业。

此次调查在内容设计中包含了两个层面：第一，农民工的个体属性调查，描述了农民工的基本流动特征、流动经历以及在整个流动过程中所表现出的个体行为与情感认知，具体的调查问卷见附录 A；第二，农民工的关系属性调查，以名单生成法的形式询问了每个个体与其他成员之间的正式与非正式关系，具体的调查问卷见附录 B。整个调查以及数据录入中的质量控制流程如图 3-18 所示，在现场调查以及数据录入与清洗过程中均执行了严格的质量控制程序，主要包括调查之前的培训、调查过程中的跟访和调查结束后的问卷审核及复访。由于各种原因，调查数据难免存在一定的误差，但是课题组采取了多种措施来保证数据质量，使误差在一个可接受的水平内。本次调查抽样复访与正式访问的一致率在可以接受的范围内，5% 等距抽样双工录入的一致率在 95.9% 以上。此次调查最终获得三个公司的总样本量为 455 人，在剔除缺失值以及个体属性与关系属性未能匹配的样本后获得有效样本 428 人，其中 ADS 公司 165 人，YDSC 公司 70 人，WH 公司 193 人。

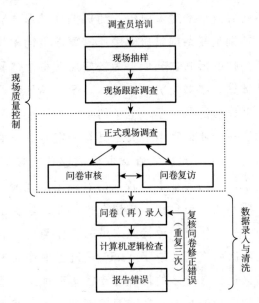

图 3-18　调查数据质量控制流程

六　数据与样本信息

此次调查的农民工个体属性基础信息如表 3-2 所示，样本整体的性别比例较均衡，但工厂内部的性别比例并不均衡，其中 ADS 与 WH 公司女性比例较高，而 YDSC 公司基本是以男性成员为主。从年龄分布来看，样本主要是20~40 岁的中青年，虽然 1980 年之前出生的第一代农民工占比较高，但 80后与 90 后的新生代农民工总体比例已超过老一代农民工，成为当前劳动力的主体。相比 YDSC 与 WH 公司，ADS 公司的农民工更为年轻化，这与行业本身以及行业所要求的专业技能有较大关系。从受教育程度来看，大部分农民工是初中学历。ADS 公司内部的农民工受教育程度较高，高中及以上学历的人数已超过一半；而 YDSC 公司农民工的受教育程度分布差异较大，这是由公司内部不同的职位所决定的，在管理岗位的农民工均拥有较高的受教育程度；WH 公司属于密集型的劳动产业，对专业技能要求不高，因而其内部农民工受教育程度普遍偏低。从来源地来看，东、中、西部各省份流入的农民工比例较为均衡，其中东部省份流入的农民工略多。具体来看，ADS公司的农民工大部分来源于中、西部省份，而YDSC与WH公司的农民工则主要来自东部省份。最后，就本书的主要研究变量——集群行为意愿来看，农民工的参与意愿普遍较高，当自身利益受到损害时，六成农民工会选择参与集群行为，其中ADS与WH公司农民工拥有参与集群行为意愿的比例较高，而WH公司农民工参与意愿较低（不到五成）。从集群行为的参与阈值来看，虽然农民工的参与意愿普遍较高，但其参与阈值并不低，平均值高于0.5。

表 3-2　农民工个体属性基础信息

特征	ADS	YDSC	WH	总体
性别（%）				
男	35.15	94.29	38.34	46.26
女	64.85	5.71	61.66	53.74
年龄（岁）	24.01（5.08）	39.64（13.25）	35.35（9.09）	31.68（10.71）
代次（%）				
第一代（1979年及以前出生）	5.45	68.57	60.10	40.42
第二代（1980~1989年出生）	42.42	10.00	24.87	29.21
第三代（1990年及以后出生）	52.12	21.43	15.03	30.37
受教育程度（%）				
小学及以下	2.42	20.00	15.03	10.98
初中	46.06	42.86	65.80	54.44
高中或中专	46.67	15.71	17.62	28.50
大专及以上	4.85	21.43	1.55	6.07
来源地（%）				
东部	12.88	51.43	56.84	39.01
中部	49.69	38.57	18.95	34.04
西部	37.42	10.00	24.21	26.95
集群行为意愿	0.66	0.47	0.60	0.60
集群行为阈值	0.545（0.329）	0.706（0.326）	0.560（0.357）	0.578（0.346）
样本量（人）	165	70	193	428

注：括号中的数字为标准差。

表 3-3 展示了此次调查中农民工两类社会网络的关系属性统计指标。
具体来看，三个公司的正式网络与非正式网络的密度均较低，非正式网
络相比正式网络更为稀疏。从居中中心势与接近中心势来看，ADS 公司
存在一些个体很容易对其他个体产生影响或容易被其他个体影响的现象；
同时，这三个公司的正式网络的中心势均比非正式网络的中心势高，说
明基于正式制度关系的网络更加不均衡，存在少数控制多数的现象。从
平均特征路径长度与平均聚类系数来看，三个公司的社会网络均存在低
平均特征路径长度与高平均聚类系数的小世界特征，特别是正式网络的
小世界特征更为明显。此外，本书还依据模块性指标对网络进行了社群
结构探测，通过各网络的模块性指标可以看出，三个公司的正式网络
与非正式网络均存在较强的社群结构特征（模块性均大于 0.3），其中
每个公司非正式网络的社群结构特征更为明显，说明农民工的非正式网
络更容易形成"抱团"的现象，也说明农民工的非正式关系往往具有较
强的同质性。依据社群结构的探测，本书给出这三个公司正式网络与非
正式网络的拓扑结构，如图 3-19 所示，其中节点的位置分布代表了所
划分的不同社群。这六个拓扑结构具有明显的"小团体"特征，在一定
程度上提升了集群行为形成的概率。[①]

表 3-3　农民工关系属性统计指标

特征	ADS		YDSC		WH	
	正式网络	非正式网络	正式网络	非正式网络	正式网络	非正式网络
密度	0.0884	0.0336	0.1126	0.0571	0.0479	0.0234
平均度	14.497	5.515	7.771	3.943	9.192	4.497
居中中心势（%）	67.88	11.77	27.56	23.07	27.41	15.89
接近中心势（%）	95.84	21.23	44.53	19.17	28.63	17.77
平均特征路径长度	1.912	4.214	2.482	4.200	2.975	4.612
平均聚类系数	0.641	0.384	0.506	0.453	0.437	0.273
模块性	0.428	0.606	0.387	0.634	0.504	0.566
网络规模（人）	165		70		193	

① 杜海峰，牛静坤，张锗琦等. 集群行为的社会网络分析：社会计算在农民工集群行为研
究中的应用 [M]. 北京：社会科学文献出版社，2019.

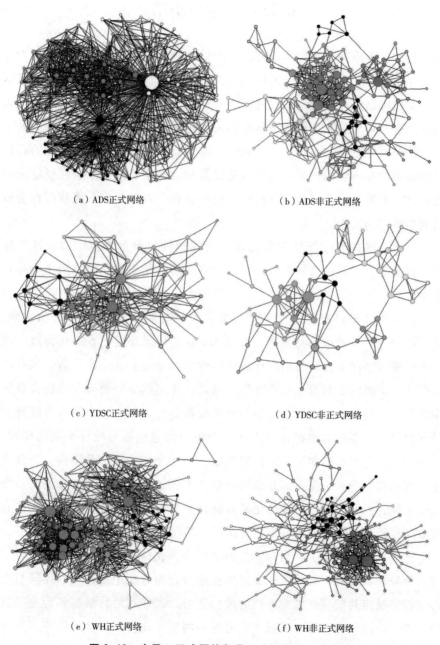

（a）ADS正式网络　　　　　　　　　　（b）ADS非正式网络

（c）YDSC正式网络　　　　　　　　　　（d）YDSC非正式网络

（e）WH正式网络　　　　　　　　　　（f）WH非正式网络

图3-19　农民工正式网络与非正式网络的拓扑结构

第五节　本章小结

首先，本章对集群行为及其演化的概念进行了辨析，认为集群行为是个体在人际互动影响下所做出的偏离社会价值的群体共同性行为，而集群行为演化则是个体行为形成集群行为的动态演化。本章进一步将集群行为的演化解释拓展到非理性化与理性化的解释维度，非理性化集群行为是个体在受到群体环境和人际互动影响的情况下会产生情绪化与情感化的心理进而做出的非理性的行为，而理性化集群行为是指个体会以理性经济人的思维方式对参与行为与环境进行权衡利弊分析，在群体中形成背离社会价值判断的行为决策。

其次，通过人际互动中人们理性与非理性思维的探讨，结合社会感染、社会聚合、社会认同等理论，本章将非理性化集群行为归因于人际互动中的社会影响机制，即集群行为的早期参与者会对其他参与者产生社会影响，形成"路径依赖"，使得周边群体被早期集群行为参与群体所影响，进而影响到自身的策略与选择。结合 Olson 的集团理论，本章认为这一理论中的理性经济人假说与集群行为的理性解释层面存在一定矛盾，只有通过引入社会影响机制形成有限理性的互动，才可以更好地解释理性公众的集群行为，理性化的集群行为是非理性化集群行为中进一步融入有限理性计算的结果。通过对集群行为人际互动中的信息接收与处理机制的探讨，本章提出集群行为的四类信息传播机制：基于全局完备信息结构、局部完备信息结构、全局不完备信息结构与局部不完备信息结构的传播机制。根据以上探讨的非理性化与理性化的集群行为影响机制以及信息传播中信息接收与处理机制，本章最终形成集群行为的演化逻辑框架。

再次，本书分析了社会计算在集群行为演化分析中的适用性，探讨了社会计算领域中的不同信息传播模型在集群行为分析中所具有的优势与劣势，最终确定对波利亚模型原型的再构建可以对非理性化集群行为进行演化分析，而基于费米策略更新规则的复杂网络演化博弈模型可以应用于理性化集群行为的演化分析。由此，本书形成了基于社会计算的集群行为演化分析框架。

最后，本章针对集群行为的演化分析框架，给出具体可操作的框架实施思路。结合当前集群行为发生情况与特征，确定农民工为实证研究对象。本章进一步从调查地点、调查对象、调查过程等方面给出具体的数据采集策略，还有调查样本在个体属性与关系属性上的基本特征。

第四章

全局完备信息下的集群行为演化逻辑

本章基于第三章构建的集群行为演化的逻辑框架以及集群行为演化的总体分析框架，提出全局完备信息下的集群行为演化分析框架，构建波利亚社会影响传播模型，给出相应的数学推演，并结合计算机模拟参数与2013年深圳市坪山新区的农民工调查数据，深入探讨在全局完备信息下集群行为的不同演化机制，并依据本章研究发现提出有关集群行为治理的政策启示。

第一节　研究总体设计

一　研究目标

集群行为的演化可分为理性化与非理性化的过程，将集群行为的参与扩展到理性化与非理性化两个维度，分层次对演化过程进行探索，可以更系统地解析集群行为演化过程。在非理性化集群行为演化中，又可以进一步细分出全局完备信息、局部完备信息、全局不完备信息与局部不完备信息下的集群行为演化，进而可以更加深入地探讨集群行为演化逻辑。本章将在第三章集群行为总体分析框架下，构建全局完备信息集群行为演化分析框架；然后以此为基础构建波利亚社会影响传播模型，用以分析人际互动中的社会影响如何作用于集群行为演化过程；最后结合公式推导以及计算机模拟参数与农民工个体属性数据的仿真开展机制探讨，进而给出相关政策启示。本章具体研究目标如下。

第一，构建全局完备信息下的集群行为演化分析框架。

第二，构建适用于全局完备信息下集群行为演化传递的波利亚社会影响传播模型。

第三，结合公式推演与仿真实验，探索全局完备信息下集群行为的社会影响机制。

二　研究框架

全局完备信息下的集群行为是指个体在一定的群体空间内可以收集到全部已参与互动者精准的参与信息，并依据这些信息为自身的行为决策做出考量，进而形成偏离人们认知与社会价值的群体共同性行为。本书在第三章指出，全局信息的接触源是指个体可以从中获得群体内部所有其他互动成员信息的接触源，这一点在传统集群行为理论中探讨较少，原因在于传统的人际接触通常是以物理形态接触，个体无法掌握全局信息。但随着通信技术的发展，人们获取与传递信息的方式已经突破了传统人际物理接触的界限，由线下行为的人际沟通逐渐转变为线上-线下共同运行的沟通模式。这一人际互动方式的改变使集群行为的信息载体也发生了变化，对传统的集群行为理论提出了一定挑战。由于线上集群行为的参与都是以非物理接触的方式进行人际互动的，通常来讲，个体在线上可以接触到并非自己所熟识的其他网络个体的信息，因而在一定意义上讲，线上集群行为在多数情况下属于全局信息接触源下的集群行为，例如，追求某一时尚时可看到网上其他个体的评论，或针对某一网上公开事件可看到网上的支持评价与反对评价。这些条件与 Salganik 等人于 2006 年所进行的 Music Lab 实验①的条件具有相同的本质。另外，个体在信息接收后所进行的处理方式并不统一，而这种处理机制也无法靠真实数据获得解析，就如同"薛定谔的猫"一样，在个体做出真正的决策之前，其内心做出判断的依据并不能在真实世界中获取，而最终观测的结果也只能是参与或不参与两种（也可理解为对某一事件的支持或不支持），因而只能通过构建一般化的心理

① Salganik, M. J., Dodds, P. S., Watts, D. J. Experimental study of inequality and unpredictability in an artificial cultural market [J]. Science, 2006, 311 (5762): 854-856.

处理机制，来推测个体在某一机制下可能做出的决策。本书第三章已经强调，集群行为的信息处理方式通常有两种，即完备信息下的连续型处理机制与不完备信息下的阈值型处理机制，本章着重讨论完备信息下的连续型处理机制，即个体可以充分把握接收到的信息，不仅可以获得精准的参与行为信息，而且会依据这些信息做出判断。这一处理机制同样通常发生在网上公开信息的行为活动中，例如，个体在看到某一产品在各商家的销售量后，会依据这些数字形成某种选择概率进而对商家做出选择，这也是许多领域被少数几家公司实施寡头垄断的原因之一。① 总体而言，由全局信息接触方式与完备信息连续型处理机制共同构成的全局完备信息传播方式成为当前信息通信发达背景下集群行为演化传播的新形态。

非理性化集群行为与个体行为的区别在于带有人际互动的社会影响。具体来讲，在没有社会影响的独立世界中，每个个体都基于自身偏好做出行为选择，因而最终总体呈现的结果就是每个个体行为的简单累积；而在影响世界中，个体因为受到了群体中互动成员的影响，在做出决策时未必会选择自身偏好，而是根据他人的选择做出从众行为。在针对这一从众行为的已有研究中，不同学者虽然从不同层面试图证明群体对于最终集群行为的产生起到一定的作用，② 但这些研究并没有系统探讨群体在动态演化中如何作用于个体，并使其行为朝向同质性的群体行为演变。Salganik 等人通过 Music Lab 实验证明了人们在做决策时普遍存在社会影响的现象，也解释了社会中的马太效应。③ 该实验将人群分为影响世界与独立世界两类，发现影响世界中的人们在可以看到歌曲下载量以后，会做出趋同性行为。该实验第一次将影响世界与独立世界创造性地分离开来，然而也并没有具体解释社会影响如何作用于人的心理与行为，以及这种行为趋同性在动态时间下演变的规

① Salganik, M. J., Watts, D. J. Leading the herd astray: An experimental study of self-fulfilling prophecies in an artificial cultural market [J]. Social Psychology Quarterly, 2008, 71 (4): 338-355; Sorensen, A. T. Bestseller lists and product variety [J]. Journal of Industrial Economics, 2007, 55 (4): 715-738.

② 张书维，王二平，周洁. 相对剥夺与相对满意：群体性事件的动因分析 [J]. 公共管理学报, 2010, 7 (3): 95-102; 卜荣华. 群际互动与群体威胁：青年网络集群行为的动力学分析 [J]. 山东青年政治学院学报, 2020, 36 (1): 45-53.

③ Salganik, M. J., Dodds, P. S., Watts, D. J. Experimental study of inequality and unpredictability in an artificial cultural market [J]. Science, 2006, 311 (5762): 854-856.

律。波利亚模型可以对这种社会影响进行动态解释，[①] 然而传统的模型往往忽视了个体的自身属性。实际中的个体并非永远跟随别人选择的个体或是永远遵从自身选择的独立者，本书用社会影响概率（probability of social influence）来调节独立世界与影响世界的作用大小，进而结合波利亚传播机制，构建新型波利亚模型（本章称之为波利亚社会影响传播模型），用以探讨社会影响机制如何作用于集群行为的形成过程。

　　首先，在模型构建的基础上，本章将对该模型的传播机理进行数学分析，找出理想状态下社会影响机制如何作用于行为的传递，进而探讨一般机制。其次，本章将分析不同系统参数（如社会影响概率、初始集群行为参与者比例）对集群行为演化传播规律的影响；结合农民工个体属性数据中的集群行为参与意愿，探讨农民工集群行为参与意愿在不同系统参数下如何传递以及最终形成的结果，进而总结农民工集群行为传递的特殊规律。最后，本章将基于所得结论，给出政策启示。基于以上分析，本书构建出如图4-1所示的全局完备信息下的集群行为演化分析框架。

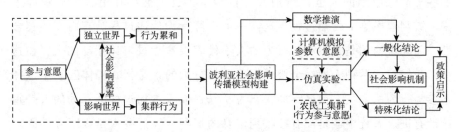

图4-1　全局完备信息下的集群行为演化分析框架

第二节　演化模型设计及概率推算

　　本章对集群行为演化的系统建模原理来自波利亚模型的设计，该模型将社会系统抽象为一个罐子，罐子中装有不同颜色的球，在动态过程中的

---

① Pólya, G. Sur quelques points de la théorie des probabilités [J]. Annales de l'institut Henri Poincaré, 1931, 1: 117-162.

每一时刻任意取出罐子中的一个球并记下该球颜色，随后将该球放入罐子中并同时放入另外 1 个与之颜色相同的球。罐子中的小球颜色可抽象为现实社会中的不同决策，而每个颜色的小球数量则可表示某一行为的参与人数。

本章将个体集群行为的参与状态设置为两类，$S=0$ 代表不参与，$S=1$ 代表参与。假设将整个系统视作一个罐子，将已参与互动的个体的选择视作一个带有标号或颜色的小球，那么在全局完备信息下的集群行为环境系统中，个体可以看到整个系统的全部信息，就意味着新互动的个体可以看到罐子中各颜色小球的准确状态。本书在第三章中指出，个体在处理完备信息时是按照连续型信号执行处理，如果对应于这样的罐子系统，这样的处理方式则是个体抽取某个颜色的小球的概率正是该颜色小球数量占总球数的比例。上面这一套从信息接触到信息处理的过程正是波利亚模型的演化过程。传统研究中人们往往关注行为参与者对其他人产生的影响，但实际上那些在互动中不选择参与行为的人同样影响着别人，例如，在火灾中那些不慌张逃跑的人也在给别人一种暗示，也可能会让更多的人镇静下来。波利亚模型的传播过程与这样一个集群行为传递过程具有内在的契合性。需要说明的是，不参与行为的人不代表没参加过群体互动的人，在这里，我们对这两种人做一个辨析：不参与行为的人是指在群体互动中选择不参与行为的成员，他最终的状态为 $S=0$；而没参加过群体互动的人是指还没有进入系统中或是没有接收到信息的那些人，这些人是人际互动影响的潜在对象。

Salganik 等在 Music Lab 实验中将实验人群分为独立世界群体与影响世界群体。其中，独立世界的每个实验人员根据自身偏好下载一首认为最好听的音乐；而影响世界的每个实验人员则可以看到每首音乐当前的下载量，然后根据自身判断选择下载歌曲。[①] 该实验在影响世界与波利亚模型有着相似的过程。然而，在实验中影响世界的群体并非总是受他人影响或跟随别人的选择，这是该实验与传统波利亚模型的区别。因此，本书试图

① Salganik, M. J., Dodds, P. S., Watts, D. J. Experimental study of inequality and unpredictability in an artificial cultural market [J]. Science, 2006, 311 (5762): 854-856.

在传统模型的基础上引入社会影响概率参数 p，用于调节独立世界与影响世界的影响程度，从而形成更加广义的波利亚社会影响传播模型。该模型的具体演化过程如下。首先输入系统必要的参数：n（最终参与个体数，也可以理解为最终迭代次数）、p（0~1 的社会影响概率，$p=0$ 代表个体遵从个人偏好，$p=1$ 代表完全跟随他人选择）、I_i（初始状态下颜色 i 的小球的数量）、Nc（颜色数量，由于本书讨论集群行为的参与选择，因此只有参与和不参与两种选择，即 $Nc=2$）、$q_{(s)}$ [每个个体 s 的偏好，在这里指集群行为意愿，若该个体有参与意愿，则 $q_{(s)}=1$；否则，$q_{(s)}=0$]。此后本书将系统初始化为一个罐子，罐子中每个颜色 i 的小球的数量为 I_i。接下来进入迭代，在每一时刻 t，生成一个在 0 到 1 之间的随机数，如果该值小于 p，就意味着新参与互动的这个个体跟随他人选择，该个体将从罐子中随机抽取一个小球并放回，同时再放入一个同样颜色的小球；如果该值大于等于 p，就意味着该个体选择遵从自身偏好，在罐子中放入自身颜色偏好的小球。该过程将持续进行直到 n 个个体全部被遍历到。最后输出罐子中各颜色小球的数量，并计算参与集群行为（某一颜色的小球）的比例。该模型演化过程基本与 Music Lab 实验过程相同，其算法框架伪代码如算法 4-1 所示。

以上模型不仅复现了 Salganik 等人设计的 Music Lab 实验过程，也完全体现出集群行为的社会感染传递过程，对于这一模型的探讨不仅可以把握社会影响机制如何作用于集群行为的演化过程，而且可以分析信息传播在不同的影响环境下会输出何种集群行为演化结果。

算法 4-1　波利亚社会影响传播模型

---

1. 输入：n（最终参与个体数），p（社会影响概率），Nc（颜色数量），q（个体偏好）

2. 初始化：将各颜色 i 的字母按个数填入 Urn 中，并记录每个颜色的计数 $N_{(0)}=[I_1, I_2, \ldots, I_{N_C}]$

3. for $s=1$；$s \leqslant n$；$s++$

4. 生成 0~1 随机数 m

5. if $m<p$

6. if $Urn=[\ ]$

续表

7. 选择个体 s 的偏好颜色 $q_{(s)}$ 对应的 i

8. $N_{i(s)} = N_{i(s-1)} + 1$

9. $Urn = [Urn, i]$

10. else

11. 随机从 Urn 中选择一球，该球颜色为 j

12. $N_{j(s)} = N_{j(s-1)} + 1$

13. $Urn = [Urn, j]$

14. end if

15. else

16. 选择个体 s 的偏好颜色 $q_{(s)}$ 对应的 i

17. $N_{i(s)} = N_{i(s-1)} + 1$

18. $Urn = [Urn, i]$

19. end if

20. end for

21. 输出：Urn 与 $N_{(n)}$

根据独立世界的个体属性呈现，研究者可以挖掘出每个颜色 i 的内在价值偏好 q_i，若对应于集群行为则可以计算出整个群体的参与意愿 $q_A = \sum_{s=1}^{n} q_{(s)} / n$，如有 50% 的个体有集群行为参与意愿，则 $q_A = 50\%$。此时的 q_A 正是第三章框架中所指出的行为累和。

假设初始罐子中无球，即在初始状态下没有任何人参与事件的互动，那么按照此模型，随机选择的第一个参与者的参与概率为 $PS_{A(1)}^1 = q_A$，而不去参与的概率为 $PS_{A(1)}^0 = 1 - q_A$。当有新个体加入互动中，群体中无人参与集群行为的概率是 $PS_{A(2)}^0 = PS_{A(1)}^0 \cdot [p + (1-p)(1-q_A)]$，只有一人参与行为的概率为 $PS_{A(2)}^1 = PS_{A(1)}^1 \cdot (1-p)(1-q_A) + PS_{A(1)}^0 \cdot (1-p) q_A$，两人均参与行为的概率为 $PS_{A(2)}^2 = PS_{A(1)}^1 \cdot [p + (1-p) q_A]$。当有三人进入互动时，无人参与行为的概率为 $PS_{A(3)}^0 = PS_{A(2)}^0 \cdot [p + (1-p)(1-q_A)]$，只有一人参与行为的概

率为 $PS_{A(3)}^1 = PS_{A(2)}^1 \cdot \left[p \cdot \dfrac{1}{2} + (1-p)(1-q_A) \right] + PS_{A(2)}^0 \cdot (1-p) q_A$，两人参与

行为的概率为 $PS_{A(3)}^2 = PS_{A(2)}^2 \cdot (1-p)(1-q_A) + PS_{A(2)}^1 \cdot \left[p \cdot \dfrac{1}{2} + (1-p) q_A \right]$，

三人参与行为的概率为 $PS_{A(3)}^3 = PS_{A(2)}^2 \cdot [p + (1-p) q_A]$。当有 n（$n \geqslant 2$）个
人进入互动时，参与集群行为的概率可由公式 4-1 呈现。

$$
\begin{aligned}
PS_{A(n)}^0 &= PS_{A(n-1)}^0 \cdot \left[p \cdot \dfrac{n-1}{n-1} + (1-p)(1-q_A) \right] \\[2mm]
PS_{A(n)}^1 &= PS_{A(n-1)}^1 \cdot \left[p \cdot \dfrac{n-2}{n-1} + (1-p)(1-q_A) \right] + PS_{A(n-1)}^0 \cdot \left[p \cdot \dfrac{0}{n-1} + (1-p) q_A \right] \\[2mm]
PS_{A(n)}^2 &= PS_{A(n-1)}^2 \cdot \left[p \cdot \dfrac{n-3}{n-1} + (1-p)(1-q_A) \right] + PS_{A(n-1)}^1 \cdot \left[p \cdot \dfrac{1}{n-1} + (1-p) q_A \right] \\
&\vdots \\
PS_{A(n)}^{n-2} &= PS_{A(n-1)}^{n-2} \cdot \left[p \cdot \dfrac{1}{n-1} + (1-p)(1-q_A) \right] + PS_{A(n-1)}^{n-3} \cdot \left[p \cdot \dfrac{n-3}{n-1} + (1-p) q_A \right] \\[2mm]
PS_{A(n)}^{n-1} &= PS_{A(n-1)}^{n-1} \cdot [0 + (1-p)(1-q_A)] + PS_{A(n-1)}^{n-2} \cdot \left[p \cdot \dfrac{n-2}{n-1} + (1-p) q_A \right] \\[2mm]
PS_{A(n)}^n &= PS_{A(n-1)}^{n-1} \cdot \left[p \cdot \dfrac{n-1}{n-1} + (1-p) q_A \right]
\end{aligned}
\tag{4-1}
$$

为进一步简化，公式 4-1 可转化为公式 4-2，其中 $PS_{A(n)}^j$ 表示当有 n
个个体加入互动时有 j 个人选择参与集群行为的概率。

$$
\begin{aligned}
PS_{A(n)}^j &= PS_{A(n-1)}^j \cdot [p + (1-p)(1-q_A)] \;\; if\, j = 0 \\[2mm]
PS_{A(n)}^j &= PS_{A(n-1)}^j \cdot \left[p \cdot \dfrac{n-j-1}{n-1} + (1-p)(1-q_A) \right] + PS_{A(n-1)}^{j-1} \\[2mm]
&\quad \cdot \left[p \cdot \dfrac{j-1}{n-1} + (1-p) q_A \right] \;\; if\, 1 \leqslant j \leqslant n-1 \\[2mm]
PS_{A(n)}^j &= PS_{A(n-1)}^j \cdot [p + (1-p) q_A] \;\; if\, j = n
\end{aligned}
\tag{4-2}
$$

然而，公式 4-2 只针对初始阶段无人参与互动的状态，即罐子无球的
模型，如果在初始状态下已经有 B 个人参与互动，其中有 B_A 个人参与了
集群行为，那么当有 n 个新的个体参与互动时，整个群体中 $j + B_A$ 个个体参
与集群行为的概率可由公式 4-3 表示。

$$PS_{A(n)}^{j+B_A} = PS_{A(n-1)}^{j+B_A} \cdot \left[p \cdot \frac{n-1+B-B_A}{n-1+B} + (1-p)(1-q_A) \right] \, if \, j=0$$

$$PS_{A(n)}^{j+B_A} = PS_{A(n-1)}^{j+B_A} \cdot \left[p \cdot \frac{n-j-1+B-B_A}{n-1+B} + (1-p)(1-q_A) \right] + PS_{A(n-1)}^{j-1+B_A}$$

$$\cdot \left[p \cdot \frac{j-1+B_A}{n-1+B} + (1-p) q_A \right] \, if \, 1 \leqslant j \leqslant n-1 \qquad (4-3)$$

$$PS_{A(n)}^{j+B_A} = PS_{A(n-1)}^{j-1+B_A} \cdot \left[p \cdot \frac{j-1+B_A}{n-1+B} + (1-p) q_A \right] \, if \, j=n$$

在 Salganik 等人的 Music Lab 研究中，采用市场分享率来衡量下载每首歌曲的比例，[①] 在本书中，这一市场分享率则对应集群行为参与者的比例 $M_A = N_A/n$，结合公式 4-3，当存在 $n+B_A$ 个互动者时，其参与集群行为的市场分享率应为 $M_{A(n+B_A)} = \left[\sum_{j=0}^{n} PS_{n(n)}^{j+B_A} \cdot (j+B_A) \right] / (n+B)$。

为计算整个系统的稳定性与收敛性，本书对以上概率公式做进一步简化。在已知 $t=n-1$ 状态时集群行为参与比例的条件下，下一个加入互动的成员参与集群行为的概率为 $P_{A(n)} = p \cdot M_{A(n-1)} + (1-p) \cdot q_A$，而此时参与行为的市场分享率的期望值 $E[M_{A(n)}]$ 为：

$$E[M_{A(n)}] = \frac{N_{A(n-1)}+1}{n+B} \cdot P_{A(n)} + \frac{N_{A(n-1)}}{n+B} \cdot [1-P_{A(n)}] \qquad (4-4)$$

将 $P_{A(n)}$ 代入上式，有：

$$E[M_{A(n)}] = \left(1 - \frac{1-p}{n+B} \right) \cdot M_{A(n-1)} + \frac{1-p}{n+B} \cdot q_A \qquad (4-5)$$

可以发现，当加入互动的个体数量达到正无穷时，参与行为的比例将达到收敛状态。为进一步探究系统将收敛到何种状态，令 $M_{A(n)} = M_{A(n-1)}$，可得出 $\frac{1-p}{n+B} \cdot M_{A(n)} = \frac{1-p}{n+B} \cdot q_A$，进而可以得出，当 $p<1$ 时，系统将收敛到 q_A 状态，即基于个体偏好的集群行为参与意愿；当 $p=1$ 时，该模型将转化为传统波利亚模型，系统将可能收敛到各个值。

---

① Salganik, M. J., Dodds, P. S., Watts, D. J. Experimental study of inequality and unpredictability in an artificial cultural market [J]. Science, 2006, 311 (5762): 854-856.

从以上的公式推导可以看出，在影响世界中，只要人们存在一定个体偏好，社会系统就会收敛到个体本身的偏好价值水平当中，与独立世界无异，即随着时间的推移，集群行为与行为累和会越来越接近。然而该结论与Salganik 等人基于 Music Lab 实验得出的结论①存在一定矛盾。在他们的研究中，人们最终会受到他人影响，进而使整个系统的市场分享率达到一个不均衡的状态，而非公式中所提到的 q_A 状态。换言之，Salganik 等人通过多次实验证明了集群行为的发生过程存在一定的路径依赖，而本章公式的推导则证明系统将收敛到固定一点（在 $p<1$ 的情况下），即系统可以排除路径依赖，因此需要进一步探讨为何理论推导结论与实验结论不相吻合。

上述公式推导虽然可以计算系统的稳定性，但不能完全刻画集群行为的演化路径，也不能呈现其演化特征，原因在于以上概率推导不能复现出实际的迭代过程，同时概率公式计算出的结果是理论上的期望值，与实际的演化存在较大差异。ABM 仿真方法为集群行为迭代过程的可视化以及演化特征分析提供了可能性，本书在模型概率公式推演的基础上，采用 ABM 对波利亚社会影响传播模型的传播过程进行仿真，利用计算机生成数据与农民工实际参与意愿数据分别探索出集群行为一般化的演化机制结论以及农民工这一特殊群体的演化机制特征。

第三节　仿真实验

为进一步探究集群行为演化机制以及在演化过程中所呈现的特征，本章分别进行了一般集群行为演化的实验与农民工集群行为演化的实验。本章采用 Python 语言对波利亚社会影响传播模型进行编程，实验在 2.40 GHz CPU，4.00 GB 内存以及 Windows 10 的系统环境中运行。

一　一般集群行为全局完备信息的演化

本章在此对全局完备信息的集群行为演化的一般机制进行探索，为了

---

① Salganik, M. J., Dodds, P. S., Watts, D. J. Experimental study of inequality and unpredictability in an artificial cultural market [J]. Science, 2006, 311 (5762): 854-856.

探寻社会影响如何对集群行为结果发挥作用，本书在这里假定整体系统中个体的平均集群行为参与意愿为 0.5，即在独立世界中有一半的个体具有集群行为参与意愿，而另一半则不愿意去参与行为，用以固定独立世界中的偏好效应。此外，通过设定不同的初始集群行为参与比例，可探讨不同初始状态对整体影响路径的影响机制。本书在实验中以初始参与比例 I 作为调节参数；同时，利用社会影响概率参数来调节独立世界与影响世界的差异。本实验的迭代次数上限设定为 1000 次，实验重复次数为 10000 次。

图 4-2 给出了初始参与比例与社会影响概率对集群行为选择的交叉影响结果。从图中可以看出，当社会影响概率很小时，参与集群行为的最终比例接近 0.5，即独立世界中的平均集群行为参与意愿，这在一定程度上验证了上述概率公式的推导；当社会影响概率很大时，参与集群行为的最终比例接近初始参与集群行为的比例。该曲线在社会影响概率变化中是以非线性的变化趋势偏离社会的内在偏好价值，因此社会影响概率对集群行为演化的作用是非线性的。需要指出的是，该实验设置的迭代次数上限为 1000 次，而当迭代次数为无限大时，根据公式推导，最终行为演化的集群行为参与比例除了在该图 $p=1$ 对应的位置上保持初始参与行为的比例，其余位置均应该处于 0.5 的水平上，与独立世界的内在偏好价值一致，因而应为阶跃关系。实验结果与概率公式所推出的阶跃关系本质上并不矛盾，原因在于实验的迭代次数具有上限。当事件涉及的人数还不足量时，社会系统还来不及对自身进行调整，前期社会互动成员的选择对后来者具有极强的影响性，形成一条后者依赖于前者的路径；而随着某事件涉及的人数不断增多或时间的推移，前者对后者的影响性逐渐减弱，综合的社会影响就倾向于将整体系统向个体偏好价值的方向引导。因此，本章概率公式推导与 Salganik 等人在 Music Lab 实验上所得的结果[1]存在一定的互补关系，当参与互动人数或者是群体人数不多时，该概率公式可反映出 Salganik 等人得出的马太效应的结论；而如果 Salganik 等人可以将实验参与的人数增加到一定规模，该实验可能会证明社会系统存在一定的自我修复功能，可以将由

① Salganik, M. J., Dodds, P. S., Watts, D. J. Experimental study of inequality and unpredictability in an artificial cultural market [J]. Science, 2006, 311 (5762): 854-856.

社会影响导致的价值偏离修复到独立世界中的内在价值，这一推论与本书的
实验发现具有内在契合性。

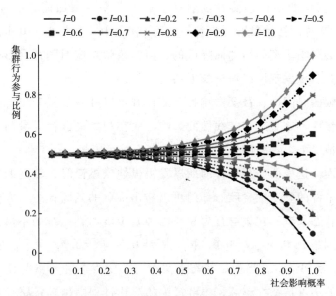

图 4-2　全局完备信息下计算机演化的集群行为参与比例曲线

说明：图中纵轴为迭代结束后具有集群行为参与意愿的比例，横轴为受到他人行为影
响的概率；图中不同曲线是不同初始集群行为参与比例下 95% 置信区间的误差棒图曲线，
迭代次数为 1000 次，实验次数为 10000 次，平均集群行为参与意愿 $q = 0.5$。

路径依赖是指人们一旦做出某种选择，在社会影响的作用下，会导致
整个群体沿着既定的方向不断得以自我强化，即后者的选择受到前人选择
的影响，形成一种惯性。本章在此引入不可预测性（Unpredictability）指
标，进一步探讨路径依赖机制。对于每种状态 s，其不可预测性可表示为
$u_s = \sum_{i=1}^{W} \sum_{j=i+1}^{W} |M_{s,i} - M_{s,j}| / \binom{W}{2}$，其中 $M_{s,i}$ 表示第 i 次实验中具有状态 s 的
比例，而 W 则代表实验的总次数，这里 $W = 10000$。整体不可预测性指标
为 $U = \sum u_s / S$，即所有状态下（$s = 0$，不参与；$s = 1$，参与）不可预测性
的平均值。① 图 4-3 展示了全局完备信息下计算机演化的不可预测性曲线，

---

① Salganik，M. J.，Dodds，P. S.，Watts，D. J. Experimental study of inequality and unpredictability in
an artificial cultural market［J］. Science，2006，311（5762）：854-856.

可以看出当社会影响概率 $p \leqslant 0.6$ 时，各初始状态 I 对应的不可预测性数值极为接近，而在 $p > 0.6$ 时则出现了分化：当 $0.6 < p < 0.9$ 时，对于所有的初始状态 I，演化的不可预测性随着社会影响概率的增加而非线性地升高；而当 $p \geqslant 0.9$ 时，初始集群行为参与比例 I 在大于 0.9 与小于 0.1 的状态下是随着社会影响概率的增加而降低的，而其余状态依旧随社会影响概率的增加而升高。该发现可以得出如下结论。

在有限的时间内，社会影响程度的提升可以进一步提升集群行为演化的路径依赖性，这是一种非线性的影响，而在初始集群行为参与比例极高或极低的情况下，过高的社会影响则会降低路径依赖。

一方面，这说明当某事件前期爆发得极快或极慢时，较高的社会影响可以增强事件的确定性，政府部门可以做出准确的判断；另一方面，从不同的初始状态来看，在集群行为参与比例 $I = 0.5$ 时，系统的不可预测性最高，其次则是 $I = 0.4$ 与 $I = 0.6$，再次是 $I = 0.3$ 与 $I = 0.7$，……，最后是 $I = 0$ 与 $I = 1$。换句话讲，当初始状态下集群行为的参与和不参与比例越接近时，系统的不可预测性越高，集群行为的演化过程则越具备路径依赖的特征。原因在于，当参与和不参与的比例非常接近时，这一情况会对后面要参与的个体产生更多的困扰，而这些个体做出的某种选择可能会影响到整体比例的发展。

本章对社会感染理论及其人际互动中的社会影响机制做了数学与仿真分析，是对经典理论的补充，特别是探讨了集群行为演化过程中社会影响的路径依赖。非理性化集群行为中的社会感染除了具备去个性化、个体的非理性与个体责任感缺失等特征之外，[①] 还具备路径依赖的特征，而事实上这一特征也正是集群行为消散的关键，因为一旦反对者行为形成了路径依赖，那么集群行为就容易迅速消散。以往研究过于关注集群行为参与者对于周边群众的影响，然而不参与集群行为的个体对于整个事件的走向同样具有重要的影响，本章实验中的反对者是参与者的对立面，仿真结果从反方向也可以凸显这一作用。

---

① 周晓虹. 集群行为：理性与非理性之辨 [J]. 社会科学研究，1994，(5)：53-57.

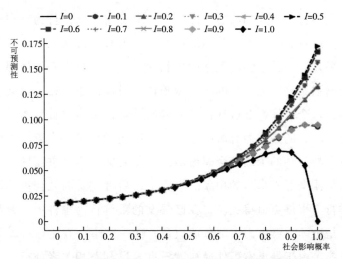

图 4-3 全局完备信息下计算机演化的不可预测性曲线

说明：图中纵轴为迭代结束后所有实验的平均不可预测性，横轴为受到他人行为影响的概率；图中不同曲线是不同初始集群行为参与比例下的曲线，迭代次数为 1000 次，实验次数为 10000 次，平均集群行为参与意愿 $q=0.5$。

二 农民工集群行为全局完备信息的演化

在探讨一般演化机制的基础上，本章对农民工这样的特殊群体进行研究。为了探讨农民工在全局完备信息下的集群行为演化机制，本书假定每个农民工可以获得同公司成员的集群行为参与等精准信息。

本章首先分析集群行为初始无人参与状态下的演化结果，即假定群体中没有一人参与集群行为。当某导火索事件触动了农民工的权益时，农民工逐渐参与到社会影响的人际互动之中。在具体仿真实验操作中，本章随机抽选一人作为第一个参与者（First Mover），若此人有集群行为参与意愿，则选择参与行为；若此人不具有参与意愿，则选择不支持参与。对于此后的群体成员，均按一般化的演化规则进行迭代，直到公司的所有成员都参与到了集群行为参与选择的互动之中。本实验的迭代次数上限设定为 ADS、YDSC、WH公司的成员数量，分别为 165、70、193，实验重复次数为 10000 次。

图 4-4 给出了农民工全局完备信息集群行为初始无人参与状态下的演化结果，可以看出，在初始无任何人参与行为的状态下，各公司参与集群行为比例的平均值并不随社会影响概率的变化而变化，系统最终倾向于演

化到独立世界行为累和的状态，即各公司员工自身集群行为参与比例的状态。然而集群行为参与比例的标准误在逐渐增长，说明在不同世界中参与行为的结果差异随社会影响概率的增长而变大，这也进一步说明了社会影响概率会增强集群行为演化的路径依赖性。可以想象，在无社会影响的独立世界中，每个个体都会遵从自身的偏好选择，个体对行为的看法并不会因为其他互动者的参与而有所改变；而在影响世界中，当第一人做出选择后，余下参与互动的个体都会模仿前面互动者的行为，进而导致了群体成员全部参与或全部不参与的现象。事实上，后者或是高社会影响概率下触发的集群行为事件更值得关注，在已爆发的集群行为事件中，参与事件的成员往往是全体或群体内大部分的成员，而一些事件在生活中看不到或没发生很可能是由于导火索事件最初就没有触发利益相关者的行为，这也就避免了大规模群体性事件的发生。但是，一旦利益相关者的行为被触发，高社会影响概率的社会环境为集群行为的爆发提供了有利的结构，这种路径依赖型的社会影响传播蕴含了较高的社会风险。

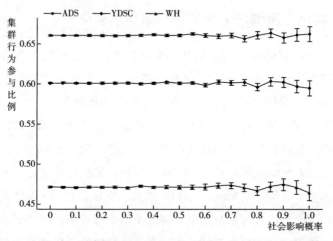

图 4-4　农民工全局完备信息集群行为初始无人参与状态下的演化结果

说明：图中纵轴为迭代结束后具有集群行为参与意愿的比例，横轴为受到他人行为影响的概率；图中不同曲线分别是 ADS、YDSC、WH 三个公司 95% 置信区间的误差棒图曲线。

　　图 4-5 给出了这三个公司农民工参与集群行为比例随着时间变化的具体轨迹，每幅图的曲线为 10000 次实验中随机抽取的 100 次实验的参与比

例变化轨迹曲线。可以看出，随着时间的推移，系统会朝向独立世界中本有的社会价值取向收敛，但其收敛速度受到了社会影响概率的限制。具体来讲，社会影响概率越大，社会系统收敛速度越慢，而这一现象符合上述概率公式的推导，也是对 Salganik 等人在 Music Lab 实验上的补充。对于农民工个体而言，导火索事件发生时个体的不满与非理性行为的输出存在一定的偶然性，这取决于农民工自身的维权意识、法律意识、社会资源等，[①]图 4-5 显示以专业技能与文化水平较高的新生代农民工为主的 ADS 公司最终演化的参与规模更大。而对于整个社会的农民工群体而言，"边缘性"的社会地位使得农民工群体具有更高遭遇利益受损的风险，集群行为的发生存在偶然中的必然性，特别是对于社会影响概率较大且维权意识较强的群体状态，农民工会以较高的概率大规模参与集群行为，从图中可以看出，高比例的集群行为参与更多发生在高社会影响概率的状态之中。

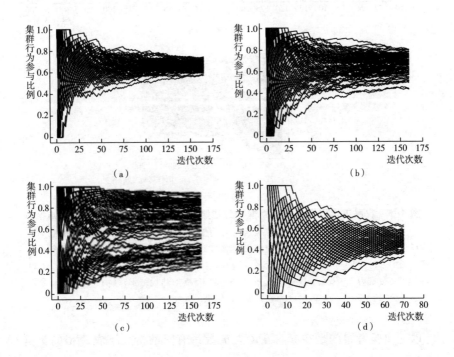

① 牛静坤，杜海峰，杜巍，刘茜. 公平感对农民工集群行为的影响研究——基于平等意识的调节效应分析 [J]. 公共管理学报，2016，13（3）：89-99.

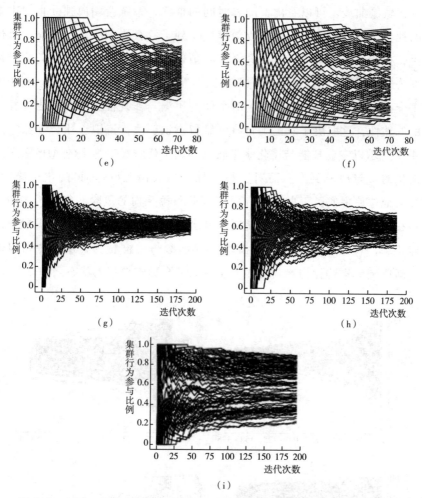

图4-5 农民工全局完备信息集群行为初始无人参与状态下的演化迭代结果

说明：图中纵轴为迭代结束后具有集群行为参与意愿的比例，横轴为迭代次数；图中黑色曲线为所做的10000次实验中随机抽取的100次实验的集群行为参与比例变化轨迹；图中（a）（b）（c）分别为ADS公司 $p=0.25$、$p=0.5$、$p=0.75$ 的迭代结果，（d）（e）（f）分别为YDSC公司 $p=0.25$、$p=0.5$、$p=0.75$ 的迭代结果，（g）（h）（i）分别为WH公司 $p=0.25$、$p=0.5$、$p=0.75$ 的迭代结果。

以上实验考察的是在参与互动人员数量有限的情况下农民工的集群行为参与情况，而在真实世界中，集群行为的发生有可能不仅仅只涉及一个公司规模的人数，为此，本书同样探讨了更大规模农民工数量的集群行为演化情况。由于真实世界中较难获取大规模的农民工真实数据，本书在原有数据规模的基础上扩充10倍。具体来讲，为避免个体属性分布特征的变化，本书对每个样本进行统一数量的复制。结果发现，当参与互动的人数变得更多时，上文所述的农民工集群行为特征更为明晰，结论较为稳健。扩充10倍后农民工全局完备信息集群行为初期阶段的演化结果以及具体演化迭代结果可参见本书附录C的图1与图2。

Music Lab 实验设计的缺陷之一是仅观测了初始无人参与状态下的实验结果，虽然现实中群体性事件的爆发也是从没有人员参与的状态演化到人群聚集的状态，但公共管理者注意到的事件往往已经有一定规模人员参与到事件的互动之中，而这一环境是 Salganik 等人未关注到的。本章进一步探讨在有一定人数参与集群行为的状态下，群体的集群行为演化路径该呈现何种特征，以及参与集群行为的人员与不参与集群行为的人员对于其他人员会产生何种影响。为回答以上研究问题，本书假定在公司成员参与群体互动之前，已有10人做出了选择，其中9人选择参与行为，1人选择不参与行为，这一假定较为符合集群行为发生阶段的现实情况。图4-6展示了农民工全局完备信息集群行为发生阶段的演化结果，可以看出，当社会影响概率较小时，系统的演化会逐渐逼近农民工本身的参与意愿；而随着社会影响概率的提升，集群行为的参与会更加接近农民工集群行为参与的

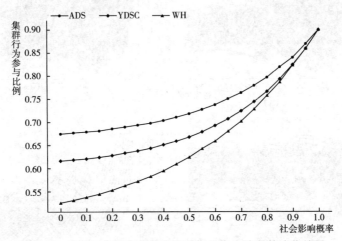

图 4-6 农民工全局完备信息集群行为发生阶段的演化结果

说明：图中纵轴为迭代结束后具有集群行为参与意愿的比例，横轴为受到他人行为影响的概率；图中不同曲线分别是 ADS、YDSC、WH 三个公司95%置信区间的误差棒图曲线。

初始比例。该结果表明，当现实世界中存在较强社会影响作用机制时，例如，参与集群行为的农民工有着较强的感召力或是将事件闹大使得集群行为参与规模的数字变得更为瞩目，此时整个演化过程的路径依赖特征较为明显，最初的几个集群行为参与者将对整个事件的发生与演化发挥重要的作用。但从另外一个角度来讲，若那些最初选择不参与集群行为的农民工影响力较强，这些人的选择对于整个事件的蔓延或遏制也会存在一定的作用。本书在将原有数据规模扩充 10 倍以后发现，图中曲线在对应社会影响概率 $p<1$ 的位置上向农民工参与意愿的平均值更进一步靠拢（参见附录 C 中的图 3），符合本章概率公式所推导的结论以及上述一般机制的论述。

图 4-7 描述了这三个公司农民工在发生阶段集群行为参与比例随着时间变化的具体轨迹，可以发现，在不同的社会影响概率 p 下，每个公司的农民工参与集群行为比例有着向独立世界的集群行为参与偏好的水平收敛的趋势。与图 4-5 得出的结论一致，社会影响概率越大，收敛速度越慢。数据在扩充 10 倍以后，演化结果较为相似，结论具有稳健性（参见附录 C 中的图 4）。

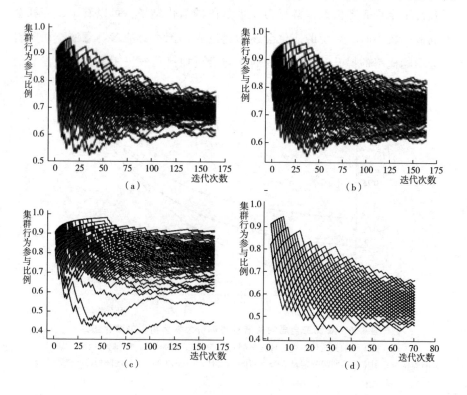

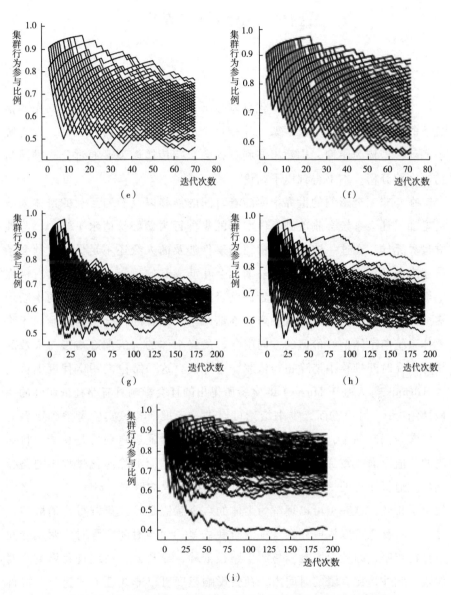

图 4-7　全局完备信息集群行为发生阶段的具体演化迭代结果

　　说明：图中纵轴为迭代结束后具有集群行为参与意愿的比例，横轴为迭代次数；图中（a）（b）（c）分别为 ADS 公司 $p=0.25$、$p=0.5$、$p=0.75$ 的迭代结果，（d）（e）（f）分别为 YDSC 公司 $p=0.25$、$p=0.5$、$p=0.75$ 的迭代结果，（g）（h）（i）分别为 WH 公司 $p=0.25$、$p=0.5$、$p=0.75$ 的迭代结果。

第四节　小结与政策启示

一　小结

本章在第三章集群行为演化总体分析框架的基础上构建了全局完备信息下的集群行为演化分析框架，并结合全局完备信息的特有机制，以传统波利亚模型作为原型，构建出波利亚社会影响传播模型。通过公式推演与仿真实验分析，本书得到以下结论。

在并非完全影响的世界中，随着时间的推移以及参与互动的群体人数的增加，社会系统会收敛到个体本身的集群行为偏好价值水平当中，与独立世界无异。在这一演化过程中，当事件涉及的人数还不足量时，社会系统还来不及对自身进行调整，前期社会互动成员的选择对后来者具有极强的影响，形成一条后者依赖前者的路径；而随着某事件涉及人数的不断增多或时间推移，前者对后者的影响逐渐减小，综合的社会影响就倾向于将整体系统向个体偏好价值的方向引导，最终个体的价值偏好与参与人数的增加会在时间推移中消除路径依赖。一方面，这一结论在一定程度上否定了 Salganik 等人基于 Music Lab 实验所得出的社会影响具有路径依赖性的一般性结论；[1] 另一方面，本书结论可以进一步推断若该实验考虑到更多的个体参与到互动中，该实验可以证明社会系统会通过自我修复功能，将偏离的价值取向收敛到社会本有的价值体系中，进而消除演化过程中的路径依赖。值得注意的一点是，当时间可以无限延续的时候，$p<1$ 与 $p=1$ 之间发生了相变，这一点可以理解为个体的自身意愿是导致集群行为消散的关键，自身意愿可以构成社会系统的自我修复；而当时间有限时，两点之间不存在相变，即社会影响容易产生路径依赖，导致社会系统自我修复速度放缓。此外，在有限的时间内，社会影响程度可以非线性方式提升集群行为演化的路径依赖，在初始集群行为参与比例极高或极低的情况下，过高的社会影响则会降低路径依赖。当初始状态下集群行为的参与和不参与比

---

[1] Salganik, M. J., Dodds, P. S., Watts, D. J. Experimental study of inequality and unpredictability in an artificial cultural market [J]. Science, 2006, 311 (5762): 854-856.

例越接近时，集群行为的演化过程则越具备路径依赖的特征。这是对经典社会感染理论与社会影响机制理论的补充，发现了非理性化集群行为中的社会感染除了具备去个性化、个体的非理性与个体责任感缺失等特征之外，还具备路径依赖的特征。以往研究过于关注集群行为参与者对周边群众的影响，然而本研究发现集群行为的反对者对于整个事件的走向同样具有重要的影响，弥补了传统研究忽视集群行为不参与者的不足。

针对农民工这一特殊群体，本书发现在初始无人参与的状态下，对于不同的社会影响概率 p，各公司农民工集群行为演化后参与比例的平均值始终与农民工本身的参与意愿水平一致，而集群行为参与比例的标准误在逐渐增长，表明社会影响概率会增强农民工集群行为演化的路径依赖，较高的社会影响概率不仅会提升农民工集群行为事件的参与风险，也会提高农民工群体性事件预测与干预的难度。更高程度的社会影响使得农民工的集群行为参与状态更加接近参与的初始比例，此时虽然系统也有向农民工本身参与意愿水平收敛的趋势，但收敛速度过慢，路径依赖无法在短时间内消除，最初的几个集群行为参与者将对整个事件的发生与演化产生重要作用。本书在农民工群体上的仿真结论验证了上述一般规律，也是对Music Lab 实验结果的验证。

总体来讲，影响集群行为使其无法向独立世界中行为累和演化的主要原因在于：（1）过高的社会影响程度导致路径依赖凸显，社会系统的自我调整速度过慢（高 p）；（2）虽然无限的时间可以使集群行为自动演化到行为累和状态，但由于集群行为本身具有较高的瞬时性，有限的时间无法使系统快速调整（少 t）。

通信技术的快速发展拓宽了人们获取社会信息的渠道，特别是互联网的普及，加大了网络舆情的风险。以"雷洋事件"为例，警方以"涉嫌嫖娼"为由将雷洋拘捕，雷洋在被带回审查期间身体出现不适，经抢救无效身亡。事件被曝光后，各网络媒体相关舆情曝光量急速上升，虽然有少数媒体和网民对警方表示理解与支持，但绝大部分网民对执法产生怀疑，降低了政府与警方的公信力。虽然没有足够的证据证明网民对警方的质疑来自自身对于事件的认知或来自其他网民信息的影响，但仅靠公民自身认知来发表评论很难在短时间内实现舆情的快速发展，这就意味着社会信息的影响机制可能左右着整个事件的发展过程。而当人们得知事件的真相后,这种线上集群行为迅速消散。这一事件从发生到消散的整体过程正是表现出了本章所论证的集群行为演化的逻辑。在此过程中,事件阴谋论的前期发帖者对于整个舆情的走向起到了重要的作用;而警方与政府的积极应对则扮演了强有力的"集群行为反对者"的角色,引导着公众与媒体向着集群行为消散的方向发展。结合实践与上述仿真结果可以发现,集群行为消散的关键就是及时做好信息公开与执法透明化,快速引导媒体与公众发表恰当与正确的言论,进而借助路径依赖的优势,形成具有正确倾向的网络环境。

二 政策启示

全局完备信息下的集群行为呈现了信息接收的全局透明性以及处理过程中信息利用的充分性,与现实中线上网络舆情传播具有较强的契合性。本章研究发现,社会系统存在一定的自我修复功能,即使爆发的集群行为存在较为严重的价值偏离倾向,也会随着时间的推移而逐渐消散。对于更好干预集群行为的消散过程,有以下政策启示。

第一,人际互动中的社会影响是产生集群行为的根本动力,特别是在互联网的环境下,人们会不自主地受到他人言论的影响,而负面的网络信息很有可能会误导网民的判断,引起不良的网上集群行为,这不仅会破坏良好的互联网环境,而且会给社会治理带来新的挑战。因此,要进一步完善互联网法律法规,对于互联网禁止传播的内容分类细化,对传播不良信息的行为要明确具体惩罚措施。互联网管理人员要充分认识负面网络信息的危害性,进而在舆情应对中能够做到有效及时处理,在平时做好监管与预防工作。政府在官方网站与政务微博中应专门设置应急管理的模块,针对突发事件准确快速发声,积极引导群众理性判断。

第二,互联网是一个相对自由的环境,一些网民对网络舆情危害性认识不足,可能会导致一些恶性网络集群行为的发生。对此,政府与媒体应做好网民的思想教育工作,宣传健康上网的观念,提高网民对于网络舆情的正确认识和辨别能力,积极引导网民抵制不良舆论,做到"不信谣""不传谣",促进我国健康、文明互联网环境的建设。在社会信息传递的过程中，电视或网络媒体发挥着重要的中介作用。然而，一些媒体过度关注经济利益而有意扭曲事实，激化社会矛盾，降低了政府的公信力。因此，需要进一步做好媒体的管控，制定更加细化的责罚措施，避免媒体对事实歪曲报道。

第三，能够影响到集群行为演化过程与结果的不仅仅是集群行为的发起者与参与者，集群行为的不参与者可能在演化过程中充当"疏导者"的角色。在集群行为的干预中，政府与企业应注意识别"疏导者"，积极与"疏导者"沟通与合作，充分发挥其作用。政府在平时管理中也要注重增强公民的法律意识，让更多的公民能够成为恶性集群行为的"疏导者"，从源头阻止恶性集群行为的发生与扩散。充分调动企业、社会组织、公民参与社会治理的环节，发挥不同治理主体各自优点和协同优势，形成有效的社会公共安全保障体系。

第四，全局完备信息下的集群行为存在自我消散的能力，但这需要一定的消散时间。例如，在我国2020年应对新冠肺炎疫情的过程中，政府的一系列严防严控措施最开始并不被一些公民所理解，但随着时间的推移，一方面管控效果逐渐显现，另一方面更多的群众开始传递正向的评论，使得民众给予政府更多的理解与支持，众志成城正是打赢疫情防控阻击战的关键所在。但是，集群行为的消散不能仅靠自然消散，政府要在消散过程中起到"催化剂"的作用。政府应做好与民众的有效沟通，一方面要做好信息公开并保证事件处理的透明化，给予民众完整与清晰的正确信息；另一方面要在问题治理过程中向民众多做解释，进而引导民众自发宣传，形成集群行为治理的正向反馈。

第五章

局部完备信息下的集群行为演化逻辑

结合第三章所提出的集群行为演化的逻辑框架以及总体分析框架，本章在第四章探讨的基础上把波利亚社会影响传播模型的传播机制拓展到局部完备信息传播机制的研究中，形成局部完备信息下的集群行为演化分析框架，构建出波利亚复杂网络传播模型，并结合计算机模拟参数与 2013 年深圳市坪山新区农民工调查数据，总结集群行为的演化路径会呈现的新特征。最后，本章将依据研究发现提出有关政策启示。

第一节　研究设计

一　研究目标

局部信息接收机制与全局信息接收机制大有不同，但局部信息接收方式是全局信息接收方式的一般化形式，全局传递是局部传递的特殊情况；全局信息接收机制只针对密度为 1 的网络结构（全连接网络）进行信息收集，而局部信息接收机制则包含了在任一密度网络中的传递行为。本章将在第四章的研究基础上，结合第三章的总体分析框架，构建出局部完备信息下的集群行为演化分析框架。由于波利亚社会影响传播模型不能识别局部信息结构，无法应用于基于局部信息接收机制的集群行为演化研究，因而本章将结合网络拓扑结构，构建出波利亚复杂网络传播模型，用以探讨全局信息与局部信息的区别，以及网络拓扑结构如何对集群行为发生过程中的社会影响机制产生影响，通过计算机生成的模拟参数与农民工个体属性和关系属性数据的仿真开展研究，并基于发现给出政策启示。本章研究目标如下。

第一，构建局部完备信息下的集群行为演化分析框架。

第二，构建适用于局部完备信息下集群行为演化分析框架的波利亚复杂网络传播模型。

第三，结合计算机模拟参数与农民工实际调研数据进行仿真实验，探索局部完备信息下集群行为演化机制。

二　研究框架

局部完备信息下的集群行为是指个体在群体之中只能收集到来自社会网络中直接联系个体的信息，并依据这些信息为自身的行为决策做出考量，进而形成偏离正常认知与社会价值的群体共同性行为。这类集群行为主要涉及局部传播的网络舆情事件，例如，以转发微博、微信或转帖的形式进行谣言传播，或者是部分线下的人群聚集行为，如灾难中人群的恐慌行为（这种情况下的网络可理解为空间上的邻居关系，即晶格网络），抑或是由线上、线下行为交互作用形成的群体性事件，如依靠朋友圈转发来煽动群众参与非法游行的行为。在"新常态"的社会背景下，线上、线下的群体性事件频繁发生，人们通信手段的网络化、智能化以及微信、微博等平台的普及化，加强了群体性事件线上-线下的联动作用。以微信为例，一方面，朋友圈的私密性增加了一定的安全感，在一定意义上可以增强人们分享与传播信息的动力，加之操作的简便性，可以提升群体动员效率；另一方面，由于微信社群与现实小团体较为相似，增加了线上操作与线下行动相互促进的可能性，进而增加了群体性事件发生的风险。相比全局完备信息的传播模式，集群行为在局部完备信息机制下的行为传递更为普遍和一般。个体接收到集群行为信息的来源大多是人际互动网络中直接联系的个体，这也是大多数传统的基于社会网络视角研究集群行为的研究关注的主流模式。[①] 特别是对于农民工这一集群行为高风险

---

① Du, H., He, X., Wang, J., et al. Reversing structural balance in signed networks ［J］. Physica A, 2018, 503: 780-792.

群体，他们通常通过基于血缘与地缘的社会关系获取信息，[①] 而基于自身网络传递某行为信息也是这一群体集群行为参与的主流模式。[②]

本章研究分析框架参见图 5-1。与第四章内容相比，局部信息接收机制增加了网络元素，而网络的拓扑结构和关系疏密程度是社会网络分析最重要的指标，因而本章在社会影响的机制探讨中着重关注了网络密度与网络拓扑结构对于集群行为演化的作用机制。从网络密度角度来看，由密度为 1 的全连接网络向密度小于 1 的非全连接网络的转变对应全局信息向局部信息接收机制的转变，网络密度成为两种机制相互转变的关键指标。在拓扑结构的探讨中，本章将选取随机网络、规则网络与无标度网络三类最经典的网络，用以分析拓扑结构对集群行为信息传递的影响。在第四章构建的波利亚社会影响传播模型基础上，本章依据集群行为在网络中传递的特性，构建出波利亚复杂网络传播模型。由于纳入网络结构因素的概率公式理论推导太过复杂，本章仅依据仿真实验进行机制研究。其中，在一般机制探索中，采用计算机模拟集群行为参与偏好（意愿）并生成相应网络，探讨不同系统参数（如社会影响概率、网络密度、网络结构）下集群行为演化传播的一般规律；在农民工特殊群体机制探索中，结合农民工集群行为参与意愿与农民工实际网络，探讨局部完备信息下集群行为的演化轨迹。

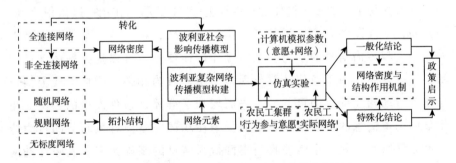

图 5-1 局部完备信息下的集群行为演化分析框架

① 李树茁，任义科，费尔德曼，杨绪松. 中国农民工的整体社会网络特征分析 [J]. 中国人口科学，2006，（3）：19-29.
② 龙宗智. 相对合理主义 [M]. 北京：中国政法大学出版社，1999.

第二节　演化模型设计

在传统波利亚模型中，整体系统被视作一个罐子，而参与互动的人员则以罐子中带有颜色的小球代表自身为系统提供的选择信息；而在局部信息接收机制中，个体并不能了解到系统的全部信息，进而进行决策。为了在模型中更好地反映局部信息，本章设定每个参与互动的个体均有一个罐子，罐子中的小球数等同于该个体社会网络上已参与决策的邻居的个数，而每个小球的颜色则对应着这些邻居所做出的行为选择。若该个体跟随他人影响，即在概率为 p 的社会影响下，该个体从自己的罐子中随机抽取一个小球作为自己的选择；若该个体遵从自身偏好，即在 $1-p$ 的概率下，该个体选取自身偏好所对应颜色的小球。无论是基于社会影响还是自身偏好所选择的小球，该颜色的小球将自动存放到未参与选择的每位邻居的罐子中用以表示信息的传递。为了记录整体集群行为选择的状况，系统将生成一个整体罐子，用以收集已参与互动人员所选择的小球。

该模型的具体演化过程如算法 5-1 所示。首先，输入系统必要的参数：n（最终参与个体数）、p（取值范围是 0~1 的社会影响概率）、Nc（颜色数量）、$q_{(s)}$（每个个体 s 的偏好）、x（初始已决策人数），并导入社会网络的邻接矩阵。其次，将系统初始化为一个罐子，罐子中每个颜色 i 的小球的数量为 I_i。接下来进入迭代，在每一时刻 t，若此时无人参与互动，则随机选择某个体作为第一个参与互动的人员，并将其偏好颜色的小球投入系统罐子中；若此时已有人参与互动，则从已参与互动的人员的社会网络邻居节点中随机抽选一个个体作为新参与互动的个体，并将该个体的邻居中已决策个体的选择存入该个体的罐子中，同时生成一个取值范围是 0~1 的随机数。如果该值小于 p，就意味着新参与互动的个体跟随他人影响，该个体将从自己的罐子中随机抽取一个小球作为自己的选择，同时再放入整体系统罐子中一个同样颜色的小球；如果该值大于等于 p，就意味着该个体选择遵从自身偏好，并在系统罐子中放入自身颜色偏好的小球作为自己最终的选择行为。该过程将持续进行，直到 n 个个体全部参与互动。最后，输出系统罐子中各颜色小球的数量，并计算参与集群行为（小球的某一颜色）的比例。当该模型中导入的网络为全连接网络时，该模型转化为全局完备信息下的波利亚社会影响传播模型。

算法 5-1　波利亚复杂网络传播模型

---

1. 输入：n（最终参与个体数），p（社会影响概率），Nc（颜色数量），q（个体偏好），x（初始已决策人数）

---

2. 导入网络邻接矩阵 A

---

3. 初始化：将 x 个已参与互动人员的选择 i 的字母按个数填入整体系统 Urn 中，并记录每个颜色的计数 $N_{(0)} = [I_1, I_2, \ldots, I_{N_c}]$

---

4. for $s = x+1$；$s \leqslant n$；$s++$

---

5. 从已参与互动的个体的邻居中随机抽选一个个体 l 作为新参与互动个体（若系统中无人参与决策，则随机选择某个体作为第一个参与互动的人员），并将 l 的邻居中已决策的人员的选择 i 的字母按个数填入 l 的接收系统 $Urn_{(l)}$ 中

---

6. 生成 0~1 随机数 m

---

7. if $m < p$

---

8. if $Urn_{(j)} = [\quad]$

---

9. 选择个体 l 的偏好颜色 $q_{(l)}$ 对应的 i

---

10. $N_{i(s)} = N_{i(s-1)} + 1$

---

11. $Urn = [Urn, i]$

---

12. else

---

13. 随机从 $Urn_{(l)}$ 中选择一球，该球颜色为 j

---

14. $N_{j(s)} = N_{j(s-1)} + 1$

---

15. $Urn = [Urn, j]$

---

16. end if

---

17. else

---

18. 选择个体 l 的偏好颜色 $q_{(l)}$ 对应的 i

---

19. $N_{i(s)} = N_{i(s-1)} + 1$

---

20. $Urn = [Urn, i]$

---

21. end if

---

22. end for

---

23. 输出：Urn 与 $N_{(n)}$

第三节　仿真实验

本章分别进行一般集群行为演化实验与农民工集群行为演化实验，采用 Python 语言对波利亚复杂网络传播模型进行编程，实验在 2.40 GHz CPU，4.00 GB 内存以及 Windows 10 的系统环境中运行。

一　一般化集群行为局部完备信息的演化

与第四章相似，为排除平均集群行为参与意愿水平的影响，设定 $q=0.5$。为探讨局部完备信息与全局完备信息在演化过程中的差异，本章引入网络密度参数（1、1/2、1/4、1/8、1/16）来调节从全连接网络到更加稀疏的非全连接网络的变化；为探讨网络结构对集群行为演化产生的影响，本章分别在同密度的随机网络、规则网络、无标度网络进行对比实验。由于在网络实验中计算复杂度有所增加，为节省计算时间，并同时反映大部分真实社会网络的情形，本章采用的计算机网络的规模均设定为 200，即只有 200 人参与互动，每个参数下的实验将运行 10000 次。

图 5-2 给出了局部完备信息传播机制下初始无人参与状态的演化结果。可以看出，无论社会影响概率如何变化，最终集群行为参与比例的均值始终围绕在 0.5 的水平，即独立世界本身的偏好价值；但随着社会影响概率的提升，最终计算结果的标准误有所提升，说明社会影响的程度越大，将有越大的可能使得行为演化的结果偏离世界本身的价值偏好，进而引发大规模群体性事件。此外，从集群行为参与比例的均值水平来看，网络密度与网络结构并不会对结果造成影响，说明全局与局部信息接收机制，以及局部信息接收机制下不同的网络结构在集群行为的演化路径上具有相似的特征。该结果表明，基于 Music Lab 实验总结出的社会影响机制在局部信息传递中同样适用，该结果对 Salganik 等人的实验结果做了非全连接网络上的验证。

为进一步探讨路径依赖问题，图 5-3 展示了对应于图 5-2 实验的不可预测性指标。三类典型网络的实验结果如下。

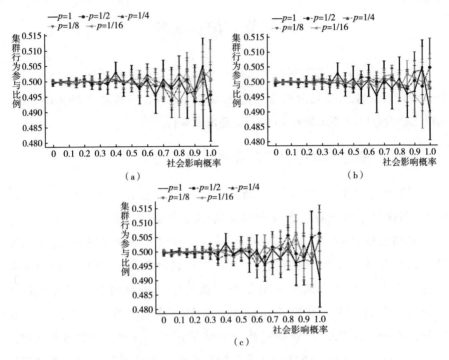

**图 5-2 局部完备信息传播机制下初始无人参与状态的
计算机演化的集群行为参与比例曲线**

说明：图中纵轴为迭代结束后具有集群行为参与意愿的比例，横轴为受到他人行为影响的概率；图中不同曲线是不同网络密度下 95% 置信区间的误差棒图曲线，迭代次数与网络规模相等，即 200 次，实验次数为 10000 次，平均集群行为参与意愿 $q = 0.5$；图（a）（b）（c）分别为随机网络、规则网络与无标度网络的演化结果。

集群行为演化的不可预测性会随着社会影响概率的提升而提升，说明在全局与局部完备信息的传播机制下，更高的社会影响程度会造成更高的路径依赖性。网络密度越大，会导致不可预测性越强；相反，在非完全影响世界中，关系越稀疏的网络越容易排除路径依赖性，并趋向于将演化方向向独立世界的水平引导。可能是个体在局部信息接收机制中接收的社会系统的信息有限，社会影响发挥的作用变小，而自身对于行为的价值偏好的比重有所增加，因而导致这样的结果。

无标度网络演化的不可预测性非常接近全连接网络演化的水平，在同等的社会影响程度下，要高于随机网络与规则网络演化的不可预测性水

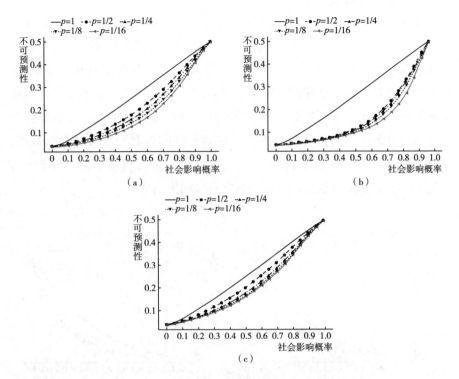

图 5-3 局部完备信息传播机制下初始无人参与状态的
计算机演化的不可预测性曲线

说明：图中纵轴为迭代结束后所有实验的平均不可预测性，横轴为受到他人行为影响
的概率；图中不同曲线是不同网络密度下的曲线，迭代次数与网络规模相等，即 200 次，
实验次数为 10000 次，平均集群行为参与意愿 $q=0.5$；图（a）（b）（c）分别为随机网络、
规则网络与无标度网络的演化结果。

平。无标度网络存在对群体有特殊影响的中心节点，这些节点在现实的社
会网络中往往是群体的意见领袖。该实验结果表明，意见领袖的存在对集
群行为的演化路径具有重要的影响，整个集群行为演化过程在很大程度上
依赖于这些意见领袖的参与行为。相比无标度网络与随机网络实验结果，
规则网络有排除演化路径依赖性的倾向。本书进而推测，网络度值的同质
性以及关系连接的有序性有利于增强过程的可预测性以及排除路径依赖
性。在许多工作单位中，正式组织结构与规则网络接近，因此在正式的工
作关系中行为的发生具有较强的可预测性，正式网络不容易引发具有路径

依赖特征的集群行为。

图 5-4 给出了局部完备信息传播机制下有个体发起行为状态时的演化结果。该结果与图 4-2 具有相似的特征，说明全局完备信息的演化机制结论在局部网络中依然成立。网络密度在集群行为的演化中存在一定影响，密度越大，社会影响的作用力越强，最终演化结果也就与初始参与行为比例越接近。对比三类网络的结果不难发现，无标度网络演化结果的集群行为参与比例最高，其次为随机网络，规则网络的集群行为参与比例最低，说明网络结构对于行为的传递具有一定影响，无标度网络中的核心节点对于他人，特别是度值较低的个体，具有极强的影响力。

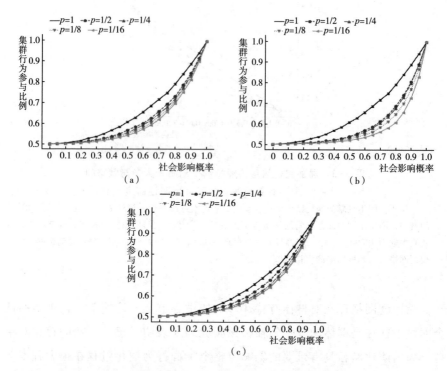

图 5-4 局部完备信息传播机制下有个体发起行为状态下的
计算机演化的集群行为参与比例曲线

说明：图中纵轴为迭代结束后具有集群行为参与意愿的比例，横轴为受到他人行为影响的概率；图中不同曲线是不同网络密度下 95% 置信区间的误差棒图曲线，迭代次数与网络规模相等，即 200 次，实验次数为 10000 次，平均集群行为参与意愿 $q = 0.5$；图（a）（b）（c）分别为随机网络、规则网络与无标度网络的演化结果。

图 5-5 展示了对应于图 5-4 实验的不可预测性结果，在有个体发起行为的状态下，集群行为演化的不可预测性会随着社会影响概率的提升呈倒 U 形分布，在不同社会影响概率下都存在一个最高的峰值，而对应于峰值的社会影响概率会随着网络密度的减小而增加，即密度越小，峰值对应的社会影响概率越大。当 $p=1$ 时，由于第一个成员选择了参与行为，在完全影响世界中，人们只会模仿他人的做法，因而最终所有人都会选择参与行为，此时的结果完全可以预测；而在 $p=0$ 时，由于本实验随机抽取 1 人作为第一个行为的参与者，那么剩下的 199 人都会在独立世界中做出自我偏好的选择，因而这 199 人也是完全可预测的。在已经有个体发起集群行为

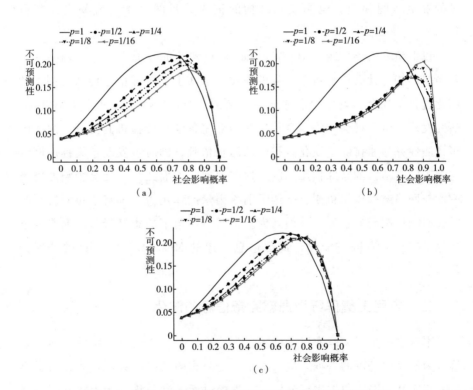

图 5-5 局部完备信息传播机制下有个体发起行为状态下的计算机演化的不可预测性曲线

说明：图中纵轴为迭代结束后所有实验的平均不可预测性，横轴为受到他人行为影响的概率；图中不同曲线是不同网络密度下的曲线，迭代次数与网络规模相等，即 200 次，实验次数为 10000 次，平均集群行为参与意愿 $q=0.5$；图（a）（b）（c）分别为随机网络、规则网络与无标度网络的演化结果。

的状态下，集群行为演化过程的路径依赖特征仅表现在介于独立世界与完全影响世界之间的世界中，这样的世界更接近现实世界的状态，解释了现实世界集群行为无法预测的事实。进一步分析网络密度影响可以看出，稀疏网络的社会影响作用力要比稠密网络的作用力更弱，因而在达到网络形成路径依赖的结构之前，就要求稀疏网络有更强的社会影响作用力来使个体依赖于前者形成的路径。从不同网络的结构视角来看，无标度网络演化结果与全连接网络演化结果最为相近，而规则网络传播过程的不确定性与全连接网络的传播过程存在较大差异，同时规则网络相比同等密度的其他网络需要更高的社会影响程度才能造成较强的不可预测性，且社会影响程度的发生区间很短，说明规则结构的正式关系网络不太容易引发集群行为。

以上仿真实验发现是对 Music Lab 经典实验的补充，探讨了网络密度与网络结构对社会影响机制产生的作用。事实上，局部信息传播机制下的演化过程是社会影响作用发挥的更广义的环境，在社会现实中更为常见。研究发现，基于社会网络信息传递的局部完备信息传播机制提升了演化的可预测性并加速排除了演化过程中的路径依赖，同时也发现了无标度网络与规则网络结构的特殊作用机制。这些发现一方面凸显了社会影响的网络密度与网络结构作用机制，强调了网络因素的作用力，丰富了集群行为的社会影响机制研究；另一方面则为复杂网络视角下的集群行为研究奠定了理论基础，也为进一步设计局部信息传递的 Music Lab 实验提供了理论依据。

二 农民工集群行为局部完备信息的演化

本章进一步以实际农民工群体作为仿真对象，探讨这一特殊群体在集群行为演化中呈现的特征。本章采用三个公司的农民工集群行为参与意愿以及相应社会网络数据进行分析，首先探讨无人参与集群行为状态下局部完备信息的演化，即随机抽选 1 人作为第一个参与者，若此人有集群行为参与意愿，则选择参与行为；若此人不具有参与意愿，则选择不参与。本实验的迭代次数上限设定为 ADS、YDSC、WH 公司的成员数量，分别为 165、70、193，即公司的所有成员都参与到了互动之中则演化结束，独立重复做 10000 次，并对结果进行统计分析。

图 5-6 给出了局部完备信息无人参与状态下的农民工集群行为演化结果，可以看出，该结果与图 4-4 以及图 5-2 展示的结果相似，即集群行为的平均参与比例始终围绕独立世界中农民工的参与意愿变动；而随着影响概率的增大，集群行为演化的标准误也在上升，说明在影响程度高的环境下，集群行为参与和不参与比例的差异有所增大，更多的人会依赖于前期演化的路径。本实验再一次证明，在无人参与集群行为的状态下，即平时状态下，更高的社会影响程度会导致更强的系统不可预测性，即具有更大的触发集群行为的潜在危机，验证了 Music Lab 的实验结论。

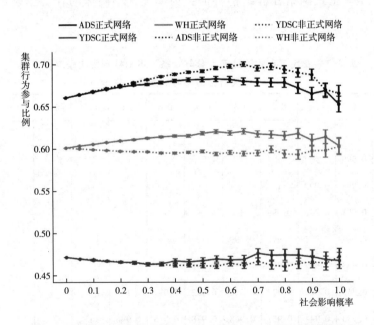

图 5-6 局部完备信息无人参与状态下的农民工集群行为演化结果

说明：图中纵轴为迭代结束后具有集群行为参与意愿的比例，横轴为受到他人行为感染的比例；图中不同曲线分别是 ADS、YDSC、WH 三个公司 95% 置信区间的误差棒图曲线，实线、虚线分别代表正式网络与非正式网络的演化结果。

本章在实验中将每个农民工的每次演化结果均保存了下来，若该次实验中，农民工选择参与行为，则该结果取值为 1；否则，取值为 0。通过计算出每个农民工在这 10000 次实验中的平均值，可以评价出该个体

在不同影响世界中平常状态下参与集群行为的可能性（也可以称其为一
种参与行为的风险系数），其是社会影响与个体价值判断共同作用的结
果。为进一步判断集群行为演化中社会影响机制到底在多大程度上左右
了演化结果，本章进一步计算了农民工在不同影响世界中参与风险的相
关性系数。如表5-1和表5-2所示，当社会影响概率超过0.8以后，个体
价值判断对集群行为参与的解释程度会迅速降低，该结果证明了Dellaposta
等人在《为何自由党人喝拿铁》一文中发表的重要结论，即社会影响导致
了观念的变化，以及抛开人际互动的传统实证研究存在一定局限。[①] 此外，
从两个网络的相关性系数来看，非正式网络导致的行为偏差更大，可能的
原因在于非正式网络社群结构特征更为明显，小团体的社会影响的比重
偏高。

表5-1　农民工正式网络无人参与状态下不同社会影响概率 p 下的
集群行为参与风险相关性分析

p	0	0.1	0.2	0.3	0.4	0.5	0.6	0.7	0.8	0.9	1
0	1										
0.1	0.999	1									
0.2	0.996	0.999	1								
0.3	0.991	0.996	0.999	1							
0.4	0.984	0.991	0.996	0.999	1						
0.5	0.973	0.982	0.989	0.995	0.998	1					
0.6	0.956	0.967	0.977	0.986	0.992	0.997	1				
0.7	0.930	0.944	0.957	0.968	0.978	0.988	0.996	1			
0.8	0.865	0.882	0.899	0.915	0.931	0.949	0.967	0.985	1		
0.9	0.692	0.713	0.735	0.759	0.782	0.812	0.847	0.887	0.952	1	
1	0.131	0.153	0.177	0.206	0.236	0.280	0.338	0.410	0.558	0.781	1

[①] Dellaposta, D., Shi, Y., Macy, M. Why do liberals drink lattes? [J]. American Journal of Sociology, 2015, 120 (5): 1473-1511.

表 5-2 农民工非正式网络无人参与状态下不同社会影响概率 p 下的
集群行为参与风险相关性分析

p	0	0.1	0.2	0.3	0.4	0.5	0.6	0.7	0.8	0.9	1
0	1										
0.1	0.998	1									
0.2	0.992	0.998	1								
0.3	0.981	0.991	0.998	1							
0.4	0.964	0.979	0.990	0.997	1						
0.5	0.943	0.961	0.977	0.989	0.997	1					
0.6	0.911	0.934	0.955	0.972	0.986	0.996	1				
0.7	0.869	0.896	0.921	0.943	0.964	0.981	0.994	1			
0.8	0.785	0.816	0.846	0.875	0.904	0.931	0.959	0.982	1		
0.9	0.612	0.644	0.677	0.712	0.750	0.788	0.834	0.884	0.953	1	
1	0.131	0.153	0.180	0.211	0.251	0.297	0.360	0.442	0.590	0.802	1

为对比农民工现实网络与带有特殊拓扑结构的计算机生成网络的演化结果，本书按照农民工正式网络与非正式网络的加权平均密度，构建出相同密度的随机网络、规则网络与无标度网络进行仿真实验，以下简称为随机正式网络（Random Formal Network）、规则正式网络（Regular Formal Network）、无标度正式网络（BA Scale-Free Formal Network）以及随机非正式网络（Random Informal Network）、规则非正式网络（Regular Informal Network）、无标度非正式网络（BA Scale-Free Informal Network）。这些计算机生成网络度值为200，实验中的个体平均参与意愿设定为0.603，与农民工的集群行为参与意愿平均值保持一致。图5-7展示了局部完备信息机制下无人参与状态的农民工现实网络与计算机生成网络的比较结果，发现在介于独立世界与完全影响世界之间的世界中，农民工现实网络演化的集群行为参与比例要高于三类计算机生成网络的演化比例，说明农民工网络蕴含着更高的集群行为传播风险。

图5-8给出了局部完备信息下有个体发起状态的农民工集群行为演化结果，与图4-6结果相似，当社会影响概率较小时，系统倾向于向独立世

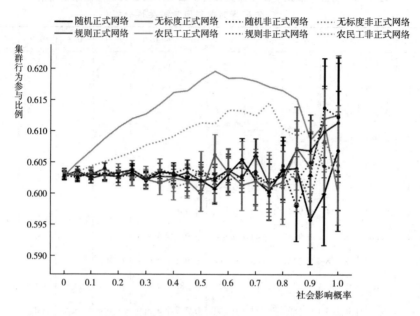

图 5-7　局部完备信息机制下无人参与状态的农民工现实网络
与计算机生成网络比较结果

说明：图中纵轴为迭代结束后具有集群行为参与意愿的比例，横轴为受到他人行为影
响的概率；图中不同曲线分别是随机网络、规则网络、无标度网络 95% 置信区间的误差棒
图曲线，颜色最浅的曲线代表三个公司农民工演化参与的加权平均值，实线、虚线分别代
表对应正式网络与非正式网络密度的现实网络与生成网络的演化结果。

界的水平演化；而随着社会影响概率的提升，集群行为的参与比例呈非线
性的模式增长。相比非正式网络的演化效果，农民工在正式网络演化的参
与行为的比例更高。本章在一般机制的探讨中曾指出，具有规则结构的正
式网络不容易促成集群行为，而此处的农民工正式网络演化的参与比例更
高，一方面是因为本书的农民工正式网络密度更高，增加了集群行为传递
的路径；另一方面是因为农民工正式网络并不具有规则网络结构。从
表 5-3 与表 5-4 的农民工正式网络与非正式网络的不同世界的参与风险相
关性对比可知，非正式网络导致的行为与独立世界行为相比偏差更大，说
明非正式网络的社会影响作用力更强。综合两结果来看，尽管非正式网络
的社会影响的比重偏高，但在非正式网络中不参与集群行为的成员同样发
挥着较强的作用，因而正式网络的集群行为参与比例更高。

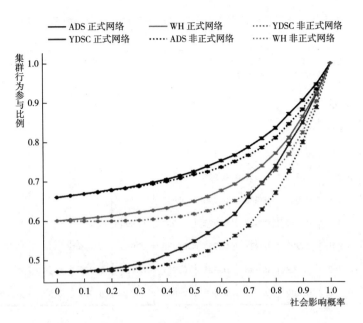

图 5-8　局部完备信息下有个体发起状态的农民工集群行为演化结果

说明：图中纵轴为迭代结束后具有集群行为参与意愿的比例，横轴为受到他人行为影响的概率；图中不同的曲线分别是 ADS、YDSC、WH 三个公司 95％置信区间的误差棒图曲线，实线、虚线分别代表正式网络与非正式网络的演化结果。

表 5-3　正式网络有个体发起状态下不同社会影响概率 p 下的
集群行为参与风险相关性分析

p	0	0.1	0.2	0.3	0.4	0.5	0.6	0.7	0.8	0.9
0	1									
0.1	0.999	1								
0.2	0.996	0.999	1							
0.3	0.992	0.996	0.999	1						
0.4	0.986	0.992	0.996	0.999	1					
0.5	0.977	0.985	0.991	0.996	0.999	1				
0.6	0.966	0.976	0.984	0.990	0.995	0.999	1			
0.7	0.954	0.965	0.974	0.982	0.989	0.994	0.998	1		
0.8	0.932	0.944	0.956	0.966	0.975	0.984	0.991	0.996	1	
0.9	0.903	0.917	0.930	0.941	0.954	0.965	0.976	0.986	0.994	1

表 5-4　非正式网络有个体发起状态下不同社会影响概率 p 下的
集群行为参与风险相关性分析

p	0	0.1	0.2	0.3	0.4	0.5	0.6	0.7	0.8	0.9
0	1									
0.1	0.998	1								
0.2	0.992	0.998	1							
0.3	0.981	0.991	0.998	1						
0.4	0.966	0.980	0.991	0.998	1					
0.5	0.945	0.963	0.978	0.990	0.997	1				
0.6	0.917	0.939	0.958	0.975	0.987	0.996	1			
0.7	0.881	0.907	0.931	0.952	0.970	0.985	0.996	1		
0.8	0.840	0.869	0.896	0.921	0.944	0.965	0.983	0.994	1	
0.9	0.778	0.809	0.839	0.869	0.896	0.925	0.951	0.972	0.989	1

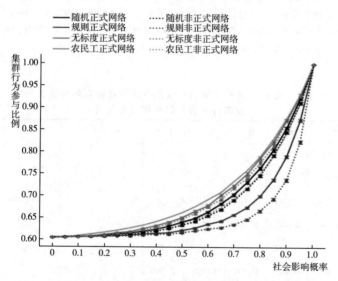

图 5-9　局部完备信息下有个体发起状态的农民工现实网络
与计算机生成网络比较结果

　　说明：图中纵轴为迭代结束后具有集群行为参与意愿的比例，横轴为受到他人行为
影响的概率；图中不同曲线分别是随机网络、规则网络、无标度网络 95% 置信区间的误
差棒图曲线，颜色最浅的曲线代表三个公司农民工演化参与的加权平均值，实线、虚线
分别代表对应正式网络与非正式网络密度的现实网络与生成网络的演化结果。

从现实网络与对应的计算机生成网络对比来看，基于农民工正式网络演化的集群行为参与比例最高，其次为无标度正式网络与非正式网络，再次为随机正式网络与非正式网络以及农民工的非正式网络，集群行为在规则正式网络与非正式网络的传递比例最低。可以看出，在有个体发起状态下，集群行为信息在农民工正式网络的传递效率与无标度网络的传递效率近似，原因在于有个别处在特殊位置的农民工就像无标度网络中的中心点一样对他人具有较强的影响；而农民工的非正式网络较为分散，尽管社群结构特征较为明显，但节点度值的同质性较强，集群行为信息的传递效率也基本与随机网络的传递效率无异。

第四节　小结与政策启示

一　小结

本章结合第三章的集群行为演化总体分析框架，在第四章的基础上构建了局部完备信息下的集群行为演化分析框架，将适用于全局信息接收机制的波利亚社会影响传播模型拓展为波利亚复杂网络传播模型，研究得到以下结论。

在局部完备信息一般机制的探讨中，本章发现，在初始无人参与状态下，集群行为参与比例的均值围绕在独立世界本身的偏好价值水平上，不随社会影响程度的变化而变化；但社会影响概率的提升会提升集群行为计算结果的标准误，即有更大可能性使行为演化的结果偏离世界本身的价值偏好，进而引发大规模群体性事件。通过对仿真实验的不可预测性计算发现，局部与全局完备信息机制的作用效果相似，更高的社会影响程度会造成更强的路径依赖，但局部信息接收机制，特别是较为稀疏的网络，更加有利于提升可预测性以及排除路径依赖。相比随机网络与规则网络，无标度网络由于存在对其他节点具有特殊影响的中心节点，容易造成更强的路径依赖。此结果说明了社会网络中的意见领袖对于整体系统的演化存在较强的作用力，这些人员的参与与否会极大影响集群行为的演化及其结果。规则网络演化的路径依赖最弱，反映了具有规则结构的正式网络中行为的发生具有较强的可预测性，且不容易引发具有路径依赖特征的集群行为。在有个体发起行为状态时，网络密度越大，集群行为在演化中传递的效率越高；无标度网络的节点度值的异质性导致了集群行为发生的可能性更大。此外，集群行为演化不可预测性的峰值介于独立世界与完全影响世界之间；由于网络的关系数量可以增加信息传递的路径，网络密度的降低会减弱社会影响的效果，因而在达到网络形成路径依赖的结构之前，就要求稀疏网络有更大的社会影响程度来使个体依赖于前者形成的路径。以上结论是对 Music Lab 实验的进一步解释与补充，验证了 Salganik 等人所提出的社会影响机制同样适用于基于局部信息传递的路径，弥补了 Music Lab 实验未探讨网络因素的缺陷。

在针对农民工群体的研究中，本章进一步验证了一般机制研究得出的结论。在无人参与集群行为的状态下，更高的社会影响程度会使农民工具有更大的触发集群行为的潜在危机。通过计算农民工在不同影响世界中参与风险的相关性系数，发现了当社会影响概率超过 0.8 以后，独立世界中的集群行为参与意愿对于最终演化结果的解释程度会迅速降低，验证了 Dellaposta 等人的"社会影响导致观念变化"的理论。[①] 在与具有特殊结构的计算机生成网络的对比研究中发现，农民工真实网络蕴含着更高的集群行为传播风险。此外，在有个体发起集群行为的状态下，农民工在正式网络演化中参与行为的比例更高，基于农民工正式网络的集群行为演化与在无标度网络上的演化有相似特征，原因在于农民工正式网络中有个别处在关键位置的农民工就像无标度网络中的中心节点一样对他人具有较强的影响；而基于农民工非正式网络的集群行为演化与随机网络的演化具有一定相似性。农民工的特殊身份与社会网络属性使得农民工集群行为的爆发势能更强于一般机制所产生的，因而在未来集群行为理论的本土化修正之中应专门对农民工个体与网络的匹配属性进行综合考量，形成从属性到结构的系统整合理论。

---

① Dellaposta, D., Shi, Y., Macy, M. Why do liberals drink lattes? [J]. American Journal of Sociology, 2015, 120（5）：1473-1511.

　　总体来讲，局部完备信息传播机制下的集群行为演化大部分与全局完备信息传播机制下的演化特征类似，只是网络密度的降低，导致了社会影响作用力有所减弱，但这有利于排除演化路径依赖，加速了影响世界中的行为向独立世界的价值取向演化。从网络结构来讲，无标度网络的"富人俱乐部"与"马太效应"等特征在一定程度上提升了集群行为演化中的社会影响作用力与不可预测性，对于具有无标度特征的现实社会网络应格外注意。在实践中，这些发现为局部信息传递的群体性事件的分析提供了指引。以"广东河源电厂事件"为例，个别网民利用微信朋友圈转发的形式传播虚假信息，并煽动群众参与非法游行，严重扰乱了公共秩序。这一事件的聚集过程与上述逻辑较为相似，局部信息的传递加速了事件的发展，而事件造谣人员作为网络中的中心节点在被依法惩处后，事件迅速平息。结合实践与仿真结果可以发现，对社会网络中的关键人物进行合理引导与控制，有助于集群行为的有效干预。

二　政策启示

　　本章所探讨的社会信息在传递中并不透明，只能依赖于社会网络的邻居节点进行传递，与小规模线上舆情事件、线下小规模空间聚众行为以及同时包含线上、线下行为的小规模群体性事件具有内在的契合性。社会网络结构在局部完备信息下的集群行为演化中发挥着重要的作用，尤其是具有意见领袖的网络结构可以更快地传送信息，增加集群行为发生风险。对于农民工群体，农民工社会网络存在一定的无标度特性，因而在集群行为的爆发上存在更高的风险，应特别注意农民工网络的意见领袖，他们对于集群行为的整体发展可能起着关键性作用。基于此，本章有以下政策启示。

　　第一，政府部门应更加重视集群行为发生的人际关系网络结构，尤其是对于农民工群体性事件的治理，可以借助大数据技术对参与人群进行社会互动的关系数据采集，并对其进行科学分析，准确把握集群行为参与人群的社会网络结构特征，这可以为集群行为的干预提供科学依据。企业管理者，特别是农民工企业管理者，在平时应注重员工关系数据的采集，加强与其的沟通，充分了解员工之间的情感关系，并通过工作岗位的合理设置，对员工内部的互动关系（社会网络）结构进行干预和合理调整，尽量减少"小集体""小圈子"等社群结构现象或是群体对峙的结构平衡现象，这不仅可以有效提升企业运行效率，还可以减少员工之间的可能冲突。[①]

第二，要充分识别社会网络人群的意见领袖，他们在集群行为的发起、蔓延、消散等各个过程中都起着重要的作用。政府与相关管理部门在集群行为的发展过程中应与人群的意见领袖进行有效沟通与协作，充分发挥意见领袖的作用，对集群行为发表理性的意见，合理引导人群理性思考。关于意见领袖的识别，已有研究较多关注线上群体的领袖，如相关领域的专家、学者或是网络微博大 V 等；而事实上，对于线下人群的意见领袖，政府与相关管理部门应同样重视并能做出准确判断，对其进行监督引导。

第三，对于农民工这样一个集群行为高危人群，其情绪宣泄渠道主要来自自身的社会网络。因此，畅通纵向的利益表达渠道以及建立健全以政府为主导的维权体系具有重要意义。各级政府要构建合法维权的便捷通道，使公民的利益诉求有规可循、有法可依。对于农民工这样的弱势群体，应设置专门的利益表达通道，加大调解力度。同时，应进一步加强工会组织以及非政府组织的建设，充分发挥这些组织的调解优势以妥善解决农民工利益受损与权利侵害问题，从而形成以政府为主、多主体协同的农民工集群行为干预和治理体系。此外，要进一步完善用工单位的监管制度，避免出现拖欠农民工工资的现象，同时也要完善农民工个人和集体的劳动争议仲裁制度，形成对农民工权益保障的网络化管理。

---

① Du, H., He, X., Wang, J., et al. Reversing structural balance in signed networks [J]. Physica A, 2018, 503: 780-792.

第六章

全局不完备信息下的集群行为演化逻辑

本章结合第三章的集群行为总体分析框架，提出全局不完备信息传播机制下的集群行为演化分析框架，构建波利亚阈值传播模型，并给出阈值机制的数学推演；结合计算机模拟参数与2013年深圳市坪山新区的农民工调查数据，探讨在全局不完备信息传播机制下集群行为的演化特征及其与完备信息传播机制演化特征的差别，并结合研究发现给出政策启示。

第一节　研究总体设计

一　研究目标

不完备信息处理机制是非理性集群行为在信息传播中的另一重要机制，无论在形式上还是在社会机理上都与完备信息的处理机制有较大差异，因而整体的演化过程也会呈现不同的特征。本章首先讨论全局信息接收机制的情况，依据第三章集群行为的总体分析框架，针对阈值型处理机制，构建全局不完备信息传播机制下的集群行为演化分析框架；然后以第四章提出的波利亚社会影响传播模型作为基础，提出带有阈值型处理机制的波利亚阈值传播模型，用以分析阈值机制在集群行为演化中所发挥的作用；进而结合计算机模拟参数与农民工集群行为参与意愿和参与阈值数据的仿真开展机制性探讨，并最终结合研究发现给出政策启示。本章研究目标如下。

第一，构建全局不完备信息下的集群行为演化分析框架。

第二，以广义阈值模型作为参考，结合波利亚社会影响传播模型的构造基础，构建适用于全局不完备信息传播机制下的波利亚阈值传播模型。

第三，结合公式推演与仿真实验，探索全局不完备信息下集群行为的社会影响机制。

二 研究框架

全局不完备信息下的集群行为是指个体在一定的群体空间内可以收集到全部已参与互动者的参与信息，但该信息较为模糊，以至于只能通过与自身的参与阈值对比来为自身的行为决策做出考量，进而形成偏离人们认知与社会价值的群体共同性行为。这类集群行为主要涉及人群规模适中的聚集行为，从常理来讲，在现实世界中集群行为传递的不完备信息相比完备信息更为常见，例如，对于某政策或事件不满的游行、抗议等活动，或是由灾难引起的恐慌事件，抑或是"抢盐""抢口罩"这类的经济行为，人们在传递、扩散这些行为的过程中，很难摸清参与或不参与行为的具体人数，对于这些信息人们只能进行较为模糊的判断；即使在一些场合中可以收集到准确的信息，例如，人们可以看到网络信息的评论数字，但很多时候人们也不会仔细地去判断具体信息，而是在心里做出大致的判断，这同样是一种模糊处理的办法。对于这种不完备信息的模糊处理方式，Granovetter 在 1978 年就探讨了个体对群体信息的响应，即基于阈值的处理，[①] 这是一种降精准化的心理机制处理办法，即把可依据概率公式进行计算的精准数字处理为多数与少数，并根据自身心理对集体影响的阈值进行衡量，进而判断是否采取行动。社会影响与阈值完全是两个概念，社会影响机制衡量的是个体在多大程度上不是从自身意愿或价值判断出发来做出决策判断；而阈值机制衡量的是有多少参与个体以促使个体模仿他人的某项行为。因此，阈值机制可以被视为社会影响作用机制的细化，若个体基于自身偏好做出某项行为，则不需要利用阈值的心理比较机制来决策某行为，只有个体接受他人的社会影响之时，才有可能发挥阈值作用。因

---

① Granovetter, M. Threshold models of collective behavior [J]. American Journal of Sociology, 1978, 83 (6): 1420-1443.

此，只有把社会影响机制与阈值机制共同纳入集群行为演化的分析之中才可以完整解析不完备信息处理机制下的演化特征。本章讨论全局不完备信息下的集群行为演化逻辑，主要针对的是群体可以接收到全局信息，但不对信息进行精细化解析的情形。在网络通信技术日益发达的背景下，人们可以接收到网络的全局信息，但来不及将网络信息消化成精准的数字，只是将网络行为理解为多数或少数支持，进而与自身的心理阈值进行比较做出判断。

根据第四章全局完备信息下的集群行为演化分析框架，波利亚社会影响传播模型可以用于解析完备信息的连续型处理机制，但当人们接收到不完备信息时，对应的处理机制发生了变化，而该模型并不适用于新的处理机制，因此要根据新机制特征构建特有的演化模型（本章称之为波利亚阈值传播模型），用以探讨从众心理的阈值机制如何对集群行为的演化过程产生影响。为更好地分析理想状态下阈值机制如何通过人际互动中的社会影响作用于集群行为的演化，本章将对新构建的模型进行解析分析，探讨一般机制。在此基础上，本章将进一步进行仿真实验，在一般机制的分析时，采用计算机模拟出的集群行为参与意愿与集群行为参与阈值，探讨不同系统参数（包括社会影响概率、初始集群行为参与者比例、集群行为参与阈值）下集群行为演化传播的一般规律，探讨不完备信息与完备信息处理机制演化的区别；在农民工群体分析中，结合农民工集群行为参与意愿、集群行为参与阈值的数据，探讨无人参与的初始阶段以及有个体参与行为状态下集群行为的演化规律，重点探讨基于阈值的从众心理在演化中发挥的作用。图6-1给出了全局不完备信息下的集群行为演化分析框架。

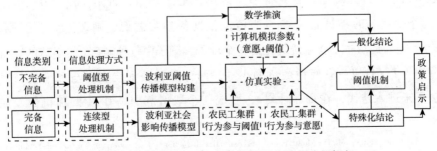

图6-1　全局不完备信息下的集群行为演化分析框架

第二节 演化模型设计与概率推算

Granovetter 的阈值模型可以较好地刻画个体的从众心理反应,[①] 但本书在第三章中指出这一模型一方面忽视了不参与行为的个体所发挥的作用，另一方面过度强调反复激活的特征，难以适用于短期的非理性集群行为演化研究，因而不能完全照搬该模型。根据第三章的总体分析框架，无论是针对完备信息的连续型处理机制，还是针对不完备信息的阈值型处理机制，人际互动中的社会影响均在集群行为演化中发挥着主导作用。因此，为探讨独立世界与影响世界行为演化的关系与区别，在构建本章模型时，仍需保留衡量社会影响大小的概率参数，即有一部分概率基于自我偏好来进行行为选择，而另一部分则是在社会影响的作用下完成决策。阈值机制是在社会影响下所发挥的更加细微的作用，即将接收的社会信息与自身阈值比较，若在已互动群体中参与行为比例超过该个体阈值，则该个体选择从众，即参与行为；若比例低于阈值，则该个体选择不参与集群行为。这一处理机制与 Granovetter 阈值模型保持一致，但需要指出的是在 Granovetter 阈值模型中只有参与行为和不参与行为两种状态，而本模型中个体存在三种状态，即还没有进入决策、不参与行为以及参与行为。正是因为这一处理，不参与行为个体与还没有进入决策的个体才能区别开来，进而使不参与行为个体所发挥的作用更能体现出来。

该模型的具体演化过程如下。首先输入系统必要的参数：n（最终参与个体数）、p（取值范围是 0~1 的社会影响概率）、$q_{(s)}$ [每个个体 s 的偏好，这里指集群行为意愿，若具备参与意愿，则 $q_{(s)} = 1$；否则，$q_{(s)} = 0$]、$T_{(s)}$ [每个个体 s 的集群行为参与阈值，若具备参与意愿，则 $T_{(s)} = 1$；否则，$T_{(s)} = 0$]。此后本书将系统类比为一个罐子，罐子中每种颜色 i 的小球的数量分别为 I_i（这里只有两种颜色的小球，两种颜色分别代表参与和不参与）。接下来进入迭代，在每一时刻 t，生成一个取值范围是 0~1 的随机数，如

① Granovetter, M. Threshold models of collective behavior [J]. American Journal of Sociology, 1978, 83（6）：1420–1443.

果该值小于 p，就意味着新参与互动个体跟随他人影响，该个体将罐子中
参与行为对应颜色的小球的比例与自身阈值进行对比，若参与比例超过自
身阈值，则该个体在罐子中放入一个参与行为对应颜色的小球，否则放入
一个对立颜色的小球；如果该值大于等于 p，就意味着该个体选择遵从自
身偏好，在罐子中放入自身颜色偏好的小球。该过程将持续重复进行直到
n 个个体全部参与互动。最后输出罐子中各颜色小球的数量，并计算参与
集群行为的比例。该模型演化过程的算法框架的伪代码如算法 6-1 所示。

算法 6-1 波利亚阈值传播模型

1. 输入：n（最终参与个体数），p（社会影响概率），q（个体偏好），T（集群行为参与阈值）

2. 初始化：将不参与行为 $i=0$ 与参与行为 $i=1$ 的数字按个数填入 Urn 中，并记录参与行为与不参与行为的计数 $N_{(0)}=[I_0, I_1]$

3. for $s=1$；$s \leqslant n$；s++

4. 生成 0~1 随机数 m

5. if $m<p$

6. if $Urn=[\ ]$

7. 选择个体 s 的偏好行为 $q_{(s)}$ 对应的 i

8. $N_{i(s)}=N_{i(s-1)}+1$

9. $Urn=[Urn, i]$

10. else

11. if $N_{1(s)} / [N_{1(s)}+N_{0(s)}] \geqslant T_{(s)}$

12. $N_{1(s)}=N_{1(s-1)}+1$

13. $Urn=[Urn, 1]$

14. else

15. $N_{0(s)}=N_{0(s-1)}+1$

16. $Urn=[Urn, 0]$

17. end if

18. end if

19. else

20. 选择个体 s 的偏好行为 $q_{(s)}$ 对应的 i

21. $N_{i(s)}=N_{i(s-1)}+1$

22. $Urn=[Urn, i]$

23. end if
24. end for
25. 输出：Urn 与 $N_{(n)}$

与第四章的波利亚社会影响传播模型的概率公式推演不同，阈值机制的存在使整体模型的不确定性增大，即使为每人设置同样的阈值，系统每一代参与行为的概率也无法进行推算。例如，当系统中有 1 人参与行为，有 1 人选择不参与行为，若将每人的阈值 T 设定为 0.5，将社会影响概率设定为 p，参与意愿设定为 q_A，那么此刻新的个体就有 $p+(1-p)\cdot q_A$ 的概率选择参与行为。若该个体选择参与行为，那么在下一时刻，新的个体选择参与的概率则为 $p+(1-p)\cdot q_A$；但若该个体选择不参与行为，那么在下一时刻，新的个体选择参与的概率则为 $(1-p)\cdot q_A$，概率计算方式发生了变化，而这种概率计算方式的变化在演化分析中很难解析表达。此时，只有一种特殊情况可以进行解析分析，就是参与行为的人数与不参与行为的人数差异很大，以至于新个体的决策已不能改变当前的系统趋势。在此情况下，若在 $t=n-1$ 时刻下集群行为的参与比例 $M_{A(n-1)} \geqslant T$，下一个加入互动的成员参与集群行为的概率为 $P_{A(n)}=p+(1-p)\cdot q_A$，而此时的参与行为比例的期望值 $E[M_{A(n)}]$ 同样符合公式 4-4 的逻辑。此时将 $P_{A(n)}$ 代入公式 4-4 中，参与行为比例的期望值将可以通过递推公式 6-1 表示。

$$E[M_{A(n)}]=(1-\frac{1}{n+B})\cdot M_{A(n-1)}+\frac{p+(1-p)\cdot q_A}{n+B} \tag{6-1}$$

当加入互动的个体数量达到正无穷时，$\lim\limits_{n\to\infty}E[M_{A(n)}]=M_{A(n-1)}$，说明系统收敛，即参与行为比例将达到收敛状态，此时令 $M_{A(n)}=M_{A(n-1)}$，可得出 $\frac{M_{A(n)}}{n+B}=\frac{p+(1-p)\cdot q_A}{n+B}$，说明集群行为参与比例会收敛到 $p+(1-p)\cdot q_A$ 的水平。

若在 $t=n-1$ 时刻下集群行为参与比例 $M_{A(n)}<T$，那么下一个加入互动的成员参与集群行为的概率为 $P_{A(n)}=(1-p)\cdot q_A$，此时将 $P_{A(n)}$ 代入公式 4-4 中，参与行为比例的期望值将可以通过递推公式 6-2 表示。

$$E\left[M_{A(n)}\right]=\left(1-\frac{1}{n+B}\right)\cdot M_{A(n-1)}+\frac{(1-p)\cdot q_A}{n+B} \qquad (6-2)$$

当加入互动的个体数量达到正无穷时，$\lim\limits_{n\to\infty}E\left[M_{A(n)}\right]=M_{A(n-1)}$，说明系统仍然会收敛，此时令 $M_{A(n)}=M_{A(n-1)}$，可得出集群行为参与比例会收敛到 $(1-p)\cdot q_A$ 水平的结论。

从以上的公式推导可以看出，不完备信息的处理机制并不能使社会系统收敛到个体本身的偏好价值水平，即不能像完备信息的处理机制那样，随着时间的推移，将集群行为逐渐导向到行为累和的状态。该模型是对传统阈值模型的改进，将传播机制以波利亚模型的传导方式进行传递，进而可以探讨社会影响在阈值影响下的作用机制。

第三节　仿真实验

本章采用 Python 语言对波利亚阈值传播模型进行编程，实验在 2.40 GHz CPU，4.00 GB 内存以及 Windows 10 的系统环境中运行。

一　一般集群行为全局不完备信息的演化

为了更好地对比不完备与完备两种处理机制在演化中发挥作用的差异，本章设定的仿真参数与第四章相应实验基本一致。假定个体平均集群行为参与意愿为 0.5，用以固定独立世界中的偏好效应。同时，在设定集群行为的初始化参与状态上，选取 10 个个体作为还没有进入决策的人员，并利用初始参与比例 I 作为调节参数。为了简化分析，排除个体阈值分布对集群行为造成的影响，本章在一般机制的探讨中假定每个个体具有相同的阈值 T，并通过调整 T 的大小来更好地分析阈值机制效用。此外，同样利用社会影响概率参数来调节独立世界与影响世界的差异。本实验的迭代次数上限设定为 1000 次，实验独立重复次数为 10000 次。

首先，为对比基于不完备与完备信息处理机制的演化结果差异，本章固定住阈值，将每个个体的阈值设定为 0.5，探讨不同初始集群行为参与比例下的演化结果。这一实验的设定与图 4-2 对应实验的设定基本一致。图 6-2 给出了全局不完备信息下不同初始集群行为参与比例的集群行为演化结果，与图 4-2 相比，基于阈值处理方式的演化特征与基于连续型处理方式的演化特征存在明显不同，除了 $I=0.4\sim0.6$ 的曲线，其余曲线基本随社会影响概率 p 的增大而呈线性变化，其中 $I\geqslant0.5$ 的曲线呈线性增长，并基本与 $p+(1-p)\cdot q_A$ 的水平接近，而 $I<0.5$ 的曲线呈线性降低，并基本与 $(1-p)\cdot q_A$ 的水平接近，验证了前述公式推导的结论。与基于完备信息处理机制的演化结果相比，本结果的线性变化与图 4-2 中曲线非线性变化的不同，说明阈值机制更容易加速系统的收敛，并使系统不太受参与互动人数或是时间的影响，但这仅限于初始参与比例与阈值存在较大差距的情形。同时，阈值机制也阻碍了社会系统的自我恢复功能，抑制了集群行为的自我消散。这一结果既是对传统阈值理论的验证，也是对 Music Lab 实验中社会存在马太效应现象的另一解释。

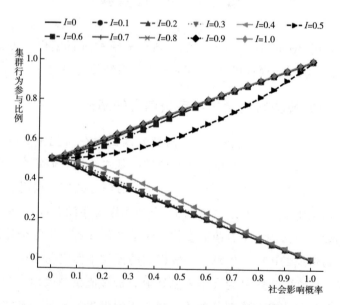

图 6-2　全局不完备信息下不同初始集群行为参与比例的计算机演化的集群行为参与比例曲线

说明：图中纵轴为迭代结束后具有集群行为参与意愿的比例，横轴为受到他人行为影响的概率；图中不同曲线是不同初始集群行为参与比例下 95% 置信区间的误差棒图曲线，迭代次数为 1000 次，实验次数为 10000 次，每个个体固定阈值为 $T=0.5$，平均集群行为参与意愿 $q=0.5$。

为进一步分析这一传播机制下演化过程的路径依赖，本章对以上的实验进行了不可预测性指标的计算，结果如图 6-3 所示。对于不同的初始参与比例 I，系统的不可预测性随社会影响程度增加的变化曲线呈倒 U 形。初始集群行为参与比例越接近阈值，系统不可预测性越强，且峰值对应的社会影响概率越大。在完备信息的传播机制中，社会影响概率越小，系统越接近独立世界，并倾向于将演化向独立世界导向，有利于排除路径依赖。而在不完备信息的传播机制中，当社会影响概率较小时，个体具有较大的概率遵从自身的偏好，并在演化时容易改变整体趋势，使集群行为参与比例容易超越阈值或被阈值超越，从而造成不可预测性增强；而在社会影响概率提升到一定程度之后，最初的集群行为参与趋势就容易被基于阈值机制的演化过程定型，因而更大的社会影响概率反而容易消除路径依赖。总体来讲，在不完备信息的传播机制中，集群行为参与比例与阈值形成的局势的稳定性对于集群行为的可预测性具有重要的影响，集群行为演化的

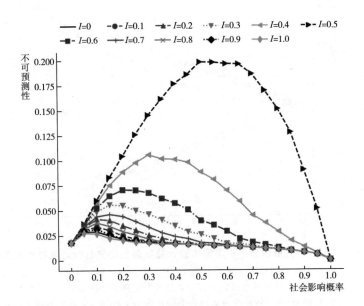

图 6-3 全局不完备信息下不同初始集群行为参与比例的计算机演化的不可预测性曲线

说明：图中纵轴为迭代结束后所有实验的平均不可预测性，横轴为受到他人行为影响的概率；图中不同曲线是不同初始集群行为参与比例下的曲线，迭代次数为 1000 次，实验次数为 10000 次，每个个体固定阈值为 $T=0.5$，平均集群行为参与意愿 $q=0.5$。

路径依赖的发生主要来自过程变动所导致的趋势的不稳定性；当阈值与初始集群行为参与比例十分接近时，系统演化的趋势最不稳定，后边参与互动的成员所进行的决策在很大程度上依赖于前期参与者形成的演化路径。

其次，本章进一步分析了阈值大小是否会对集群行为演化的社会影响作用机制产生影响。将集群行为初始比例设定为 $I=0.5$，以观察不同阈值水平下的演化结果。图 6-4 展示了这一实验的结果，可以看出，所有阈值大于 0.5 时的集群行为参与比例结果几乎重合，并随着社会影响概率的提升呈线性增长；而阈值小于 0.5 时的集群行为参与比例结果也几乎重合，并随着社会影响概率的提升呈线性降低。这一结果也进一步验证了图 6-2 所分析出的结果，即初始参与比例与阈值存在较大差距的情况下，系统会收敛到 $p+(1-p)\cdot q_A$（$I>T$）与（$1-p$）$\cdot q_A$（$I<T$）的水平上。

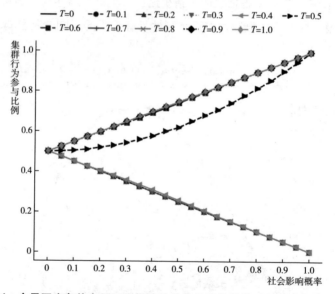

图 6-4 全局不完备信息下不同阈值的计算机演化的集群行为参与比例曲线

说明：图中纵轴为迭代结束后具有集群行为参与意愿的比例，横轴为受到他人行为影响的概率；图中不同曲线是不同阈值下 95% 置信区间的误差棒图曲线，迭代次数为 1000 次，实验次数为 10000 次，初始参与集群行为的比例为 $I=0.5$，平均集群行为参与意愿 $q=0.5$。

图 6-5 展示了不同阈值的计算机演化的不可预测性结果，对于 $T=0.4\sim0.6$ 的演化结果，系统的不可预测性随社会影响概率提升的变化曲线

呈倒 U 形；而其余 T 值对应实验的不可预测性结果重合。该结果与图 6-3 的机制相似，即当阈值与初始集群行为参与比例十分接近时，集群行为的参与趋势会发生变动，进而增强了集群行为演化的不可预测性与路径依赖。

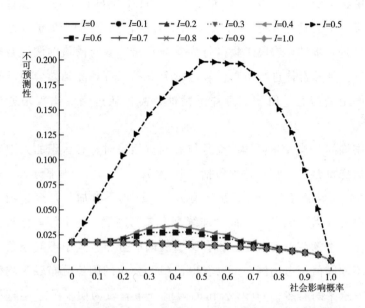

图 6-5　全局不完备信息下不同阈值的计算机演化的不可预测性曲线

说明：图中纵轴为迭代结束后所有实验的平均不可预测性，横轴为受到他人行为影响的概率；图中不同曲线是不同阈值下的曲线，迭代次数为 1000 次，实验次数为 10000 次，初始参与集群行为的比例为 $I=0.5$，平均集群行为参与意愿 $q=0.5$。

以上研究发现表明阈值可以左右社会影响机制的作用方向，是对 Granovetter 阈值模型[1]的进一步拓展。同时，以上研究也为 Salganik 等人强调的社会普遍存在的马太效应现象[2]提供了解释，认为阈值机制有可能会增强路径依赖，进而提升集群行为发生的风险。

① Granovetter, M. Threshold models of collective behavior [J]. American Journal of Sociology, 1978, 83 (6): 1420-1443.
② Salganik, M. J., Dodds, P. S., Watts, D. J. Experimental study of inequality and unpredictability in an artificial cultural market [J]. Science, 2006, 311 (5762): 854-856.

二 农民工集群行为全局不完备信息的演化

以上的一般机制探讨仅针对较为理想的状态，例如，每个人均被设定了相同的阈值，集群行为平均参与意愿也被设定为理想的 0.5 的状态。而在实际中，以农民工为例，不同公司的农民工集群行为参与意愿不尽相同，而且每个公司或单位内部农民工的集群行为参与阈值分布也不尽相同。本章进一步结合农民工集群行为参与意愿、参与阈值的调查数据，对农民工这一特殊群体进行仿真，假定每个农民工可观测到同公司已参与互动成员的全局信息，但该信息并不精准，需要通过阈值比较来进行行为决策。

本书询问"当发生群体冲突且与您利益相关时，您认识的人中有多少人参加后您也会参加？"，选项包括"1. 少数人""2. 一小部分""3. 大约一半""4. 一半以上""5. 几乎所有人""6. 均不参加"六个选项，并将所得数据处理为 [0, 1] 区间中连续型的参与阈值。为更好地分析仿真演化的结果，本章首先列出各公司农民工的阈值分布，其中不同颜色的条形图代表不同阈值所占比例。可以看出，ADS 公司的阈值分布较为均衡，阈值在 0.6 水平的居多；YDSC 公司的阈值分布有较为明显的单尾特征，大部分阈值较高，其中阈值为 1 的比例超过四成；WH 公司的分布也较为均匀，但阈值为 1 的比例较高，在四分之一左右。

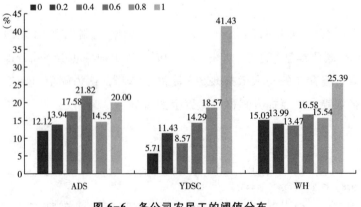

图 6-6 各公司农民工的阈值分布

本章首先探讨集群行为无人参与阶段下的演化结果，即随机抽选一人作为第一个参与者，若此人有集群行为参与意愿，则选择参与行为；若此人不具有参与意愿，则选择不参与行为。对于此后参与人际互动的成员，均按一般化的演化规则进行迭代，直到公司的所有成员都参与到了互动之中。本实验的迭代次数上限设定为 ADS、YDSC、WH 公司的成员数量，分别为 165、70、193，实验独立重复次数为 10000 次。

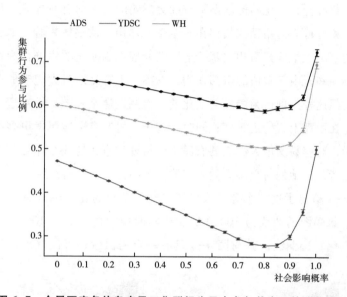

图 6-7 全局不完备信息农民工集群行为无人参与状态下的演化结果

说明：图中纵轴为迭代结束后具有集群行为参与意愿的比例，横轴为受到他人行为影响的概率；图中不同曲线分别是 ADS、YDSC、WH 三个公司 95% 置信区间的误差棒图曲线。

图 6-7 给出了全局不完备信息农民工集群行为无人参与状态下的演化结果，可以看出，在初始无任何人参与行为的状态下，当社会影响概率 $p < 0.8$ 时，各公司农民工参与集群行为比例的平均值随着社会影响程度的增大而单调递减；而在社会影响概率超过 0.8 时，各公司参与集群行为比例的平均值开始增加，并在 $p = 1$ 时达到最高值。这一结果完全不同于完备信息机制下的演化结果，对比图 4-4，该结果在非独立世界中并没有演化到独立世界的平均水平之中，即农民工的平均参与意愿；阈值机制使得同一批人在演化中形成了完全不同的效应。结合图 6-6 来看，农民工集群行为参与阈值普遍较高，每

个公司都有超过一半的农民工阈值在 0.5 以上，这就会导致当社会影响概率提升时，集群行为综合参与比例达不到农民工的阈值要求，使得有更少的人参与集群行为，遏制了行为的传递；而当社会影响概率极大时，特别是在完全影响世界中，虽然有一部分阈值等于 1 的人永远不会参与集群行为，但也存在一些阈值为 0 的人总会参与行为，而这些人的参与又会进一步带动更多人参与集群行为。从标准误来看，虽然标准误的变化相比均值的变化程度要小很多，集群行为演化的标准误随着社会影响的增大而有所提升，说明社会影响对于集群行为的路径依赖存在一定正向作用。从整体来看，基于阈值机制演化的农民工集群行为相比基于连续型处理机制演化的集群行为在参与规模上要小一些，由于阈值的阻挡作用，农民工不容易形成大规模的非理性集群行为。但这种集群行为爆发与演化的可预测性通常较差，针对这类集群行为的干预在治理上有一定难度；同时，基于该机制有可能爆发更多的小规模集群行为，对容易受他人影响的农民工应格外注意，这些个体虽不一定是行为的发起者，但他们对更多人卷入集群行为中会起到推动作用。

图 6-8 给出了这三个公司农民工参与集群行为比例随着时间变化的具体轨迹，每幅图的曲线为 10000 次随机实验中随机抽取的 100 次实验的参与比例变化轨迹曲线。其与图 4-5 具有一定相似性，可以看出，随着时间

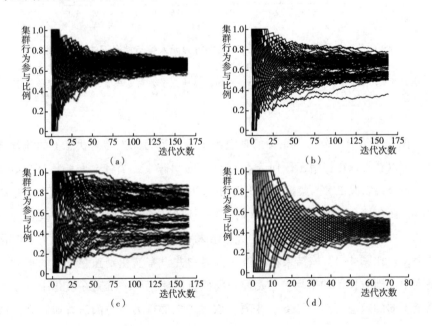

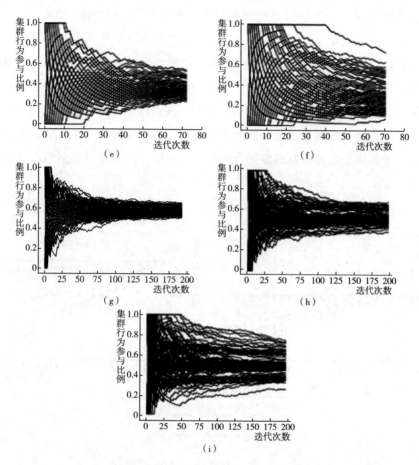

图 6-8 全局不完备信息农民工集群行为无人参与状态下的演化迭代结果

说明：图中纵轴为迭代结束后具有集群行为参与意愿的比例，横轴为迭代次数；图中（a）（b）（c）分别为 ADS 公司 $p=0.25$、$p=0.5$、$p=0.75$ 的迭代结果，（d）（e）（f）分别为 YDSC 公司 $p=0.25$、$p=0.5$、$p=0.75$ 的迭代结果，（g）（h）（i）分别为 WH 公司 $p=0.25$、$p=0.5$、$p=0.75$ 的迭代结果。

的推移，系统会朝向某一点收敛。结合图 6-7 的均值结果来看，系统的收敛方向要稍低于独立世界的平均参与意愿。此外，从收敛速度可以看出，社会影响程度越大，系统收敛速度越慢，这与完备信息接收机制的演化特征相似，但与本章的一般机制研究结论存在一定矛盾，即农民工实际人群的集群行为演化同样会受到时间或参与互动人数的影响。对于这一点的解释是真实世界中人群的个体属性特征分布更加复杂，使得总体集群行为参与比例与个体阈值的比较总会发生变化，因而不会形成快速收敛。

为更加深入地分析不完备信息与完备信息在演化中作用机制的差别，本章在模型中引入阈值机制概率来区分基于连续型处理机制与基于阈值机制的传播关系。若某生成的取值范围为 0~1 的随机数大于该概率，则系统遵从算法 4-1 的步骤运行，否则遵从算法 6-1 的步骤运行。图 6-9 给出了无人参与状态下完备信息机制与不完备信息机制的对比，可以看出，在完全影响世界中，基于阈值型处理机制的演化会进一步激发集群行为参与比例的提升；但

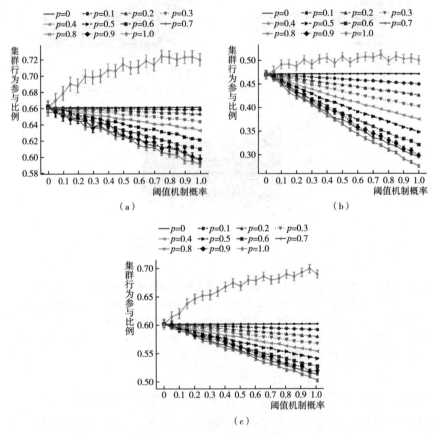

图 6-9 全局不完备信息农民工集群行为无人参与状态下不同阈值机制概率的演化结果

说明：图中纵轴为迭代结束后具有集群行为参与意愿的比例，横轴为基于阈值机制传播的概率；图中不同曲线是不同社会影响概率 p 值下 95% 置信区间的误差棒图曲线；(a)(b)(c) 分别为 ADS、YDSC、WH 三个公司的演化结果。

在一般影响世界中，基于阈值型处理机制的演化会降低集群行为参与比例。

为验证结论的稳健性，针对以上农民工集群行为的实验做进一步的规模扩充，探讨以上人群在扩充 10 倍后的演化情形。结果表明，当参与互动的人数变得更多时，前述的农民工集群行为特征更为明晰，结论稳健。扩充 10 倍后农民工全局不完备信息集群行为无人参与阶段的演化结果、具体演化迭代结果以及基于不同阈值机制概率的演化结果可参见本书附录 D 的图 1、图 2 与图 3。

本章进一步探讨当有一定人数参与集群行为时，集群行为演化具有何种特征。与第四章的实验设定一致，本章假定在公司成员参与群体互动之前，已有 10 人做出了选择，其中 9 人选择参与行为，1 人选择不参与行为。图 6-10 展示了农民工全局不完备信息集群行为在发生阶段的演化结果，可以看出，当社会影响概率较小时，系统的演化较为接近独立世界的参与意愿；而当社会影响概率增大时，系统逐渐偏离独立世界，但并不会像图 4-6 那样逐渐逼近初始集群行为参与比例。在图 6-10 中，三个公司的集群行为演化特征并不统一，ADS 公司的农民工集群行为参与比例随着社会影响概率的提升而略微提升，但远达不到初始集群行为参与比例；而 YDSC 公司的农民工参与集群行为比例会随着社会影响概率的提升而出现大幅度下降；WH 公司的农民工集群行为随社会影响概率的提升稍有小幅度下降。事实上，该仿真结果显示了个体阈值在集群行为演化中的重要性，结合图 6-6 可以看出，YDSC 公司农民工的阈值普遍较高，其中阈值为 1 的个体超过四成，这一部分人不管周边人有多少参与其中，都不会受到影响而卷入，因而即使初始集群行为参与比例很高，也并不能充分激活人们参与的热情；WH 公司农民工的阈值也较高，因而更大的社会影响概率反而不能让系统参与比例超过部分个体的阈值；ADS 公司的成员更为年轻化一些，其触发活跃性的阈值也较其他两个公司的农民工低一些，因而更大的社会影响概率进一步促使低阈值的个体参与行为，并进一步带动周边群体。农民工的阈值对于集群行为的爆发起到一定的防止与减缓的作用，阈值较高的农民工往往是阻止集群行为扩散的关键个体。这一点也在一定意义上说明了不完备信息机制下的农民工集群行为具有一定的路径依赖，若在集群行为发生阶段初期更多地向集群行为阈值较高的个体传递行为信息，则较容易制止大规模集群行为的爆发；若在初期更多地向阈值低的个体传递信息，则有可能导致更多的个体卷入集群行为的参与之中。

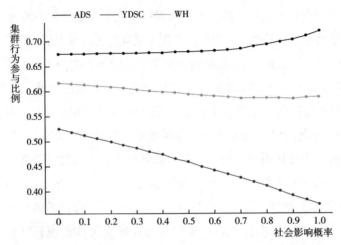

图6-10　全局不完备信息农民工集群行为发生阶段的演化结果

说明：图中纵轴为迭代结束后具有集群行为参与意愿的比例，横轴为受到他人行为影响的概率；图中不同曲线分别是ADS、YDSC、WH三个公司95%置信区间的误差棒图曲线。

图6-11描述了这三个公司农民工在发生阶段下参与集群行为比例随着时间变化的具体轨迹，可以发现，在不同的社会影响概率下，每个公司的农民工参与集群行为比例有向着某点集中收敛的趋势，但此时社会影响概率对于收敛速度的影响并不像上文那样明显。此结果可以证明社会影响程度的差异在集群行为演化中不会产生明显的路径依赖的差异，而农民工集群行为真正的不可预测性或演化过程的路径依赖来自群体参与比例与自身阈值构成的动态变换的比较趋势之中。

图6-12给出了农民工集群行为发生阶段中完备信息处理机制与不完备信息处理机制的对比结果，可以看出两种机制的调节概率对于最终集群行为的演化结果具有极大影响。随着阈值机制概率的提升，集群行为参与

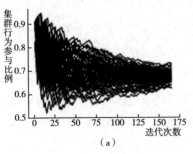

（a）

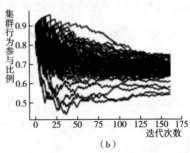

（b）

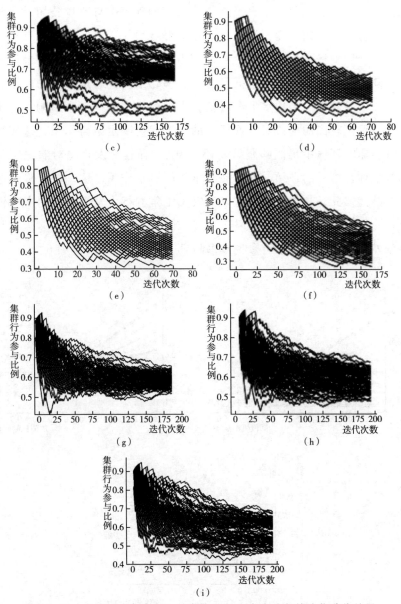

图 6-11 全局不完备农民工信息集群行为发生阶段的演化迭代结果

说明：图中纵轴为迭代结束后具有集群行为参与意愿的比例，横轴为迭代次数；图中（a）（b）（c）分别为 ADS 公司 $p=0.25$、$p=0.5$、$p=0.75$ 的迭代结果，（d）（e）（f）分别为 YDSC 公司 $p=0.25$、$p=0.5$、$p=0.75$ 的迭代结果，（g）（h）（i）分别为 WH 公司 $p=0.25$、$p=0.5$、$p=0.75$ 的迭代结果。

比例会有所下降。尤其对于农民工阈值偏高的 YDSC 与 WH 公司,当阈值机制概率提升到一定程度,社会影响对集群行为作用机制会发生反转,即更大的社会影响概率反而会减少集群行为参与人群的数量。本结果证明了农民工阈值在全局不完备信息下集群行为演化中发挥着最主要的作用,阈值的分布以及阈值的平均水平会对社会影响的作用机制产生影响。现实世界中,农民工较高的阈值对集群行为的发展起到一定阻碍作用,这使得他们在社会影响环境中仍能够坚持"不从众",而这一发现将对农民工集群行为或群体性事件的干预、缓解起到重要的启示作用,这一讨论将在本章第四节陈述。此外,本章同样对以上农民工集群行为发生阶段的实验做了规模扩充 10 倍的稳健性实验分析,实验结果表明上述结论在更多人参与互动后依然成立,具体结果可参见本书附录 D 的图 4、图 5 与图 6。

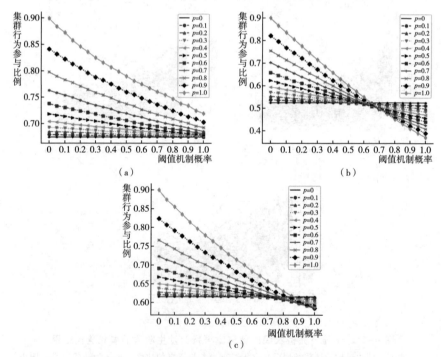

**图 6-12 全局不完备信息传播机制下农民工集群行为
发生阶段的不同阈值机制概率的演化结果**

说明:图中纵轴为迭代结束后具有集群行为参与意愿的比例,横轴为基于阈值机制传播的概率;图中不同曲线是不同社会影响概率下 95% 置信区间的误差棒图曲线;(a)(b)(c) 分别为 ADS、YDSC、WH 三个公司的演化结果。

第四节 小结与政策启示

一 小结

本章根据第三章的集群行为演化总体分析框架构建了全局不完备信息下的集群行为演化分析框架，并结合集群行为从众心理的阈值机制，在波利亚社会影响传播模型基础上做进一步的调整，形成适用于分析全局不完备信息机制的波利亚阈值传播模型。通过公式推导与仿真实验，得出以下结论。

基于阈值机制的集群行为演化过程不能像完备信息的处理机制那样使社会系统收敛到行为累和的状态。在所有个体阈值统一的理想状态下，当初始集群行为参与比例与阈值存在较大差距时，基于阈值机制的演化容易加快系统的收敛；而初始集群行为参与比例越接近阈值，系统不可预测性越强。事实上，在不完备信息的传播机制中，集群行为参与比例与阈值进行比较而形成的升高/降低趋势对于集群行为的演化过程具有重要的意义。当阈值与集群行为参与比例接近时，演化中新个体的参与互动都有可能给这种趋势带来变动，进而会造成整体演化的不稳定性。基于不完备信息传播机制的集群行为演化中的路径依赖也正是由这种不稳定性造成的。当阈值与集群行为参与比例差距较大时，在社会影响的作用下，二者的比较趋势会进一步固化，进而产生集群行为参与比例扩大到极高或缩小到极低程度的马太效应。这一点也可以用来解释 Salganik 等人在 Music Lab 实验中发现的群体不能演化到个体价值偏好水平的现象，[①] 即除了高社会影响概率以及有限的消散时间，阈值机制是集群行为产生的另一重要因素。

针对农民工这一特殊群体的研究发现，无论是初始无人参与阶段还是集群行为发生阶段，基于阈值机制演化的农民工集群行为相比基于连续型处理机制演化的集群行为在参与规模上要小一些，这是由于农民工的阈值

---

① Salganik, M. J., Dodds, P. S., Watts, D. J. Experimental study of inequality and unpredictability in an artificial cultural market [J]. Science, 2006, 311 (5762): 854-856.

对于集群行为的爆发起到一定的防止与减缓的作用，阈值较高的农民工往往是阻止集群行为爆发、扩散的关键个体。但是，这并不意味着阈值机制会降低农民工集群行为的参与风险，相反，这种集群行为爆发与演化的可预测性通常较差，路径依赖程度相比完备信息机制下的集群行为演化会有所提升，而产生这些结果的社会动力来自集群行为参与比例和个体阈值构成的动态变化的比较趋势。不同于一般机制下探讨的结论，现实中的农民工群体在阈值和参与意愿上具有不确定性，这就加大了农民工集群行为的治理难度。在集群行为治理的本土化过程中，对于农民工这一群体阈值的识别具有更加重要的意义。一方面可以找出阈值较高的个体作为事件的疏导者，在人群中充分发挥其疏散作用，另一方面则可以对集群行为的风险做出准确的判断，形成预警作用机制。

总体来看，在全局不完备信息下的集群行为演化中，阈值机制可能要比社会影响程度发挥的作用更大。阈值的分布以及阈值的平均水平会对社会影响的作用机制产生影响，不仅可以调整社会影响的作用力度，甚至可以改变社会影响的作用方向。较低的阈值可能会形成比完备机制下更大的集群行为参与规模，而较高的阈值则有可能对集群行为的发展起到一定阻碍作用，这使得他们在社会影响的作用下仍能够坚持"不从众"。

全局不完备信息下的集群行为与现实中的许多群体性事件都有内在的契合性。以"昆明民众与城管冲突事件"为例，在城管执法过程中，现场围观人员起哄"城管打死人了"，随后围观人群迅速聚集。在聚集的过程中，民众可大致观测到事件的整体场面，但参与和不参与围观的人员的具体数字较难把握清楚，当累积影响高于自身阈值时，人们便愿意参与到围观之中，进而形成人群聚集的行为。在整个群体性事件当中，首先阈值的高低决定了个体参与可能性的大小。由于人们对于城管角色的刻板印象，对城管执法的行为本身就较为敏感，因而人们的参与阈值较低，容易形成群体愤怒。在处置过程中，公安机关曾对集群行为参与人员进行多次劝导，但许多人仍拒绝离开，甚至有人向警方与城管人员投掷石块，掀翻警车。这一过程说明较低的阈值反而抑制了集群行为的消散。结合实践与实验结果可以发现，对于全局不完备信息下的集群行为需要重点关注人群的参与阈值，而集群行为消散的关键是充分利用阈值较高的个体，使其起到

集群行为的阻止以及理性行为的表率的作用，进而使参与比例逐渐降低至
阈值水平之下。

二　政策启示

阈值机制在不完备信息传播下的集群行为演化中起到关键性作用，正
如 Granovetter 在阈值模型的研究中发现阈值高低的调整可能会导致整体社
会系统发生瞬间相变，[①] 阈值甚至可以改变人际互动的作用力度与作用方
向。基于此，本章给出以下政策启示。

第一，进一步完善集群行为的预警机制，并在预警指标体系中纳入人
群阈值指标。"凡事预则立，不预则废"，做好事件的预判是集群行为管理
体系建设中的重点内容，建立和完善集群行为的预警机制，可以精确预判
集群行为的爆发与走向，从而有效预防恶性集群行为事件的发生。有效的
预警机制同时可以为制定更加科学化的集群行为管控预案提供基础。在具
体的预警指标体系设计中，应将社会安全环境因素纳入考量，对人们的不
公平感知、公民权意识、集群行为参与阈值进行更加细化的测评，充分把
握整体社会系统在集群行为发生方面的潜在势能。在预警体系的建设过程
中，也应该分人群进行测评，对于农民工这样的集群行为高危人群，应设
立专门预警体系，形成针对性更强的预警方案。

第二，政府与企业应重点关注具有普遍认同感或容易引发共鸣情绪的
事件，如城管问题、拆迁问题、邻避项目、农民工工资拖欠问题等，并做
好干预的准备，避免出现引发群体愤怒情绪或降低公民政府信任感的问
题。地方政府部门在出台某项敏感政策或实施重要项目之前应形成配套的
应急机制预案，并做好宣传与教育工作，积极引导群众理解并支持政府；
利用阈值机制扩大理性的一方，将可能出现的矛盾由"危"转"机"。一
旦以全局不完备信息集群行为为逻辑的事件爆发，政府部门应在第一时间
做好人群疏散工作。由于这类事件不具备自我消散功能，因而疏散工作的
强度要大，避免参与事件的人群规模扩大。同时要对当事人进行安抚，做

---

①　Granovetter, M. Threshold models of collective behavior ［J］. American Journal of Sociology, 1978, 83（6）: 1420-1443.

好争议调处工作，避免出现事件的二次爆发。

第三，不完备信息下集群行为的核心机制在于阈值，因而提升阈值是预防这类事件发生的最有力手段。政府与媒体应宣传社会责任意识，帮助公民树立正确的价值观，教导公民在公共场合对自己的言行负责。群体性事件中的非理性行为很多是由"法不责众"的意识造成的，因此应教导公民在碰到群体性事件时同样要谨记法律法规，不要为满足私欲以及因从众心理而制造或传播未经证实的虚假信息。提升集群行为参与者的阈值的另一手段是提高集群行为参与的违规成本，即进一步加强群体性事件以及相关舆论的监管，严惩以讹传讹之人。

第七章

局部不完备信息下的集群行为演化逻辑

依据第三章的集群行为演化的逻辑框架与总体分析框架，本章将把第四章探讨的社会影响机制、第五章探讨的复杂网络机制、第六章探讨的阈值机制有机融合，形成局部不完备信息下的集群行为演化分析框架。以第五章的波利亚复杂网络传播模型与第六章的波利亚阈值传播模型作为基础，构建出更加广义的波利亚复杂网络阈值传播模型，结合计算机模拟参数与 2013 年深圳市坪山新区的农民工调查数据，探讨在局部不完备信息下集群行为的演化特征，并进一步讨论与基于局部完备信息以及全局不完备信息传播机制的演化的区别。

第一节　研究总体设计

一　研究目标

局部不完备信息下的集群行为相对本书已讨论的集群行为类型来讲是更为一般化与普遍化的非理性集群行为。将阈值机制与复杂网络机制共同纳入集群行为演化分析框架，可以更细致地探讨两类机制在集群行为演化中的协同作用，使集群行为研究更具一般性，对于理论的推广与集群行为的治理都具有一定意义。本章依据第三章集群行为的总体分析框架，结合阈值机制与复杂网络机制，构建局部不完备信息传播机制下的集群行为演化分析框架。以第五章的波利亚复杂网络传播模型与第六章的波利亚阈值传播模型作为基础，构建出更加广义的波利亚复杂网络阈值传播模型，用以分析阈值与网络结构在集群行为演化中所发挥的综合作用机制。利用计算机模拟数据探索局部不完备信息下的一般集群行为机制,同时对农民工集群行为参与意愿、参与阈值与农民工网络的匹配数据进行仿真,探讨农民工这样的特殊群体的集群行为形成机制,并最终结合研究发现给出政策启示。本章研究目标可总结为以下三点。

第一,构建局部不完备信息下的集群行为演化分析框架。

第二,以波利亚复杂网络传播模型与波利亚阈值传播模型作为构造基础,构建适用于局部不完备信息传播机制的波利亚复杂网络阈值传播模型。

第三,结合计算机模拟参数与农民工实际数据的仿真实验,研究局部不完备信息下集群行为的演化机制。

二 研究框架

局部不完备信息下的集群行为是指个体在群体之中只能收集到来自自身社会网络中直接联系个体的信息,且该信息较为模糊,并只能通过与自身的参与阈值对比来为自身的行为决策做出考量,进而形成偏离人们认知与社会价值的群体共同性行为。基于局部不完备信息传播的集群行为是已有复杂网络理论研究中关注的重点议题,[①] 而局部不完备信息的传播过程也刻画了当前大多数集群行为或群体性事件的演化过程。从信息的处理角度来讲,不完备信息的处理方式放宽了对接收信息类别的限制,同时也充分反映了集群行为发生时个体的从众心理状态;从信息的接收源头来讲,社会网络中的局部信息传递是集群行为演化的最主要的传播路径,同时局部信息的处理模式也可以包含全局信息的处理模式,是更加广义的信息接收机制。因此,本章所探讨的局部不完备信息下的集群行为演化可以反映绝大多数非理性集群行为的发生、发展、消散的过程。

根据第六章的全局不完备信息下集群行为演化的分析框架,波利亚阈值传播模型将个体从众心理的阈值机制纳入演化的过程之中,可以用于解析不完备信息的处理机制作用。然而该模型仅能用于在全局信息接收源的

---

① Du, H., He, X., Wang, J., et al. Reversing structural balance in signed networks [J]. Physica A, 2018, 503: 780-792.

背景下进行讨论，而无法用于研究局部不完备信息下的集群行为。根据第五章的局部完备信息下集群行为演化的分析框架，波利亚复杂网络传播模型在演化中将网络密度、网络结构等因素纳入社会影响的传播机制当中，可以用于研究局部信息的接收机制。将这两章所构建的模型的核心机制加以融合，形成可以同时解释局部信息接收机制与不完备信息处理机制的新模型（本章称之为波利亚复杂网络阈值传播模型），进而可以探究阈值与网络综合作用下集群行为的演化逻辑。本章在一般机制的探索中，采用计算机模拟出的集群行为参与意愿、集群行为参与阈值与网络数据，探讨不同系统参数（包括社会影响概率、集群行为参与阈值、网络结构、网络密度）下集群行为演化的一般规律，对比找出与基于局部完备信息传播机制和基于全局不完备信息传播机制的演化的区别；在农民工特殊机制的研究中，结合农民工集群行为参与意愿、集群行为参与阈值以及与农民工实际网络的匹配数据，探讨无人参与的初始阶段以及有个体发起行为状态下集群行为的演化规律，结合社会影响的环境，重点探索阈值、网络等因素在演化中发挥的作用。最后，本章将基于所得结论，给出政策启示。局部不完备信息下的集群行为演化分析框架如图7-1所示。

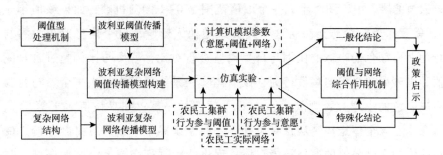

图7-1　局部不完备信息下的集群行为演化分析框架

第二节　演化模型设计

在第五章的波利亚复杂网络传播模型中，每个参与互动的个体均有一个罐子，罐子中的小球数等同于该个体社会网络上已参与决策的邻居的个数，而每个小球的颜色则对应着这些邻居所做出的行为选择。本章的模型同样采用该设计，用以分析局部信息对个体产生的影响；同时在整体系统中生成一个更大的罐子，用以收集所有已参与决策人员所选择的小球。在第六章的波利亚阈值传播模型中，演化采用了 Granovetter 的阈值比较机制①，用以反映个体针对不完备信息的从众心理处理机制，本章同样采用该机制，通过对比个体周边的集群行为参与比例与自身心理阈值的大小来判断是否参与集群行为。

该模型的具体演化过程如下。首先，输入系统必要的参数：n（最终参与个体数）、p（取值范围是 0~1 的社会影响概率）、$q_{(s)}$（每个个体 s 的偏好）、x（初始已决策人数）、$T_{(s)}$（集群行为参与阈值），并导入社会网络的邻接矩阵。其次，将系统建模为一个罐子，罐子中每个颜色 i 的小球的数量为 I_i（这里只有两种颜色的小球，两种颜色分别代表参与和不参与）。接下来进入迭代，在每一时刻 t，若此时无人参与决策，则随机选择某个体作为第一个进入决策的人员，并将其偏好颜色的小球投入系统罐子中；若此时已有人进入决策，则从已参与互动的人员的社会网络邻居中随机抽选一个人员作为新参与互动的人员，并将该人员的邻居中已参与决策的人员的选择存入该人员的罐子中，同时生成一个取值范围是 0~1 的随机数，如果该值小于 p，就意味着新参与互动的这个人员跟随他人影响，该个体将罐子中参与行为对应颜色的小球的比例与自身阈值进行对比，若参与比例超过自身阈值，则表明选择参与集群行为，该个体将在系统罐子中放入一个参与行为对应颜色的小球，否则放入一个对立颜色的小球；如果该值大于等于 p，就意味着该个体选择遵从自身偏好，并在系统罐子中放入自身颜色偏好的小球作为自己最终的选择行为。该过程将持续进行直到 n 个个体全部参与互动。最后，输出系统罐子中各颜色小球的数量，并计算参与集群行为（某一颜色的小球）的比例。当该模型中导入的网络为全连接网络时，该模型则转化为全局不完备信息下的波利亚阈值传播模型。从模型设计本身来讲，该模型只是将本书第五章与第六章的模型融合在一起，并无创新之

① Granovetter, M. Threshold models of collective behavior [J]. American Journal of Sociology, 1978, 83（6）：1420-1443.

处；但从社会学意义角度来讲，本章模型所解释的社会机理不同于以上两章模型所阐释的机理，同时该模型在结合前两章演化步骤后，会使集群行为的演化结果发生较大偏差。因此，基于本章的模型演化的讨论具有较强的科学意义。该模型演化过程的算法框架的伪代码如算法 7-1 所示。

算法 7-1 波利亚复杂网络阈值传播模型

1. 输入：n（最终参与个体数），p（社会影响概率），q（个体偏好），x（初始已决策人数），T（集群行为参与阈值）

2. 导入网络邻接矩阵 A

3. 初始化：将 x 个已参与互动人员的选择 i 的字母按个数填入整体系统 Urn 中，并记录参与行为与不参与行为的计数 $N_{(0)} = [I_0, I_1]$

4. for $s = x+1$；$s \leq n$；$s++$

5. 从已参与互动的个体的邻居中随机抽选一个个体 l 作为新参与互动个体（若系统中无人参与决策，则随机选择某个体作为第一个参与互动的人员），并将 l 的邻居中已决策的人员的选择 i 的字母按个数填入 l 的接收系统 $Urn_{(l)}$ 中

6. 生成 $0 \sim 1$ 随机数 m

7. if $m < p$

8. if $Urn_{(j)} = [\ ]$

9. 选择个体 l 的偏好行为 $q_{(l)}$ 对应的 i

10. $N_{i(s)} = N_{i(s-1)} + 1$

11. $Urn = [Urn, i]$

12. else

13. if $N_{1(s)} / [N_{1(s)} + N_{0(s)}] \geq T_{(s)}$

14. $N_{1(s)} = N_{1(s-1)} + 1$

15. $Urn = [Urn, 1]$

16. else

17. $N_{0(s)} = N_{0(s-1)} + 1$

18. $Urn = [Urn, 0]$

19. end if

20. end if

21. else

续表

22. 选择个体 l 的偏好颜色 $q_{(l)}$ 对应的 i
23. $N_{i(s)} = N_{i(s-1)} + 1$
24. $Urn = [Urn, i]$
25. end if
26. end for
27. 输出：Urn 与 $N_{(n)}$

第三节　仿真实验

本章采用 Python 语言对波利亚复杂网络阈值传播模型进行编程，实验在 2.40 GHz CPU，4.00 GB 内存以及 Windows 10 的系统环境中运行。

一　一般集群行为局部不完备信息的演化

为排除平均集群行为参与意愿水平的影响，本章将该值设定为 $q = 0.5$。同时通过网络密度参数（1、1/2、1/4、1/8、1/16）来调节从全连接网络到更加稀疏的非全连接网络的变化；在网络结构上，选择随机网络、规则网络、无标度网络，用以探讨网络结构对集群行为演化的影响。本章同时假定每个个体具有相同的阈值 T，并通过调整 T 的大小来更好地分析阈值机制效用。此外，利用社会影响概率参数来调节独立世界与影响世界的差异。本实验的迭代次数上限设定为网络规模，即 200 次，实验独立重复次数为 10000 次。

本章首先固定住阈值大小，将所有个体的阈值设定为 0.5。图 7-2 给出了局部不完备信息传播机制下初始无人参与状态的演化结果，从图中可以看出，集群行为的参与比例会随着社会影响概率的提升呈现倒 U 形的变化曲线，这与图 5-2 所展示的局部完备信息的演化结果存在较大差异。具体来讲，图 5-2 中的集群行为参与比例的均值基本维持在 0.5 的水平，而在不完备信息处理机制下，社会影响概率大于 0 且小于 1 的一般影响世界的集群行为参与比例要明显高于 0.5 的水平。对于该现象的解释是，由于

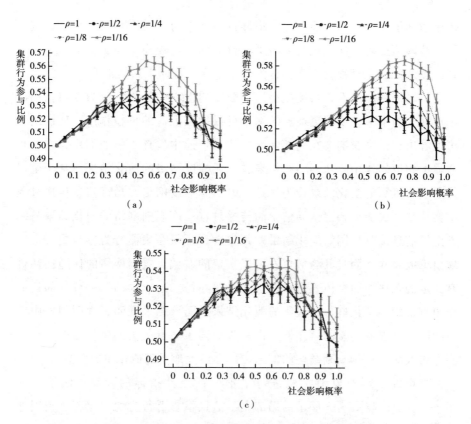

**图 7-2 局部不完备信息传播机制下初始无人参与状态的
计算机演化的集群行为参与比例曲线**

说明：图中纵轴为迭代结束后具有集群行为参与意愿的比例，横轴为受到他人行为影响的概率；图中不同曲线是不同网络密度下 95% 置信区间的误差棒图曲线，迭代次数与网络规模相等，即 200 次，实验次数为 10000 次，平均集群行为参与意愿 $q = 0.5$，统一阈值 $T = 0.5$；图（a）（b）（c）分别为随机网络、规则网络与无标度网络的演化结果。

集群行为的阈值为 0.5，若此时参与者和不参与者有相同的比例，在完备信息机制的演化中新参与互动的个体会有相等的概率来选择参与或不参与行为，但在不完备信息机制的演化中新参与互动的个体会有更高的概率选择参与行为；但若社会影响概率增加得过大，集群行为的演化可能更多取决于第一个参与互动者的行为，这就会使集群行为参与比例逐步降低至初始参与行为的概率（在本书中为 0.5）。通过该解释可以反推，若集群行为参与者的阈值高于 0.5，则这些曲线可能会从倒 U 形转变为正 U 形。该结果说明基于阈值机制的演化会在集群行为的参与规模上存在一定的推拉作用，若阈值更高，演化过程会将集群行为的参与规模拉向更低的水平；若阈值更低，演化过程会将集群行为的参与规模推向更高的水平。

从网络密度来看，密度越小，一般影响世界中的集群行为参与比例越偏离 0.5 的水平，说明更稀疏的网络可以增强上述的推拉作用。从该结果可以看出，社会影响会在局部网络的信息传递中发挥更强的作用，进一步增强了阈值的作用。从网络结构来看，无标度网络的演化结果与基于全局信息接收机制的演化结果较为接近，说明无标度网络在局部信息传递过程中会从某种层面反映出全局信息的传递过程；而规则网络的演化结果与基于全局信息接收机制的演化结果差距较大，不仅在集群行为参与规模上表现出更大差异，而且其峰值也发生了一定的右偏。规则网络的传递往往带有一定的顺序，而个体阈值就像这些传递路径经过的"门"一样，阈值的作用直接影响了集群行为最终的演化结果。而该结果证明了规则网络中度值的同质性以及连接的有序性，进一步加强了集群行为的阈值效应，如同多米诺效应，这种规则结构的信息传递会极大地受阈值作用的影响。

本章进一步对以上实验进行了不可预测性指标的计算，该结果如图 7-3 所示，与图 5-3 展示的局部完备信息下集群行为的演化不可预测性具有相似的特征。首先，集群行为演化的不可预测性会随着社会影响概率的提升而提升，说明在无人参与行为的状态下，无论对于完备还是不完备的信息处理机制，更高的社会影响程度都会造成更强的路径依赖。其次，关系稀疏的网络在一般影响世界中的可预测性有所增强，在一定程度上说明基于局部不完备信息机制的演化相比全局不完备信息机制的演化在无人参与状态下更有利于排除路径依赖。最后，无标度网络演化的不可预测性最接近全连接网络演化的水平，说明社会网络中意见领袖的存在对于集群行为的演化路径具有重要的影响，他们的参与与否会对整体产生很大的影响。相比无标度网络与随机网络的实验结果，规则网络由于其规则的连边结构更有利于提升系统的可预测性。对比不完备与完备信息机制的差异，发现相比同等条件下完备信息下演化的不可预测性，局部不完备信息下集群行为演化的不可预测性更强，说明阈值机制会使社会网络中的行为传递过程存在更强的路径依赖。

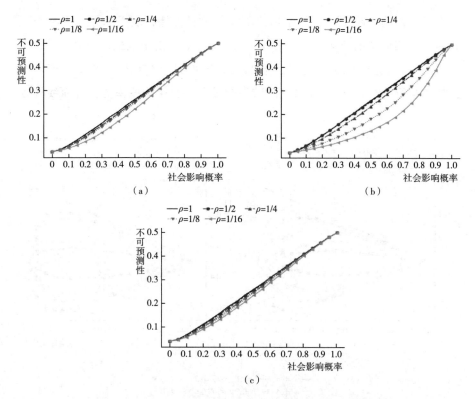

**图 7-3　局部不完备信息传播机制下初始无人参与状态的
计算机演化的不可预测性曲线**

说明：图中纵轴为迭代结束后所有实验的平均不可预测性，横轴为受到他人行为影响的概率；图中不同曲线是不同网络密度下的曲线，迭代次数与网络规模相等，即 200 次，实验次数为 10000 次，平均集群行为参与意愿 $q=0.5$，统一阈值 $T=0.5$；图（a）（b）（c）分别为随机网络、规则网络与无标度网络的演化结果。

以上实验结果可以为网络化的 Music Lab 实验提供一些新思考。目前 Music Lab 实验无法证明实验中的人群是依据连续型处理机制还是阈值型处理机制，或者无法计算出各自所占人群的比例大致为多少。有效的解决路径是通过设计基于社会网络（非规则网络）传递信息的实验来计算不同网络密度下实验的不可预测性，通过对比差值可以反推出人群是遵从连续型还是阈值型的信息处理机制，若差异较小，则可以证明人群遵从阈值型的信息处理机制；若差异较大，则可以证明人群遵从连续型的信息处理机制。

本章进一步固定网络密度，分析不同的阈值会对集群行为的演化产生什么样的影响。图7-4展示了局部不完备信息传播机制下初始无人参与状态的不同阈值下的演化结果，在 $T=0$ 的状态下，由于人们的阈值为0，即使没人参与也会激发这些个体参与行为，因而只要在社会影响下他们就会选择参与行为，因而 $T=0$ 对应的结果会随着社会影响概率的提升而线性提

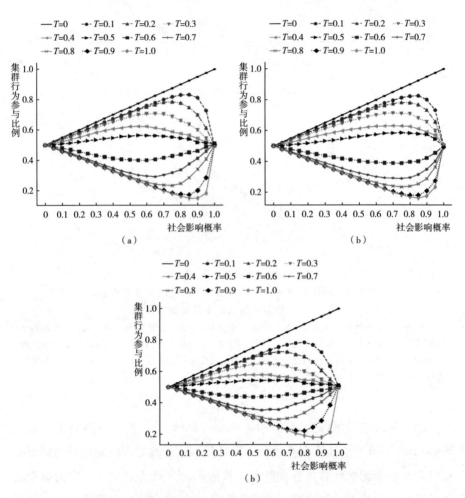

图7-4 局部不完备信息传播机制下初始无人参与状态的
不同阈值的计算机演化的集群行为参与比例曲线

说明：图中纵轴为迭代结束后具有集群行为参与意愿的比例，横轴为受到他人行为影响的概率；图中不同曲线是不同阈值下95%置信区间的误差棒图曲线，迭代次数与网络规模相等，即200次，实验次数为10000次，平均集群行为参与意愿 $q=0.5$，网络密度 $\rho=0.0625$；图（a）（b）（c）分别为随机网络、规则网络与无标度网络的演化结果。

升。当 T 不为 0 时，$T>0.5$ 时集群行为参与比例随着社会影响概率的增长而变化的曲线会呈现正 U 形，而 $T\leqslant 0.5$ 的曲线会呈现倒 U 形。该结果验证了上文对于图 7-2 的论述，即基于阈值机制的演化会对集群行为的参与规模起到一定的推拉作用。此外，从不同的拓扑结构来看，基于规则网络演化的结果与参与比例 0.5 距离最远，而在无标度网络上演化的结果则更为接近参与比例；该结果再一次验证基于无标度网络的局部信息传递过程更接近于全局信息的行为传递过程，而规则网络则会进一步增强集群行为的阈值效应。

图 7-5 展示了以上实验的不可预测性指标，可以看出，阈值越接近 0.5，集群行为演化过程的不可预测性越强。结合第六章的分析，在全局不完备信息的处理机制中，集群行为参与比例与个体阈值进行比较所形成的趋势的稳定性对于集群行为的可预测性具有重要的影响；该结论在局部的信息传递中依然成立，只是这一影响的程度在稀疏的网络中有所减弱。此外，相比其他两类拓扑结构，规则网络结构对于集群行为的演化具有更强的预测性，即当集群行为爆发时，规则网络上的信息传递过程可以被清晰地探测，这对于预防正式规则网络上的集群行为的发生以及制度设置具有一定的启示性。

本章进一步探讨了集群行为在有个体发起行为状态时的演化过程。首先，将阈值固定为 0.5，探讨不同网络密度下集群行为的演化特征，结果如图 7-6 所示。可以看出，不同密度下无标度网络的演化结果几乎与全局不完备信息的演化结果重合，而随机网络的演化结果也与全局不完备信息的演化结果十分接近，但在规则网络的演化中，不同密度对应的规则网络的演化结果与全局信息的演化存在较大差异。具体来讲，随着规则网络的密度从 1 逐渐减小，集群行为参与比例呈现了先增大后减小的趋势，密度为 1/2 的规则网络的集群行为参与规模甚至超过了密度为 1 的全连接网络的集群行为参与规模，而随着网络密度的进一步减小，集群行为的参与比例会逐渐降低。这一结果反映了规则网络的有序连接结构对基于阈值机制演化的社会影响概率更为敏感，集群行为演化在规则网络上存在明显的多米诺效应。从与图 5-4 的对比来看，与局部完备信息演化相比不完备信息演化下除规则网络以外最终集群行为参与比例受密度影响较小；相比同等

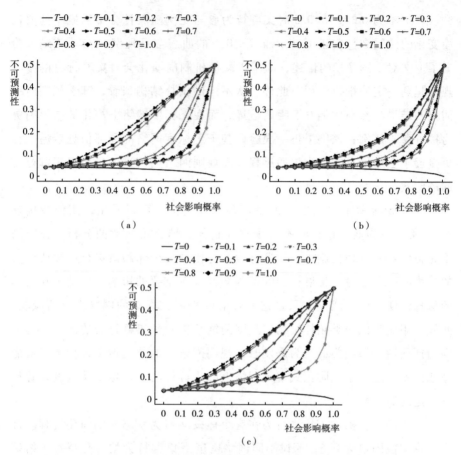

图7-5 局部不完备信息传播机制下初始无人参与状态的
不同阈值的计算机演化的不可预测性曲线

说明：图中纵轴为迭代结束后所有实验的平均不可预测性，横轴为受到他人行为影响的概率；图中不同曲线是不同阈值下的曲线，迭代次数与网络规模相等，即200次，实验次数为10000次，平均集群行为参与意愿 $q=0.5$，网络密度 $\rho=0.0625$；图（a）（b）（c）分别为随机网络、规则网络与无标度网络的演化结果。

演化条件下的局部完备信息演化的结果，局部不完备信息演化机制下的集群行为参与比例更高，说明在有个体发起行为的状态下，基于局部不完备信息机制演化的集群行为会带动更大的人群规模来参与行为。

图7-7展示了对应于图7-6实验的不可预测性结果，在有个体发起行为的状态下，集群行为演化的不确定性随社会影响概率的提升而变化的曲线呈倒U形，这与局部完备信息演化的特征较为相似，即在已经有个体发

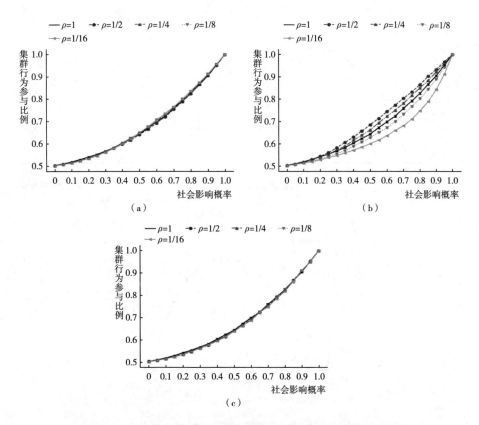

图 7-6   局部不完备信息传播机制下有个体发起行为状态下的
计算机演化的集群行为参与比例曲线

说明：图中纵轴为迭代结束后具有集群行为参与意愿的比例，横轴为受到他人行为影响的概率；图中不同曲线是不同网络密度下 95% 置信区间的误差棒图曲线，迭代次数与网络规模相等，即 200 次，实验次数为 10000 次，平均集群行为参与意愿 $q=0.5$，统一阈值 $T=0.5$；图（a）（b）（c）分别为随机网络、规则网络与无标度网络的演化结果。

起集群行为的状态下，集群行为演化过程的路径依赖更容易发生在一般影响世界之中。从网络密度来看，在随机网络与无标度网络的演化中，密度越低，集群行为演化的可预测性越强，说明在这两种拓扑结构的演化下，网络关系的稀疏有利于减少路径依赖；但在规则网络的演化中，密度越低，峰值越高，且峰值对应的社会影响概率越大。该结果对于集群行为的防控具有一定的启示，即高社会影响的环境下，高密度的规则网络更具有可预测性；而在低社会影响的环境下，低密度的规则网络更具有可预测性。

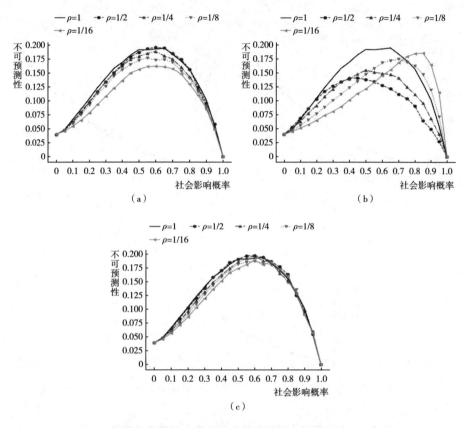

图7-7　局部不完备信息传播机制下有个体发起行为状态下的
计算机演化的不可预测性曲线

说明：图中纵轴为迭代结束后所有实验的平均不可预测性，横轴为受到他人行为影响的概率；图中不同曲线是不同网络密度下的曲线，迭代次数与网络规模相等，即200次，实验次数为10000次，平均集群行为参与意愿 $q=0.5$，统一阈值 $T=0.5$；图（a）（b）（c）分别为随机网络、规则网络与无标度网络的演化结果。

　　进一步固定网络密度，探讨不同的阈值对集群行为造成的影响，结果如图7-8所示。可以看出，随着阈值增大，集群行为参与比例随社会影响概率变化的曲线逐渐下降，从线性增长逐渐变为特征更加明显的凹函数。在局部不完备信息下的集群行为演化中，阈值机制发挥着重要作用。该结果反映了阈值不仅可以调节社会影响的作用力度，甚至可以改变社会影响的作用方向。因此，在集群行为的治理实践中，应格外重视参与群众阈值的大小。

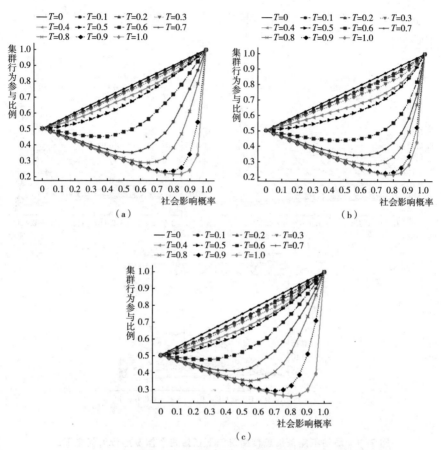

**图 7-8 局部不完备信息传播机制下初始有个体发起行为状态下的
不同阈值的计算机演化的集群行为参与比例曲线**

说明：图中纵轴为迭代结束后具有集群行为参与意愿的比例，横轴为受到他人行为影响的概率；图中不同曲线是不同阈值下 95% 置信区间的误差棒图曲线，迭代次数与网络规模相等，即 200 次，实验次数为 10000 次，平均集群行为参与意愿 $q = 0.5$，网络密度 $\rho = 0.0625$；图（a）（b）（c）分别为随机网络、规则网络与无标度网络的演化结果。

图 7-9 展示了以上实验的不可预测性的结果，可以发现，随着阈值的提升，不可预测性的峰值在逐渐增大（除了 $T = 1.0$ 的状态）；同时，峰值对应的社会影响概率会随着阈值的增大呈现先减小后增大的变化趋势。事实上，这些曲线的高峰通常发生在阈值较大的情形下，而真正达到高峰的区间范围也并不大。在集群行为的治理中，就要求治理实践者把握好社会

影响的环境以及个体的阈值，通过调整意愿、阈值、影响环境、关系结构中的任一因素，将集群行为的可预测范围控制在合理的区间内，从而增强治理效果。

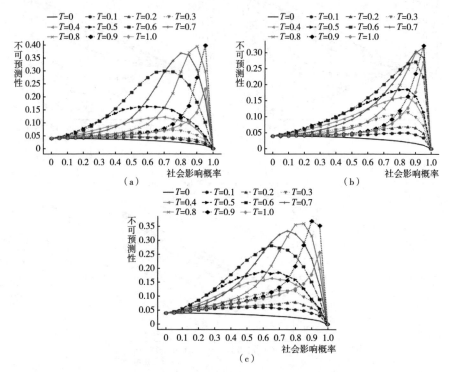

图7-9　局部不完备信息传播机制下初始有个体发起行为状态下的
不同阈值的计算机演化的不可预测性曲线

说明：图中纵轴为迭代结束后所有实验的平均不可预测性，横轴为受到他人行为影响的概率；图中不同曲线是不同阈值下的曲线，迭代次数与网络规模相等，即200次，实验次数为10000次，平均集群行为参与意愿$q=0.5$，网络密度$\rho=0.0625$；图（a）（b）（c）分别为随机网络、规则网络与无标度网络的演化结果。

二　农民工集群行为局部不完备信息的演化

本章进一步以农民工群体作为仿真对象，探讨农民工这一特殊群体在集群行为演化中呈现的特征。本章采用三个公司的农民工集群行为参与意愿、参与阈值以及农民工社会网络的匹配数据进行分析。本实验的迭代次数上限设定为ADS、YDSC、WH公司的成员数量，分别为165、70、193，即公司的所有成员都参与到了互动之中则演化结束，实验独立重复次数为10000 次。

图 7-10 给出了局部不完备信息下农民工集群行为无人参与状态下的演化结果，可以看出，该实验结果与图 5-6 展示的局部完备信息下的演化结果存在较大区别。该图所有曲线并没有围绕独立世界的平均集群行为参与意愿水平变动，而是随着社会影响概率的提升，发生偏离价值偏好的变化。该结果证明了网络中的阈值机制会对初始无人参与状态下的集群行为结果存在一定的推拉作用。对于阈值较高的 YDSC 公司的农民工，基于阈值机制的演化把农民工的参与规模进一步拉低，而对于阈值稍低一些的WH 与 ADS 公司的农民工，基于阈值机制的演化把 WH 公司正式网络、非正式网络以及 ADS 公司非正式网络的农民工的参与规模进一步扩大。ADS公司正式网络的演化结果进一步降低，可能的原因是 ADS 公司农民工正式网络密度较高，不选择参与的农民工具有更强的影响力，导致社会环境的集群行为参与比例达不到激活个体参与行为的阈值。总之，在网络中探讨阈值机制更为复杂，以上是由农民工集群行为参与意愿、阈值与网络结构

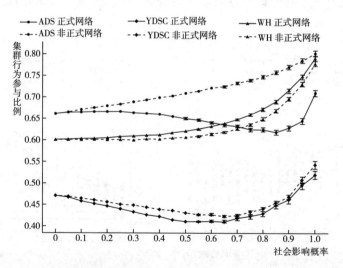

图 7-10　局部不完备信息下农民工集群行为无人参与状态下的演化结果

说明：图中纵轴为迭代结束后具有集群行为参与意愿的比例，横轴为受到他人行为影响的概率；图中不同曲线分别是 ADS、YDSC、WH 三个公司 95% 置信区间的误差棒图曲线，实线、虚线分别代表正式网络与非正式网络的演化结果。

共同作用的结果，但可以看出，阈值与网络结构共同形成的演化环境对社会影响起到重要作用。

　　本章引入阈值机制概率来进一步探讨基于连续型处理机制与基于阈值型处理机制的传播关系。若某生成的取值范围为 0～1 的随机数高于该概率，则系统遵从算法 5-1 的步骤运行，否则遵从算法 7-1 的步骤运行。图 7-11 给出了无人参与状态下完备信息机制与不完备信息机制的对比，可以看出，在完全影响世界中，基于阈值型处理机制的演化会进一步激发集群行为参与比例的提升。但在一般影响世界中，基于阈值型处理机制的演化会因网络结构不同、阈值水平不同以及社会影响概率不同提高或降低集群行为参与比例。对于每个公司不同网络提高或降低集群行为参与比例的解释上文已经提及，本章不再赘述。该结果给现实农民工的集群行为问题带来一定思考，对于社会网络较为稀疏、社群结构较为明显、集群行为参与阈值不高的农民工群体，基于社会网络局部关系传递的行为要比全局信息扩散得更快。农民工的社会网络，特别是农民工的非正式网络，本身带有较强的亲缘与地缘特征，个体属性的同质性较强，因而农民工的社会网络本来就具有更高的集群行为爆发的势能，[①] 该实验结果正是这一解释的佐证。

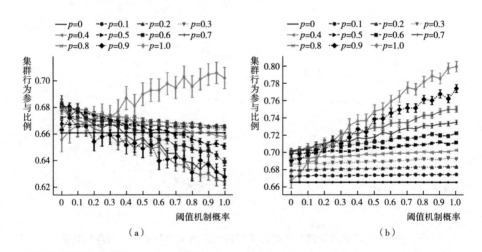

（a）　　　　　　　　　　　　　（b）

---

① 牛静坤，杜海峰，杜巍，刘茜. 公平感对农民工集群行为的影响研究——基于平等意识的调节效应分析 [J]. 公共管理学报，2016，13（3）：89-99.

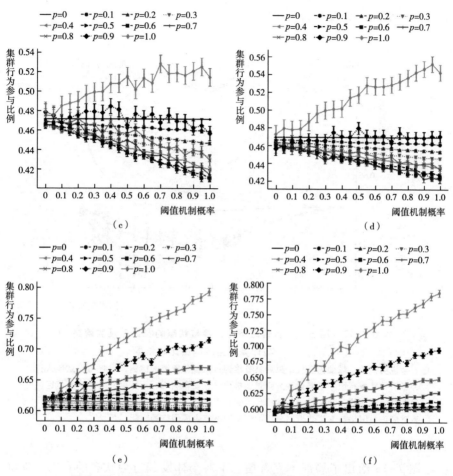

图 7-11　局部不完备信息下农民工集群行为无人参与状态下
不同阈值机制概率的演化结果

说明：图中纵轴为迭代结束后具有集群行为参与意愿的比例，横轴为基于阈值机制传播的概率；图中不同曲线是不同社会影响概率下 95% 置信区间的误差棒图曲线；图（a）（c）（e）分别为 ADS、YDSC、WH 三个公司正式网络的演化结果，（b）（d）（f）分别为 ADS、YDSC、WH 三个公司非正式网络的演化结果。

本章进一步将以上的农民工集群行为演化结果与计算机生成的同等密度的随机网络、规则网络与无标度网络进行比较。图 7-12 展示了局部不完备信息机制下无人参与状态的农民工现实网络与计算机生成网络的比较结果，与图 5-7 所得结论一致，发现现实农民工网络演化的集群行为参与比例要高于三类网络的演化比例，说明农民工网络在不完备演化机制下同样蕴含着更高的集群行为传播风险。

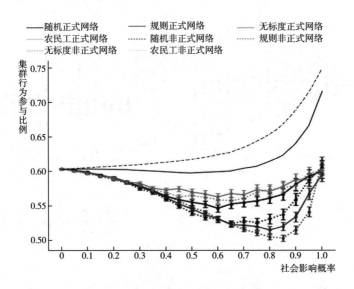

图7-12 局部不完备信息下无人参与状态的农民工现实网络与计算机生成网络比较结果

说明：图中纵轴为迭代结束后具有集群行为参与意愿的比例，横轴为受到他人行为影响的概率；图中不同曲线分别是随机网络、规则网络、无标度网络95%置信区间的误差棒图曲线，颜色最浅的曲线代表农民工集群行为演化结果，实线、虚线分别代表对应正式网络与非正式网络密度的现实网络与生成网络的演化结果。

图7-13给出了局部不完备信息下有个体发起行为状态的农民工集群行为演化结果，与图5-8结果相似，随着社会影响概率的提升，集群行为的参与比例以非线性的模式增长。但不同之处在于，ADS公司的农民工在非正式网络上演化后的参与比例要比在正式网络上演化后的参与比例更高。该结果说明相比完备信息的处理机制，不完备信息处理机制下网络密度的作用有所减弱，个体阈值及个体在网络中所处位置对于整体系统的行为演化具有更重要的影响。

通过引入阈值机制概率，本章进一步进行有个体发起行为状态下局部完备信息机制与不完备信息机制下农民工集群行为的对比，结果如图7-14所示，可以看出，在集群行为的发展过程中，农民工集群行为在完备信息

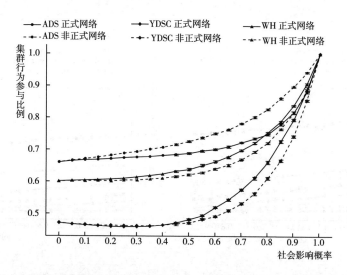

图 7-13 局部不完备信息下有个体发起行为状态的农民工集群行为演化结果

说明：图中纵轴为迭代结束后具有集群行为参与意愿的比例，横轴为受到他人行为影响的概率；图中不同曲线分别是 ADS、YDSC、WH 三个公司 95% 置信区间的误差棒图曲线，实线、虚线分别代表正式网络与非正式网络的演化结果。

机制与在不完备信息机制下的演化结果极为相似。这与图 6-12 反映的全局信息的接收源下阈值机制会抑制农民工集群行为参与的结论存在较大差异，而这一差异反映出阈值机制在社会网络局部的信息传递中会使参与行为的个体发挥更大的影响力，农民工的社会网络结构对基于阈值机制的集群行为扩散具有推动作用。

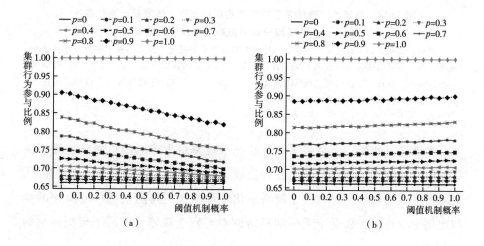

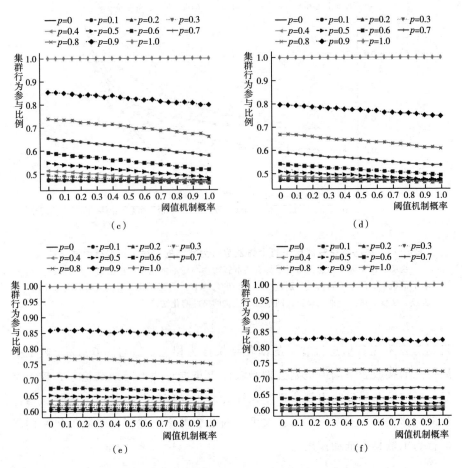

**图 7-14　局部不完备信息下农民工集群行为有个体发起行为状态下
不同阈值机制概率的短期演化结果**

　　说明：图中纵轴为迭代结束后具有集群行为参与意愿的比例，横轴为基于阈值机制传播的概率；图中不同曲线是不同概率下 95% 置信区间的误差棒图曲线；图（a）（c）（e）分别为 ADS、YDSC、WH 三个公司正式网络的演化结果，（b）（d）（f）分别为 ADS、YDSC、WH 三个公司非正式网络的演化结果。

　　本章进一步将以上结果与同等状态下计算机生成的随机网络、规则网络与无标度网络上的实验结果进行比较，结果如图 7-15 所示，可以看出，在同等度值与规模下，农民工网络演化的参与比例与随机网络上演化的参与比例十分接近，要低于无标度网络的参与行为规模，并高于规则网络的参与行为规模。结合图 7-12 的结果可以发现，农民工网络结构对于集群行为爆发所蕴含的势能要高于其他拓扑结构，而农民工在集群行为发展阶段的行为传递势能要低于度值呈现幂律分布的无标度网络，但高于规则网络上的势能。

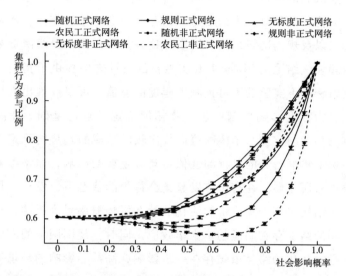

图 7-15　局部不完备信息下有个体发起行为状态的农民工现实网络
与计算机生成网络比较结果

说明：图中纵轴为迭代结束后具有集群行为参与意愿的比例，横轴为受到他人行为影响的概率；图中不同曲线分别是随机网络、规则网络、无标度网络 95% 置信区间的误差棒图曲线，颜色最浅的曲线代表农民工集群行为演化结果，实线、虚线分别代表对应正式网络与非正式网络密度的现实网络与计算机生成网络的演化结果。

第四节　小结与政策启示

一　小结

根据第三章的集群行为演化总体分析框架，结合第四章至第六章的研究内容，本章构建了局部不完备信息下的集群行为演化分析框架。结合第五章提出的复杂网络机制以及第六章提出的阈值机制，在原有波利亚模型基础上做进一步改进，形成了更加广义的波利亚复杂网络阈值传播模型。

该模型是对广义线性阈值模型做的进一步拓展，可以探讨网络密度与网络结构在不同社会影响概率的场域下对阈值机制所产生的调节作用，是阈值理论以及广义线性阈值模型应用于社会影响研究的一次有益尝试。通过对计算机模拟参数与真实农民工数据的仿真实验，得到以下结论。

在一般机制的探讨中，在无人参与状态下，本章发现，基于局部不完备信息的演化会对集群行为的参与规模存在一定的推拉作用，而密度更小的稀疏网络以及规则网络结构可以增强这一推拉作用，以及降低演化过程的路径依赖。该结论为 Music Lab 实验新的设计方向提供了指引，通过对比不同网络密度下实验的不可预测性程度的差值，可以反推出人群的信息处理模式，为社会影响机制的进一步拓展奠定了理论基础。在演化过程中，集群行为参与比例与个体阈值进行比较所形成的趋势的稳定性对于局部信息传递下集群行为的可预测性依然具有重要的影响，而该影响会在稀疏的网络中有所减弱。在有个体发起集群行为的状态下，发现了规则网络的有序连接结构对基于阈值机制演化的社会影响概率更为敏感，集群行为演化在规则网络上存在明显的多米诺效应；同时，规则网络的密度和社会影响概率会对演化的路径依赖存在一定影响，高社会影响的环境下，高密度的规则网络更具有可预测性；而在低社会影响的环境下，低密度的规则网络更具有可预测性。相比局部完备信息下的演化结果，不完备信息下的演化结果受网络密度影响更小，集群行为参与规模更大。综合来看，阈值机制是局部不完备信息下的集群行为演化的核心机制，它不仅可以调节社会影响的作用力度，还可以改变社会影响的作用方向。因此，在集群行为的管控中，要特别注重个体参与行为的阈值信息，同时把握好社会影响的环境以及社会关系的结构，通过调整意愿、阈值、影响环境、关系结构中的任一因素，将集群行为的可预测范围控制在合理的区间，可以显著提升治理效果。这既是对传统阈值理论的扩充，进而为形成新的阈值理论提供借鉴，也是对社会影响机制研究的补充，突破了既有理论中结构与场域的限制。

针对农民工这一特殊群体的机制进行研究，本章发现，在无人参与状态下，集群行为并没有向独立世界的平均集群行为参与意愿水平方向进行演化，网络中的阈值机制会对集群行为演化存在一定的推拉作用。对于社会网络较为稀疏、社群结构较为明显、集群行为参与阈值不高的农民工群体，基于社会网络局部关系传递的行为要比全局信息传播机制下扩散得更快，农民工网络具有较高的爆发集群行为的势能。在有个体发起行为的状态下，本章发现，相比局部完备信息下的集群行为演化，不完备信息下的网络密度的作用有所减弱，个体阈值及个体在网络中所处位置对于整体系统的行为演化具有更重要的影响。阈值机制在社会网络局部的信息传导中会使参与行为的个体发挥更大的影响力，农民工的社会网络结构对基于阈值机制的集群行为扩散具有推动作用，但该结构在集群行为的发展阶段并没有无标度网络的行为传递的势能高。从整体上看，局部不完备信息下的农民工集群行为演化机制与一般化机制结论具有较高的一致性，说明上述结论具有较强的普适性。但就农民工这个特殊群体而言，首先，农民工的社会网络对于集群行为的动员与蔓延具有极其有利的结构，可以以最快的速度形成人群的聚集；其次，农民工作为城市社会的边缘群体更容易遭受利益侵犯，进而增加他们维权抗争的意愿与行动；最后，他们对于维权事件较为敏感，阈值普遍偏低，从而可能一拥而上，大幅加快集群行为的扩散速度。

　　总体来看，在局部不完备信息下的集群行为演化中，阈值机制仍是集群行为演化过程中的核心调节机制，但该机制的作用受制于网络密度、网络结构以及个体在网络中的位置。在集群行为的治理中，合理把握以上因素间的关系，可以有效地提升集群行为的可预测性，这对于构建集群行为的现代化治理体系具有重要意义。此外，相比完备信息机制，不完备信息机制会在演化过程中放大社会影响的作用，进而对集群行为的结果产生一定的推拉作用，有可能会引发更严重的集群行为。在实践应用上，目前绝大部分群体性事件均可以用局部不完备信息下集群行为的演化逻辑解释，特别是农民工参与的群体性事件，与本章所探讨的研究内容具有较高的契合性。上文已经分析了农民工在结构-场域-阈值的综合系统中表现出较强的社会风险，本书在此不再赘述。需要指出的是，农民工的高从众心理正对应着本章的阈值处理机制，而农民工的特殊社会网络结构，尤其是基于亲缘、地缘所形成的非正式网络则有利于将局部信息传递机制功能放大。这两个特征使得以熟人网络作为动员媒介的农民工群体性事件完全映射出局部不完备信息下的集群行为演化逻辑，同时也解释了农民工容易"闹大"的现象，即不仅是政府"大闹大解决，小闹小解决，不闹不解决"的被动式的问题处理方式纵容了农民工的"闹大"行为，而且是结构-场域-阈值的综合作用机制导致农民工的集群行为很难靠自身系统控制在极小的影响范围之内。随着时间的推移，这类群体性事件只会愈发严重，而不会自然消散，这就要求政府积极地、大力度地应对这类事件，即使其最初的参与规模很小。

二 政策启示

局部不完备信息下的集群行为具有信息非透明且精度化不高的特性，对于行为信息的收集、处理与传递能力的要求并不高，因而这类集群行为演化过程的理论探讨适用于绝大多数群体性事件的分析，特别是针对绝大多数的线下从众行为与群体性事件的过程分析。根据以上研究结果可以发现，在不完备信息传播机制下的集群行为可能比完备信息传播机制下的集群行为更难以预测，而阈值机制抑制了集群行为的自我消散，因而有可能造成更严重的后果。事实上，不完备信息的传递过程有可能导致信息的失真，对此，真实信息的公开化与透明化对于集群行为的消散具有一定意义。本章有如下政策启示。

第一，政府与相关部门应建立健全信息公开制度，在集群行为发生或谣言传播的第一时间将事情真相公之于众，满足人民群众对事件的知情权，消除人们的疑惑，进而在事件中掌握控制的主动权。另外，政府要针对虚假信息及时进行辟谣，并针对传播虚假信息制定具体的法律法规，从源头上遏制失真信息的传播。同时，政府应注重多手段、多渠道对信息进行公开，如通过政府网站、政务微博、贴吧、微信公众号等发送信息，确保政府信息的公开完整与广泛披露，增强公民对政府的信任。

第二，媒体的报道可能要比社会网络的传播更具说服力，它既可能成为舆情事件的推手，也可能成为治理集群行为的有力帮手。在现实中，一些非主流媒体为增加新闻热度故意发布一些煽动性强或断章取义的信息，对社会的公平正义造成一定的负面影响。政府与相关部门应进一步加大对媒体单位的监管力度，要求媒体报道真实客观，特别是针对群体性事件或网络舆情相关事件，形成相应的问责机制。一方面，要保证事件的真实可靠，而非以提升关注度或点击量为目的对事件进行断章取义；另一方面，强调媒体的责任感与使命感，要对舆情进行正面引导。

　　第三，农民工成为群体性事件参与的主力军的根本原因在于农民工权益容易遭受侵损，因而要进一步完善农民工的权益保障体系。为包括农民工在内的弱势群体设立专用的法律援助通道，鼓励法律援助机构与从业人员积极参与到对农民工的法律援助之中。进一步加大劳动保障监察的执法力度，严格排查拖欠农民工工资的行为；严格执行失信联合惩戒制度，大幅提升企业违规成本。与此同时，地方政府应进一步提升农民工的法律认知，对农民工开展具有针对性的普法教育，并在农民工较为集中的工作单位设立法律咨询站点，宣传"依法维权"。

　　第四，在集群行为的治理过程中，要充分认识集群行为演化的复杂性，关注整体事件的系统性。政府应协调第三方组织、企业及时收集多方面的跟踪数据，可采用类似本章的演化算法，对集群行为的发展进行精确预测，并根据结果做出准确的分析研判，进而形成可行性强的干预方案。在整个集群行为治理的过程中，政府、企业、媒体、第三方组织以及公众应形成协调统一的整体，科学有序地引导社会排除危机。

第八章

有限理性集群行为的博弈演化逻辑

本章基于第三章构建的集群行为演化的逻辑框架以及集群行为演化的总体分析框架，提出有限理性集群行为的博弈演化分析框架，探讨有限理性集群行为中的搭便车机制与群体规范机制；分别采用静态与动态网络有限理性集群行为演化博弈模型，对 2013 年深圳市坪山新区的农民工调查数据进行仿真，深入探讨理性集群行为的演化机制，并依据本章研究发现提出有关集群行为治理的政策启示。

第一节　研究总体设计

一　研究目标

集群行为在 Olson 看来是一种集团内部的集体产品，他在《集体行动的逻辑》中指出，人们在追求个体利益最大化的过程中，并不会自愿为集团支付集体产品；搭便车机制会使集体的行动演化为"公地悲剧"，因而理性人的集群行为不会成功。[①] 然而该观点与 Park 所提出的理性的公众也会发生集群行为存在一定矛盾。[②] 现实中也确实存在许多涉及经济利益的集群行为事件，这些事件的参与者都会或多或少地进行"成本收益计算"。

①　Olson, M. The logic of collective action: Public goods and the theory of groups [M]. Cambridge: Harvard University Press, 1971.

②　Park, R. E. The crowd and the public and other essays [M]. Chicago: University of Chicago Press, 1972.

为更好地解释这种理性化集群行为的演化逻辑，本章将根据第三章中集群行为的总体分析框架，把社会影响机制带入个体理性的行为之中，构建出有限理性集群行为的博弈演化分析框架。在该框架下，本章通过采用静态有限理性集群行为演化博弈模型对真实数据进行仿真，讨论搭便车机制对于行为选择的影响；通过动态有限理性集群行为演化博弈模型的仿真，讨论群体规范机制对于集群行为演化的影响。最后，本章根据研究发现给出政策启示。本章的具体研究目标如下。

第一，构建有限理性集群行为的博弈演化分析框架。

第二，采用静态网络有限理性集群行为演化博弈模型，依据仿真实验，探讨演化博弈中的搭便车机制。

第三，采用动态网络有限理性集群行为演化博弈模型，依据仿真实验，探讨演化博弈中的群体规范机制。

二　研究框架

很多现实的集群行为会涉及经济成本，如农民工的异地上访、围攻政府等行为，人们在参与行为前的准备中都会对成本收益进行计算，并对参与行动进行反复商量与周密布置。本章所探讨的集群行为正是这种由理性人参与的带有理性化计算的集群行为。这一类型的集群行为事实上也可以理解为"集体行动"，目的性与组织性更强，由于"集群行为"的概念在"集体行动"之上，加之本书的目的在于探讨不同类型的集群行为的演化逻辑，因此本章依然采用"集群行为"这一概念。

Olson 在《集体行动的逻辑》中对于完全理性经济人的论述并不能用于解释现实中理性人参与集群行为的现象，原因在于只要人是绝对理性的，一旦集团中的某成员参与了集群行为，就不可能把其他成员排除在自己参与的集群行为的享用之外，而他所付出的努力与成本并不会得到其他成员的任何补偿，这就会降低人们参与集群行为的动力；此外，若某人可以在集团中免费得到其他成员参与集群行为所带来的收益，这也会进一步降低自我参与的动力。Olson 进一步在集团理论中针对小集团做出补充，指出小集团中个体间都会注意彼此的行动以及彼此存在一股潜在的压力，因而小集团更容易引发集体行动。这一描述事实上是理性人参与集群行为的关键所在，且不说参与集群行为的人群是大集团还是小集团，集团中的压力机制在经济追求中是一种非绝对理性的表现，即群体规范下人们被迫参与的行为违背了利益最大化的准则。虽然 Olson 并未提及人际互动中的社会影响机制，但他对于小集团潜在压力的描述已然表明了社会影响左右理性经济人的事实。但该社会影响并非第四章至第七章讨论的那种未经理性判断而被他人带动"跟风"或者"从众"的影响，而是经过理性判断后考虑到人际社会准则的社会影响，而这一影响也就进一步将个体追求完全理性的过程逐渐转化为追求考虑人际互动思维的有限理性的过程。为区分两种不同集群行为问题所涉及的社会影响机制，本章将非理性集群行为框架中的社会影响机制仍称为"社会影响"，而在理性集群行为框架中所提到的在人际互动影响中追求理性的过程称为"有限理性"，即"社会影响"存在于非理性世界与影响世界的交叉之中，而"有限理性"则存在于理性世界与影响世界的交叉之中。在这里可以确定的是，理性人参与集群行为是受到人们追求有限理性中社会影响的作用，而这种人际互动的影响如何产生理性化的集群行为？博弈分析为探讨这一问题提供了有力的理论和方法支撑。

从 Olson 对集体行动的描述来看，集体行动或是集群行为被视作人们对于集体产品供给的博弈行为。由于搭便车机制的存在，理性人希望别人参与集群行为，而自己选择不参与，这样就可以获取最高的博弈收益；然而如果所有人都这样思考，集群行为便很难发生，所有人将不会得到任何收益。这是理性独立世界中完全理性所导致的博弈下场，而人们只有调整自己的思路，放弃完全理性的思维，才可以有效发动集群行为。Smith 与 Price 在对有限理性博弈的描述中指出，个体在博弈中并非仅仅衡量各自的收益，同时也带有一定的行为模仿。[①] 本书在非理性集群行为演化的探讨中也提到个体在社会影响中会模仿已参与互动的成员的行为，该"模仿"更多被理解为"跟风"或"从众"；而在本章中探讨的有限理性中的"模仿"应更多被理解为"学习"，即在理性互动中学习更好的选择。例如，

① Smith, J. M., Price, G. R. The logic of animal conflict [J]. Nature, 1973, 246 (5427): 15-18.

人们在看到别人参与集群行为会收获更多效益后也会模仿别人参与行为，或是人们在看到别人不参与行为可以坐享其成后也就模仿别人不参与行为。这种人际互动中的模仿行为事实上是有限理性博弈的核心机制，也是与完全理性决策的根本不同之处，更是解释理性人参与集群行为的有效路径。对于这种模仿机制，Szabó 等人提出一套基于费米策略更新规则的演化策略，强调收益高的个体对于收益低的个体具有吸引力，而这也反映了现实个体在利益驱使下的模仿行为。① 本章将根据费米策略更新规则，形成静态网络的有限理性演化博弈模型，对理性化的集群行为演化过程加以分析。此外，需要说明的是，本章在探讨理性化集群行为信息传递的过程中主要对应的信息传播机制为局部完备信息的传播机制。首先，由于理性化个体需要对周边个体进行准确收益的衡量，因而需要收集到完备的信息，同时在理性化的计算中不存在"从众"的心理原则，所以本章不探讨基于阈值的不完备信息的处理机制；其次，由于个体较难获取全局的准确信息，讨论全局信息的集群行为演化机制不具有现实意义，因而本章也不探讨基于全局完备信息的传播机制，但本书所采用的模型可用于其分析。

Olson 不仅在解释集体行动的逻辑时提出了人们在选择参与集体行动时的搭便车机制，而且也在对小集团的说明当中强调了群体规范机制，认为群体内部关系上的压力迫使成员参与行动。这种规范机制映射到博弈中就是对集群行为参与者的奖励或是对不参与者的惩罚的压力。结合 Olson 对集团成员关系的描述，本书认为该压力并不是对集群行为参与者或不参与者给予实际的奖励或是惩罚，而是一种无形的压力，是对关系维持或是害怕破坏成员关系的压力。Santos 等人在演化博弈理论的基础上提出了适应性网络上的演化博弈模型，他们在博弈演化过程中强调，人们的关系会伴随策略而调整，倾向于与合作者建立关系，而与背叛者断绝关系，② 这

① Szabó, G., Vukov, J., Szolnoki, A. Phase diagrams for an evolutionary prisoner's dilemma game on two-dimensional lattices [J]. Physical Review E, 2005, 72 (4): 047107.

② Santos, F. C., Pacheco, J. M. Scale-free networks provide a unifying framework for the emergence of cooperation [J]. Physical Review Letters, 2005, 95: 098104; Santos, F. C., Pacheco, J. M., Lenaerts, T. Cooperation prevails when individuals adjust their social ties [J]. PLoS Computational Biology, 2006, 2 (10): e140.

一演化机制正是集团内部规范压力机制的具体体现。当人们做出某项背离集团观念的行为时，他们破坏了与其他集团成员间的关系；而当某些人为集团的行动付出努力时，他们也将收获他人的好感。关系的调整正是集群行为规范机制的内在表现。本章将基于这种规范机制，在原有静态网络演化模型的基础上加入适应性网络的元素，形成动态网络有限理性集群行为演化博弈模型。

本章所采用的模型与 Santos 等人提出的演化博弈模型较为相似，本章所采用的模型并没有在方法技术上进行创新，只是采用该模型机制进一步解释集群行为的演化过程。本章将进一步在上述两套模型中对真实农民工数据进行仿真，并将仿真结果与对应的带有特殊拓扑结构的计算机网络的仿真实验进行对比。首先，基于静态网络有限理性集群行为演化博弈模型，探讨在有限理性条件下，网络结构、搭便车系数等对集群行为演化结果的影响，重点探讨 Olson 的搭便车机制，论述不同理性环境下理性集群行为的演化逻辑，并分析集群行为成功或失败的原因。其次，基于动态网络有限理性集群行为演化博弈模型，探讨网络适应性调整速率、网络结构等对集群行为演化结果的影响，重点探讨网络中的群体规范机制，论述适应性网络环境下集群行为的演化逻辑，用以对传统经典理论进行解释与本土化创新。最后，本章将基于所得结论，给出政策启示。有限理性集群行为的博弈演化分析框架如图 8-1 所示。

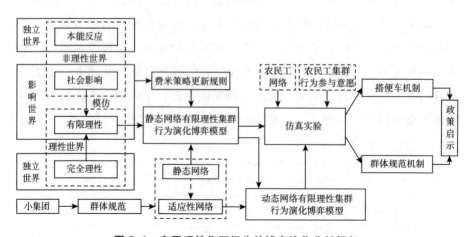

图 8-1 有限理性集群行为的博弈演化分析框架

第二节 演化博弈中的搭便车机制

搭便车机制是 Olson 的解释中集体行动失败的直接原因，但 Olson 的解释是以完全理性作为假设前提，忽视了人际互动中的社会影响。即使在大集团中，集团成员也并非孤立个体，其行为选择必然会受到他人的影响与影响他人。本节在具有社会影响的有限理性环境下进一步探讨该机制是理性人参与集群行为在真实世界的反映，在这一环境下，搭便车机制是否依旧会对集群行为的参与结果造成影响？造成怎样的不同影响？

一 模型设计

结合 Olson 对集体行动的逻辑的思考，本书在第三章中已经指出，理性化的集群行为在人群中被视作一种博弈行为，而集群行为个体间的博弈收益矩阵大部分满足了囚徒困境的逻辑，即在表 3-1 的收益矩阵当中满足 $T>R>H>S$（现实中的集群行为可能也会存在其他形式，如鹰鸽模型、雪球模型等，本书在此主要探讨博弈中最经典的囚徒困境模型，针对其他模型的探讨是未来进一步研究的内容）。需要指出的是，这里所探讨的收益主要指的是在与他人互动与比较中所获得的心理满足感，而并非实际的物质上的收益。之所以不采用实际收益，一方面是因为难以确定集群行为是否会带来收益以及多大规模的集群行为会带来收益，另一方面则是因为理性化的集群行为还未发生，个体只能根据与邻居的互动来进行心理收益的判断与预测。Olson 的搭便车机制在演化博弈框架当中体现在 T 与 S 的区别上，即可以免费享有他人参与行为所带来的收益，以及自己努力得不到任何补偿而造成的损失。通过调整 T 与 S 的数值，就可以反映出搭便车机制的作用程度。

从独立世界中的完全理性的角度来讲，只要有搭便车机制作用，无论他人参与何种行为，自身选择不参与行为都会获得最大的收益，因而所有人就陷入了"公地悲剧"，导致集群行为失败。但在具有社会影响的有限理性环境中，人们会学习周边人的策略，特别是学习收益更大者的策略，这同样也符合理性经济人的前提；Szabó 与 Toke 采用了热力学中费米策略更新规则来反映这种个体学习他人的行为特征，具体来讲，若个体 A 与个

体 B 的收益分别为 f_A 与 f_B，那么个体 A 学习个体 B 的策略的概率则表示为 $\{1+\exp[-\beta(f_B-f_A)]\}^{-1}$，其中 β 为自然选择的强度系数。该函数反映了若个体 B 具有较高的收益，那么个体 A 就会有较高的概率来学习个体 B 的策略。

基于以上解释，本章在演化模型中设计如下。输入系统必要的参数，包括 $I_{\max}$（最大迭代次数）、n（群体数，也是网络规模）、β（强度系数）、S（每个个体的策略，$S=1$ 表示参与行为，$S=0$ 表示不参与行为），并导入社会网络的邻接矩阵；进入迭代过程，直到实验达到迭代上限；在每一代中，每个个体都会随机选择一个邻居，并通过费米函数来计算学习邻居策略的概率，若生成的取值范围是 $0\sim1$ 的随机数小于该概率，则个体选择学习邻居的策略，否则维持自己的策略。当迭代结束后，输出每个人最终更新的策略选择。该模型演化过程的算法框架的伪代码如算法 8-1 所示。

算法 8-1　静态网络有限理性集群行为演化模型

1. 输入：$I_{\max}$（最大迭代次数），n（群体数），β（强度系数），S（每个个体的策略）

2. 导入社会网络邻接矩阵 A

3. for $g=1$；$g \leqslant I_{\max}$；$g++$

4. for $i=1$；$i \leqslant n$；$i++$

5. 随机选择个体 i 的邻居 m

6. 计算 i 的收益 f_i

7. 计算 m 的收益 f_m

8. 生成 $0\sim1$ 的随机数 a

9. if $a \leqslant \{1+\exp[-\beta(f_m-f_i)]\}^{-1}$

10. i 学习 m 的策略 $S_i=S_m$

11. else

12. i 保留原策略

13. end if

14. end for

15. end for

16. 输出：更新策略 S

二　仿真实验

本节采用 Matlab 语言对静态网络有限理性集群行为演化博弈模型进行编程，实验在 2.40 GHz CPU，4.00 GB 内存以及 Windows 10 的系统环境中运行。为排除社会影响作用大小的影响，β 取 0.005；同时根据囚徒困境对收益矩阵的要求，收益矩阵的设置如表 8-1 所示，通过 λ 值来调节搭便车机制的作用大小。由于算法复杂度较高，本章所有参数下的独立实验次数设置为 100 次，迭代上限为 1000 代（本章仿真实验在 1000 代以内均会达到收敛状态）。

表 8-1　集群行为演化博弈的收益矩阵

	参与集群行为	不参与集群行为
参与集群行为	1, 1	0-λ, 1+λ
不参与集群行为	1+λ, 0-λ	0, 0

图 8-2 给出了搭便车机制的集群行为博弈演化结果，可以看出，在不同公司农民工的正式网络与非正式网络的演化上，集群行为参与比例都会随着 λ 的增大而有所下降，说明搭便车机制在有限理性的环境下同样会对集群行为的参与产生负向影响，这一结论是对 Olson 集体行动论在影响世界上的补充。然而，从图中的结果可以看出，在较为明显的搭便车机制下，集群行为的参与比例也并未下降到 0，换言之，环境中即使有较高的坐享其成的利益以及更高的参与行为风险与成本，集团成员仍然有可能会参与到集群行为的事件当中。该结果说明，在有限理性的影响世界之中，搭便车机制的作用被弱化，人们追求理性的模仿行为会突破完全理性对于集群行为参与的限制，而这一点恰好可以解释现实中理性人参与集群行为的现象。上述研究结果是对 Park 所提质疑[1]的回答，一方面，理性人被视为群体场域中的非理性人，在社会影响的作用下做出非自身价值偏好的非理性集群行为，而这一过程可由本书第四章至第七章的内容来解释；另一

---

[1]　Park, R. E. The crowd and the public and other essays [M]. Chicago: University of Chicago Press, 1972.

方面，理性人在社会影响的作用下，会做出"学习"高收益者的行为，虽然这种"学习"过程并没有给集群行为参与者提供任何直接的经济与利益的补偿，但"学习"行为会间接地将不参与者和参与者的行为连接起来，为不参与者提供学习参与者的机会，这会潜在地提高集群行为参与者的重要性，从而间接地提升参与者的收益。

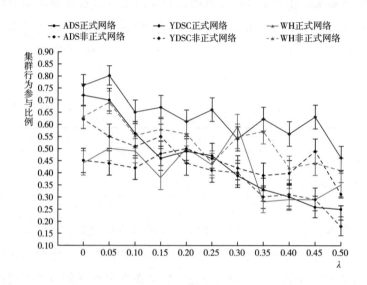

图 8-2　搭便车机制的集群行为博弈演化结果

说明：图中纵轴为迭代结束后具有集群行为参与意愿的比例，横轴为搭便车获益系数 λ；图中不同曲线分别是 ADS、YDSC、WH 三个公司 95% 置信区间的误差棒图曲线，实线、虚线分别代表正式网络与非正式网络的演化结果。为排除社会影响作用力大小的影响，本章采用较为平缓的强度系数，取 $\beta = 0.005$。

从不同的农民工网络结果来看，YDSC 公司的农民工理性化集群行为参与比例最高，其次为 WH 公司的农民工，ADS 公司的农民工参与比例最低；结果与非理性化集群行为的参与比例恰好相反，说明理性化集群行为的参与和非理性化集群行为的参与不存在直接的相关关系，理性化集群行为的参与结果更取决于集团的关系结构以及疏密程度。

图 8-3 给出了以上实验的时间序列结果，可以看出，相比正式网络，三个公司农民工的非正式网络收敛结果更慢，波动更强。可能的原因是非正式网络密度小，且社群结构较为明显；在这样的网络中，社群结构增加了

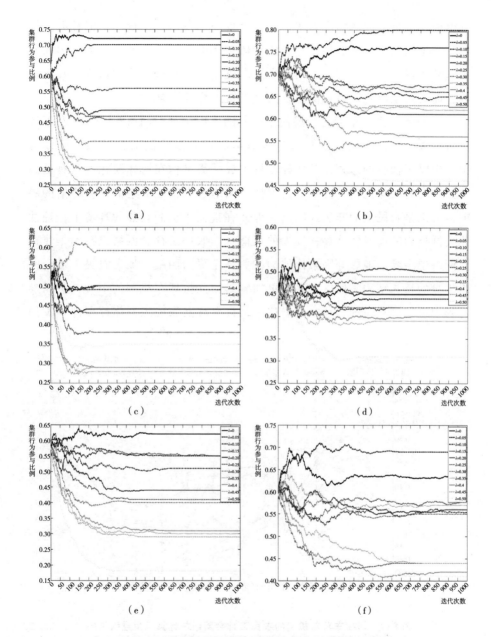

图 8-3 搭便车机制的集群行为演化博弈的具体迭代结果

说明：图中纵轴为迭代结束后集群行为参与意愿的比例，横轴为迭代次数；图中
（a）（c）（e）分别为 ADS、YDSC、WH 公司正式网络的演化结果，（b）（d）（f）分别为
ADS、YDSC、WH 公司非正式网络的演化结果；不同曲线代表不同搭便车获益系数 λ 在 100 次
实验下的均值。

社群内部成员之间的学习概率，易使社群内部策略优先统一，但社群之间容易产生策略不一致的现象，导致整体集团的学习策略发生变动，因而收敛速度较慢。另外，可以看出，搭便车机制的大小对于收敛速度不具有影响，而决定系统收敛过程的主要因素仍在于网络结构。

图 8-4 给出了集群行为搭便车机制的农民工社会网络与同等状态下计算机生成随机、规则、无标度网络集群行为演化的对比结果。可以看出，农民工社会网络相比其他计算机生成网络结构在博弈演化上具有更高的集群行为参与比例，说明农民工社会网络具有很强的集群行为传播的势能，特别是农民工的非正式网络，即使在搭便车机制较强的环境下，理性化集群行为的爆发依然存在较大的可能性。农民工社会网络，特别是非正式网络中亲缘、地缘等因素使他们在关系上更为团结，加之农民工社会网络本身的特殊结构，使这类人群更加容易排除搭便车机制的干扰，进而参与到增进集团利益的行动之中。这一结果对现实农民工群体性事件频发的

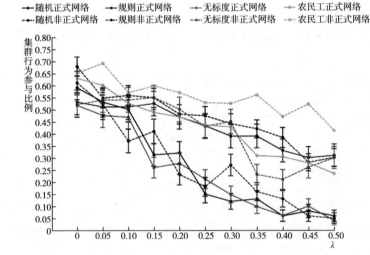

图 8-4 搭便车获益机制的农民工社会网络与计算机生成网络的
集群行为演化博弈结果

说明：图中纵轴为迭代结束后具有集群行为参与意愿的比例，横轴为搭便车获益系数 λ；图中不同的曲线分别是随机网络、规则网络、无标度网络下 95% 置信区间的误差棒图曲线，颜色最浅的曲线代表农民工集群行为演化平均结果，实线、虚线分别代表对应正式网络与非正式网络密度的农民工社会网络与计算机生成网络的演化结果。

原因进行了合理解释，农民工社会矛盾的激化不仅仅是农民工身份因素所导致的社会问题，同时也是有利于集群行为发生的农民工网络结构所造成的矛盾凸显的结果。

此外，从网络拓扑结构来讲，密度相对稀疏的随机网络、无标度网络以及密度相对较高的规则网络更有利于理性化集群行为的扩散，同时受搭便车机制的影响更小。

第三节 演化博弈中的群体规范机制

Olson 在《集体行动的逻辑》中指出，由于小集团中的人们关系更加紧密，集团内部会形成一股迫使集团成员参与行动的压力，若个体不参与增进集团收益的行为，则他将面临更加紧张的周围关系。这种潜在关系上的压力形成了集团内部的群体规范机制，本节将在演化博弈框架基础上探讨这一群体规范机制对于集群行为演化的影响。

一 模型设计

在现实集群行为中，很少有集团对集群行为参与者进行奖励或对不参与者进行惩罚的现象，这是集群行为研究与博弈论研究本质上的不同。集群行为中的群体规范机制往往体现在人际关系的变化之中，即当某人做出增进集团利益的行为后，他将有更多关系上的收获；而当某人做出背离他人利益的选择后，他将失去现有的人际关系。因此，本章在博弈演化框架下探讨集群行为的规范机制，不把关注点聚焦在人们收益矩阵的变动上，而是将关注点聚焦在关系的变动上。为了更好地解释这一机制，本章引用动态关系变换的适应性网络机制，即人际关系可根据现实环境的变动而适时调整。

Santos 等人在演化博弈中引用了适应性网络机制，[①] 具体而言，在博弈

---

① Santos, F. C., Pacheco, J. M. Scale-free networks provide a unifying framework for the emergence of cooperation [J]. Physical Review Letters, 2005, 95: 098104; Santos, F. C., Pacheco, J. M., Lenaerts, T. Cooperation prevails when individuals adjust their social ties [J]. PLoS Computational Biology, 2006, 2 (10): e140.

中由于人们都愿意与合作者建立关系，摒弃与背叛者的关系，因而当两个合作者博弈时，两人都选择维持双方的关系；当两人都是背叛者时，两人都愿意断掉该关系，并与其他人建立新关系；当有一人为合作者，而另一方为背叛者时，合作者有断边的倾向，而背叛者有继续维持该关系的渴望，此时，断边的概率再一次由费米函数所决定，即 A 断掉与 B 的关系的概率为 $\{1+\exp[-\beta(f_A-f_B)]\}^{-1}$。为探讨集群行为中的群体规范机制，本章同样引入这一机制。为保证网络连边数量的稳定，本章仿照 Santos 等人的研究的做法，即在断边后建立一条与断边对象的邻居的关系，这也较为符合现实社会网络建立关系的逻辑。对于群体规范压力的程度，本章以适应性网络中人际关系的更新速度 τ 来进行表达；若人际关系更新速度极快，则说明人们对他人的选择较为敏感，人际关系较容易产生波折，因而可以说明群体规范的压力较大，反之则说明群体规范作用较小。本章将 τ 设置为取值范围是 0~1 的随机数，其中 τ 代表更新连边的概率，而 $1-\tau$ 则代表更新策略的概率。

本章演化模型的算法框架的伪代码如算法 8-2 所示。

输入系统必要的参数，包括 $I_{\max}$（最大迭代次数）、n（群体数，也是网络规模）、β（强度系数）、S（每个个体的策略，$S=1$ 表示参与行为，$S=0$ 表示不参与行为）、τ（适应性网络更新速度），并导入社会网络的邻接矩阵。进入迭代过程，直到实验达到迭代上限。

在每一代中，每个个体都会做一次更新。生成一个取值范围是 0~1 的随机数，若该数值在 τ 的范围之内，则说明该个体选择更新连边。该个体会随机选择一个邻居，若该个体自己参与行为，而邻居不参与集群行为，那么该个体会以费米函数的概率断掉与这一邻居的连边，并与这位邻居的其中一位邻居建立新的连边；若该个体与邻居均不参与集群行为，那么该个体会直接断掉与这一邻居的连边，并与这位邻居的其中一位邻居建立新的连边。若之前生成的随机数在 τ 的范围之外，则说明该个体选择更新自身策略，此时按照算法 8-1 中的个体更新策略执行。当迭代结束后，输出每个人最终更新的策略选择以及更新的社会网络。

算法 8-2 动态网络有限理性集群行为演化模型

1. 输入：I_{max}（最大迭代次数），n（群体数），β（强度系数），S（每个个体的策略），τ（适应性网络更新速度）

2. 导入社会网络邻接矩阵 A

3. for $g=1$；$g \leqslant I_{max}$；$g++$

4. for $i=1$；$i \leqslant V$；$i++$

5. if 生成的 0~1 随机数 $x \leqslant \tau$

6. 随机选择个体 i 的邻居 m

7. 计算 i 的收益 f_i 与 m 的收益 f_m

8. if $S_i = 1$ & $S_i = -1$

9. i 有 $p = \{1 + \exp[-\beta(f_i - f_m)]\}^{-1}$ 的概率断掉与 m 的连边，并与 m 的随机邻居建立连边

10. else if $S_i = -1$ & $S_i = -1$

11. i 直接断掉与 m 的连边，并与 m 的随机邻居建立连边

12. end if

13. else

14. 随机选择个体 i 的邻居 l

15. i 有 $p = \{1 + \exp[-\beta(f_m - f_i)]\}^{-1}$ 的概率学习 l 的策略 $S_i = S_l$

16. end if

17. end for

18. end for

19. 输出：更新策略 S 与更新网络矩阵 A

二 仿真实验

与上一节一致，本节采用 Matlab 语言对动态网络有限理性集群行为演化模型进行编程，实验在 2.40 GHz CPU，4.00 GB 内存以及 Windows 10 的系统环境中运行。强度系数取值为 $\beta = 0.005$，所有参数下的独立实验次数设置为 100 次，迭代上限为 1000 代（本章仿真实验在 1000 代以内均会达到收敛状态）。本节重点关注集群行为的群体规范机制，通过调节适应性网络更新速率参数 τ 来探讨群体规范程度对集群行为演化造成的影响。

图 8-5 给出了适应性网络群体规范机制的集群行为演化结果，可以看出，随着适应性网络更新速度的提升，集群行为的参与比例会有显著提

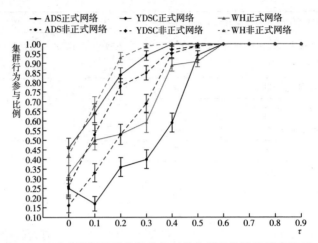

图 8-5　适应性网络群体规范机制的集群行为演化博弈结果

说明：图中纵轴为迭代结束后具有集群行为参与意愿的比例，横轴为适应性网络
更新速度 τ；图中不同的曲线分别是 ADS、YDSC、WH 三个公司 95% 置信区间的误差
棒图曲线，实线、虚线分别代表正式网络与非正式网络的演化结果。

升，直至每次实验集团成员全部参与。该结果说明，群体规范机制可以显
著提升集群行为的参与水平。Olson 指出集体行动成功的原因在于集团规
模较小以至于人们可以观测到其他成员的行为，进而形成了迫使成员参与
集群行为的压力。本研究对 Olson 关于小集团参与集群行为的论述进行了
仿真模拟实验的解释，肯定了群体规范机制确实是集体行动参与的重要原
因。Olson 依据成员是否可以观测到别人的行动将集团分为"大""小"两
类，并指出小集团才会产生参与集体行动的压力。对于这一论述，本书认
为迫使集团成员参与集体行动的压力并不受限于集团的大小，也不受限于
集团成员是否可以观测到他人的行为，而是在于关系上的压力感知。事实
上，有许多人明明知道别人会发现自己做出背离集团利益的行为，但依然
会选择背叛群体，这是由于关系上的压力感知较弱。图 8-5 的结果恰好说
明了集体行动的结果是受人际关系更新速度的快慢或人们对于关系上的压
力感知影响，而非集团规模或网络密度所能左右的。因此，Olson 所提出
的"小集团"的概念更应该被理解为"关系上更为敏感的群体环境"，而
只有这样的环境才更有可能产生群体规范机制；若简单地理解为规模上的
大小，则解释过程会有偏颇，因为大集团中也同样会发生集群行为。

　　图 8-6 给出了以上实验的时间序列结果，可以看出，更高的关系更新

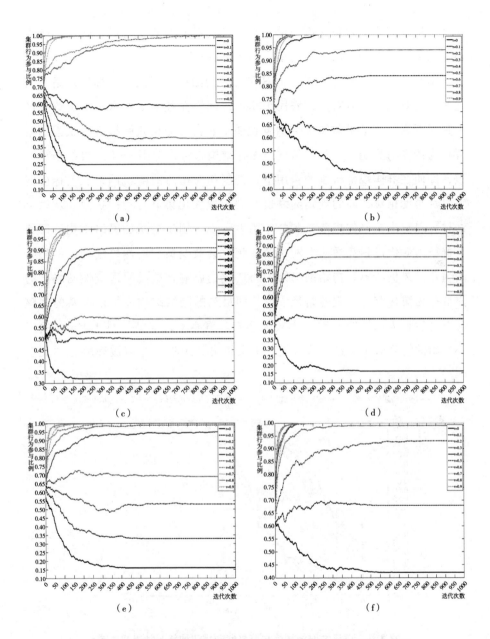

图 8-6 适应性网络群体规范机制的集群行为演化博弈迭代结果

说明：图中纵轴为迭代结束后具有集群行为参与意愿的比例，横轴为迭代次数；图中
（a）（c）（e）分别为 ADS、YDSC、WH 公司正式网络的演化结果，（b）（d）（f）分别为
ADS、YDSC、WH 公司非正式网络的演化结果；不同曲线代表不同适应性网络更新速度 τ
在 100 次实验下的均值。

速度会加快演化的收敛速度。由此看出，关系上的调整可以大幅度弱化参与者和不参与者的矛盾，进而使集团成员更有效地学习"参与行为"。

图 8-7 给出了以上实验与同等状态下的随机、规则、无标度网络上演化实验的对比。可以看出，农民工非正式网络在各个 τ 的水平下更容易产生集群行为，该结果与图 8-4 共同说明了农民工非正式网络具有很强的集群行为传播的势能。此外，从网络拓扑结构来讲，与图 8-4 所得的结论一致，即使在群体规范机制的作用下，密度相对稀疏的随机网络、无标度网络以及密度相对较高的规则网络也有利于理性化集群行为的扩散。从以上结果可以看出，群体规范机制的作用力大小受制于初始的网络结构。即使集群行为演化过程在适应性网络的变化上会改变最初的网络结构，但最终的演化结果仍离不开初始网络结构所造成的影响，这说明适应性网络上的集群行为演化存在一定的路径依赖，即最初的网络结构或早期关系的调整会对之后行为选择的变动产生较大影响。事实上，本结果对于 Olson 关于小集团的解释做了更进一步补充，上文指出"小集团"应被理解为"关系

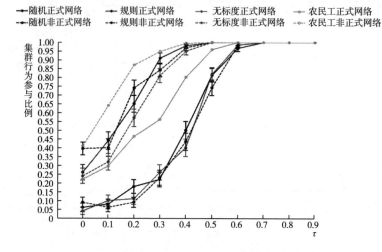

图 8-7 适应性网络群体规范机制的现实网络与计算机生成网络的集群行为演化博弈结果

说明：图中纵轴为迭代结束后具有集群行为参与意愿的比例，横轴为适应性网络更新速度 τ；图中不同曲线分别是随机网络、规则网络、无标度网络 95% 置信区间的误差棒图曲线，颜色最浅的曲线代表农民工集群行为演化平均结果，实线、虚线分别代表对应正式网络与非正式网络密度的现实网络与计算机生成网络的演化结果。

敏感的环境",而这一环境同样还应该包含关系结构的范畴,即小集团只有在有利的关系结构的带动下才会有更高的集群行为发生概率,在这里"小集团"也有着"有利的结构"的内涵。

第四节　小结与政策启示

一　小结

本章研究虽没有完全刻画现实集群行为中个体参与的心理与行为,但却可以充分展现理性化集群行为的演化路径。根据第三章的集群行为演化逻辑框架与总体分析框架,本章构建了有限理性集群行为的博弈演化分析框架;分别采用静态与动态网络有限理性集群行为演化博弈模型对农民工数据进行仿真,探讨了理性化集群行为中的搭便车机制与群体规范机制,得出以下结论。

在搭便车机制的探讨中,本章发现在有限理性的环境下搭便车机制同样会抑制集群行为的参与,但搭便车机制的作用被弱化,说明人们追求理性的模仿行为会突破完全理性对于集群行为参与思维的限制,虽然这种模仿行为并没有为集群行为参与者提供任何直接利益的补偿,但为集群行为参与的扩散提供了间接的有利条件,这一结论是对 Olson 集体行动论中关于搭便车机制论述的补充,拓展了其在影响世界中的论证。同时这一结果也对 Park 所提的理性人参与集群行为的社会学质疑[①]进行了较好的阐释,即在社会影响的场域下,"学习"行为会间接地将不参与者和参与者的行为连接起来,为不参与者提供学习参与者的机会,从而潜在地提高了集群行为参与者的收益,进而使其产生更大的参与动机。然而本章所探讨的理性化集群行为和非理性化集群行为的参与不存在直接的相关关系,理性化集群行为的参与结果更取决于集团的关系结构以及疏密程度。而在关系结构的探讨上,本章发现农民工社会网络,尤其是农民工的非正式社会网络,在集群行为的传播上具有极强的势能,即使在搭便车机制较为明显的

① Park, R. E. The Crowd and the Public and Other Esseys, H. Elsner (ed.) [M]. Chicago: University of Chicago Press, 1972.

环境下，农民工社会网络结构特性使其参与集群行为的可能性仍非常大。这事实上也是对 Olson 的集体行动论进行了网络结构上的修正，确定了网络结构对于搭便车机制的重要影响。相比 Olson 的传统经典理论，本章基于社会网络局部信息传导的集群行为讨论与现实实践具有更高的契合性。

在群体规范机制的探讨中，本章采用动态适应性网络中关系更新速度来衡量人群在博弈中对关系的敏感性，进而反映群体规范机制的作用。研究发现，适应性网络上关系的变动可以显著提升集群行为的参与水平，验证了 Olson 关于小集团的群体规范理论。同时，这一关系的变动会加快演化的收敛速度，大幅度弱化参与者和不参与者的矛盾，进而使集团成员更有效地学习"参与行为"。Olson 在关于"小集团"的论述中并没有详细阐述群体规范的作用机制，如规范作用的时间、效力、具体过程都没有详细地说明，而本章的内容探讨正是对上述不足的弥补，发现并解释了群体规范机制是通过人们对关系上的压力感知进行作用，而非集团规模或是网络密度所能左右的。本章从社会网络角度对 Olson 关于"小集团"的论述予以一定的解释与修正，是对群体规范机制的拓展。此外，本章发现群体规范机制的作用力大小受制于初始的网络结构，说明演化过程中存在一定的路径依赖；通过不同类别网络演化的对比发现，农民工非正式网络在群体规范机制的作用下表现出极强的集群行为传播势能，因而在农民工集群行为问题的治理上，要格外关注他们那种带有亲缘、地缘特征的非正式网络。

总体来讲，本章肯定并证明了 Olson 的集体行动论中搭便车机制与群体规范机制在理性化集群行为演化中所产生的作用，一方面认为有限理性世界中搭便车机制会被进一步弱化，另一方面则认为"小集团"所产生的群体规范机制来源于人际关系的敏感性以及集团关系的结构。以上发现既是对 Olson 的经典理论的解释与再修正，也是社会计算在公共选择上的有益探索。

从实践来讲，理性化的集群行为是当前我国群体性事件特征转型的新趋势，利益驱动的群体性事件是组织性更强、规范程度更高的社会行动，2012 年爆发的江苏"启东事件"就是其中较为典型的案例。日本王子造纸厂在做出使排污工程管道在启东附近入海的决定后，众多志愿者开始宣传呼吁反对这项工程，他们耗费了较多的时间和精力宣传此事，让这项"排海工程"的危害性深入人心。根据 Olson 的集团理论，人们在搭便车机制的作用下，是不可能自愿为整个团体付出努力的，但事实上"启东事件"确实爆发了。从经济学完全理性的角度是无法合理解释这一过程的，而只有把"有限理性"带入事件的过程中才可以做更合理的解释，即人们在时间的演变中逐渐认识到该项目的危害性以及参与群体性事件的必要性，更多的启东市民在反复的人际互动中加强了这一认知并进一步形成认知传递，那么在这样的环境场域下，即使集群行为的搭便车特征较为明显，人们也有可能参与到事件中来，这与本章的研究分析逻辑一致。另外，人们在行为动员过程中，也必然会感知到小团体中群体规范的压力，这也进一步保证了市民参与群体性事件的动力。"启东事件"只是其中一个案例，本章的演化逻辑推导为类似群体性事件提供了内在逻辑分析的参考，进而为治理实践提供启示。

二 政策启示

本章研究重点探讨了理性化集群行为的搭便车机制与群体规范机制，并结合农民工数据的仿真实验发现农民工社会网络结构的特殊性，加之农民工亲缘与地缘关系的紧密性，使得农民工在集群行为参与上可以抵消掉一部分搭便车机制的影响，并增强群体规范的作用，进而增加了集群行为的爆发风险，这一逻辑的背后反映了社会结构变迁中的政治过程。城镇化的持续推进带动了社会现代化，不仅增强了农民工的民主意识与公民意识，同时也促进了一系列正式化的利益表达渠道的完善，赋予以农民工为代表的弱势群体更多的话语权。但是，正是因为农民工是社会的弱势群体，资源禀赋的不足以及二元户籍制度共同导致了他们经常被排除在正式制度之外，陷入了"上层制度设计合理，但在社会底层渗透不足"的困境，因而农民工通过正式渠道进行利益表达时总是存在耗时、耗资的现象，转而选择以"闹大"的形式来进行非正式渠道的利益表达。而政府"大闹大解决，小闹小解决，不闹不解决"的惯性问题处理方式，使得农民工更加习惯利用"闹大"的方式解决问题。

政府在解决问题的过程中应进一步转换思维，继续拓宽农民工正式利益表达渠道的同时，让农民工有更多的政治参与机会，兼顾不同利益主体的诉求，理论上就是优化的本章研究中的收益矩阵，达到"不闹也解决"的利益表达目的。在增加农民工的政治参与机会的同时，还要优化参与程序，突破可能存在的身份和资格限制。各企业与社会组织应重视在农民工群体中培养与发展党员，鼓励党组织吸收更多优秀的农民工，发挥农民工党员的先进带头作用；鼓励一部分优秀的农民工进入地方人大、政协，进而拓展农民工的利益诉求渠道。

从集群行为理性动因的维度来讲，搭便车机制是集群行为失败的重要因素，即使在带有人际影响作用的有限理性环境中，搭便车机制依然可以发挥其抑制集群行为规模的作用。本书的政策目的不是提出强化搭便车机制功能以降低集群行为参与规模的思想，而是以辩证的思维来看待搭便车机制。对于依法维权的行为，事实上政府应鼓励，并弱化搭便车机制的功能，可通过一定的政策支持将依法行为的外部性进行内部化的处理或对外部性的行为予以奖励；而对于群体性事件中的非法行为，政府与执法部门应加大惩戒力度以提升行为成本，从而实现搭便车机制的正向利用。此外，本章给出了群体规范机制是集群行为成功的重要原因的结论，尤其是对于农民工这样的群体，其群体内部的团结性大幅提升了群体规范机制的功能。在群体性事件的实际治理之中，一方面，治理部门应充分利用这一特点，鼓励群体内部理性参与行为的规范作用，并利用群体意识抑制内部的违法行为；另一方面，则需要进一步发挥正式组织的调节作用，在组织中形成明晰的条文规定，杜绝集群行为的非法动员。

| 第九章
结论与展望 |

本章将对本书的主要研究工作与发现进行总结；归纳总结出本书的创新点与主要突破；同时根据本书第三章至第八章的研究发现，提出集群行为治理的政策建议；最后，本章将探讨目前研究的不足，并做出对下一步工作的展望。

第一节　主要结论

集群行为是个体在人际互动影响下所做出的偏离当时社会价值的群体共同性行为，是典型的公共管理问题。然而由于其不可预测性、自适应性、自组织性等复杂性特征，这种宏观性的涌现行为难以使用传统社会科学方法从次级单位属性去理解。[①] 本书从人际互动的视角出发，结合已有的社会学、经济学、政治学经典理论，对集群行为的演化逻辑进行再建构；将集群行为在维度上进一步扩展为理性化与非理性化的集群行为，对集群行为的理性动因与非理性动因进行了讨论，并结合信息传播的不同路径，形成了全局完备信息、局部完备信息、全局不完备信息、局部不完备信息以及理性与非理性并存的集群行为演化逻辑框架，进而结合社会计算的理论与方法，构建出可操作性强的总体集群行为演化分析框架。本书按照总体框架的指导，针对不同类别的集群行为演化过程分别构建了波利亚社会影响传播模型、波利亚复杂网络传播模型、波利亚阈值传播模型、波

[①]　Blau，P. M. Exchange and power in social life［M］. New Brunswick：Transaction Books，1986.

利亚复杂网络阈值传播模型、静态网络有限理性集群行为演化博弈模型与动态网络有限理性集群行为演化博弈模型，用以分析集群行为演化中的社会影响、网络密度与结构、阈值、搭便车、群体规范等机制；同时为更好地探寻集群行为的演化规律，本书还关注了农民工这样一个集群行为频发的高危人群，并将计算机模拟参数与农民工实际数据共同放入仿真实验中，对一般机制与农民工群体的特殊机制进行了系统分析。基于各章研究，本书认为集群行为演化逻辑如图9-1所示。

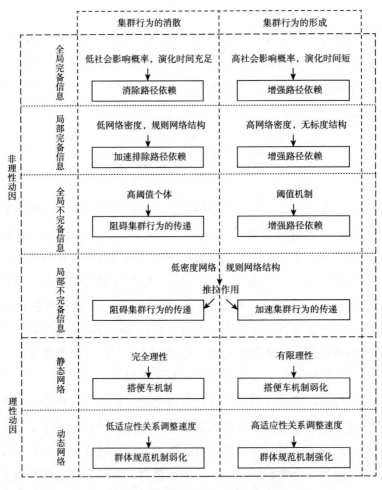

图 9-1 集群行为的演化逻辑总结

本书的主要结论如下。

第一，在并非完全影响的世界中，社会系统在完备信息处理机制的作用下会随着时间的推移自动收敛到个体本身的集群行为偏好价值水平当中，并排除社会影响的路径依赖。这一结论不同于 Salganik 等人基于 Music Lab 实验所得出的"社会影响具有路径依赖"的一般性结论，[①] 本书认为社会系统存在自我修复功能，将偏离的价值取向收敛到社会本有的价值体系中，进而消除演化过程中的路径依赖。但是，在有限的时间内，社会影响概率的提升可以非线性地提升集群行为演化的路径依赖，说明现实当中存在集群行为现象或是偏离价值的马太效应的原因在于，过高的社会影响概率导致路径依赖凸显，社会系统的自我调整速度过慢，集群行为通常具有瞬时性，有限的时间使得系统无法快速调整。而这两点原因正是对 Salganik 等人的 Music Lab 实验结果以及现实中集群行为存在路径依赖的解释。

第二，相比全局信息的接收机制，基于社会网络信息传递的局部完备信息传播机制可以使社会影响作用力减小，提升了演化的可预测性并加速排除了演化过程中的路径依赖。从局部信息传递的拓扑结构来看，无标度网络中的意见领袖（Hub 节点）对于整体系统的演化存在较大的作用，增加了集群行为发生的风险；规则网络上的信息传递则具有较强的可预测性。通过对农民工数据的仿真实验可以发现，在完备信息机制下，农民工社会网络蕴含着较高的集群行为传播的风险。同时，当社会影响程度达到一定水平之后，农民工在独立世界中的集群行为参与意愿对于最终演化结果的解释程度会迅速降低，而这一发现可以解释 Dellaposta 等人在《为何自由党人喝拿铁》一文中提出的"社会影响导致观念变化"的结论。[②]

第三，基于阈值机制的集群行为演化过程不能像完备信息的处理机制那样使得社会系统收敛到行为累和的状态，这一发现可以用来解释 Salganik 等在 Music Lab 实验中发现的群体不能演化到个体偏好价值水平的现象。[③] 集群

① Salganik, M. J., Dodds, P. S., Watts, D. J. Experimental study of inequality and unpredictability in an artificial cultural market [J]. Science, 2006, 311 (5762): 854-856.

② Dellaposta, D., Shi, Y., Macy, M. Why do liberals drink lattes? [J]. American Journal of Sociology, 2015, 120 (5): 1473-1511.

③ Salganik, M. J., Dodds, P. S., Watts, D. J. Experimental study of inequality and unpredictability in an artificial cultural market [J]. Science, 2006, 311 (5762): 854-856.

行为参与比例与阈值进行比较而形成的高低趋势是决定集群行为演化方向的关键。若个体阈值与系统中已参与行为的比例接近，则演化会存在较强的不稳定性与不可预测性；若二者差距较大，在社会影响的作用下，二者的比较趋势会进一步固化，进而就会产生集群行为参与比例扩大到极高或缩小到极低程度的马太效应。在对农民工数据的仿真实验中发现，农民工的阈值对于全局不完备信息下的集群行为的爆发起到一定的防止与减缓的作用，阈值较高的农民工往往是阻止集群行为爆发、扩散的关键个体。但是，这种集群行为爆发与发展的可预测性通常较差，路径依赖程度相比完备信息机制下的集群行为演化会有所提升，而产生这些结果的社会动力来自集群行为参与比例和个体阈值构成的动态变化的比较趋势之中。

第四，在局部不完备信息下的集群行为演化中，阈值机制仍是集群行为演化过程中的核心调节机制，但该机制的作用受网络密度、网络结构以及个体在网络中的位置的影响。相比完备信息机制，基于局部不完备信息的演化会对集群行为的参与规模存在一定的推拉作用，密度更小的稀疏网络以及规则网络结构可以增强这一推拉作用，以及提升演化过程的路径依赖。规则网络的有序连接结构对基于阈值机制演化的社会影响程度更为敏感，集群行为演化在规则网络上存在明显的多米诺效应。针对农民工这一特殊群体的仿真实验表明，对于社会网络较为稀疏、社群结构较为明显、集群行为参与阈值不高的农民工群体，基于社会网络局部关系传递的行为要比全局信息扩散得更快，农民工社会网络具有较强的爆发集群行为的势能。阈值机制在社会网络局部的信息传导中会使得已经参加集群行为的农民工发挥更大的影响力，农民工的社会网络结构对基于阈值机制的集群行为扩散具有推动作用，但该结构在集群行为的发展阶段并没有带有明显意见领袖的无标度网络的行为传递的势能高。

第五，在有限理性的环境下，搭便车机制同样会抑制集群行为的参与，这一结论是对 Olson 的集体行动论在影响世界上的补充。但是搭便车机制的作用被弱化，说明人们追求理性的模仿行为会突破完全理性对于集群行为参与思维的限制，进而解释了 Park 对于现实中理性人参与集群行为的现象的疑惑。① 虽然这种模仿行为并没有给集群行为参与者提供任何直接的利益补偿，但为集群行为参与的扩散提供了间接的有利条件。此外，农民工的社会网络，尤其是农民工的非正式社会网络，在集群行为的传播上具有极强的势能，即使在搭便车机制较为明显的环境下，农民工社会网络结构特性使其参与集群行为的可能性仍非常大。

第六，适应性网络上关系的调整可以显著提升集群行为的参与水平。该结果对 Olson 关于小集团参与集群行为的论述进行了模拟仿真的解释，肯定了群体规范机制确实是集体行动参与的重要原因。但对于 Olson 关于小集团的论述，本书认为"小集团"的概念更应该被理解为"关系上更为敏感的群体环境"，而非简单的集团规模大小，只有这样关系敏感的环境才更有可能产生群体规范机制。此外，本书发现群体规范机制的作用力大小受制于初始的网络结构，农民工的非正式社会网络结构可以进一步增强群体规范机制的作用力，进而形成较强的集群行为传播势能。

第二节　政策建议

1. 构建多元主体参与的现代化治理体系，将制度优势转化为治理效能

以群体性事件为外在表现的集群行为并非偶然事件，随着中国经济社会发展，集群行为将表现出更多样、更激烈、更复杂的特征，依靠单一的政府部门难以有效解决这一公共治理难题。现代化的社会治理要求政府为主导、多元主体参与，针对集群行为演化过程的不同环节应形成多元协作的治理模式。新中国成立以来，我国在长期的奋斗实践中形成了科学的制度体系，"党的集中统一领导""集中力量办大事""全国一盘棋"等一系列制度优势使得我国在具体公共问题治理中凸显了效率优势，也为治理体系现代化建设与治理能力更快发展提供了良好的保障和基础。在进一步优化集群行为的治理体系时，仍应进一步强化并发挥这些制度上的优势，在坚持党的领导和政府统一部署的前提下，将政府与企业、社会组织、公民

---

① Park, R. E. The crowd and the public and other essays [M]. Chicago: University of Chicago Press, 1972.

的协作治理制度化、常规化，进而形成更加成熟的群体性事件常态管理与应急管理相统一的治理格局，构成平时组织分散、战时集中统一的统分治理结构。企业、社会组织与公民等社会主体应在政府指挥下发挥更大的作用，一方面在平时做好群体性事件的监管与防范，另一方面则在危机出现时加强缓解。政府在制定危机事件管理与应急预案时应强调集群行为的开放性与动态性，充分考虑其他社会主体的治理作用并合理安排任务，增强其责任意识、主人翁意识，实现社会治理的共治，提升整体治理能力。

2. 建立健全集群行为预警机制，做到防患于未然

凡事预则立，不预则废，做好事件发展态势的准确研判是构建集群行为现代化治理体系的重要内容。建立和完善集群行为的预警机制，可以精确预判集群行为的爆发与变化走向，及时干预以避免事件进一步恶化。有效的预警机制应综合包括预警指标体系的构建，预警系统的设计，应急预案的设计，社会信息的收集、处理与评估，以及预案的实施等环节。在预警指标体系的构建中，应加入社会安全环境因素的考量，在考量中应对人们的不公平感知、公民权意识、集群行为的参与阈值进行更加细化的测评，充分把握整体社会系统在集群行为发生方面的潜在势能。在预警系统的设计中，也应该分人群进行测评，对于农民工这样的集群行为高风险人群，应专门设立预警体系，形成专门的预警方案。在应急预案的设计中，应根据不同指标分值设立不同的警报等级，并按等级形成不同的程序化处置方案。政府相关部门应定期收集社会信息，充分把握社会动向，了解人民群众的真实想法和诉求。在收集信息后依据预警指标体系进行信息处理与评估，对相应的预案进行实时优化，对社会热点问题保持较高的警惕性与敏感性，充分把握新时代社会问题与矛盾的本质规律。

3. 完善互联网监管体系，强化我国的社会舆情治理

人际互动中的社会影响在互联网时代会体现出更强的集群行为传递势能，很多负面的网络舆情通过借助社会影响的传播途径误导网民价值观，引起不良的网上集群行为。在"互联网+"时代，有必要很好地完善互联网监管体系，强化我国的社会舆情治理。

首先，进一步完善互联网监管体系的机构设置并明晰机构职责。在国家与政府视域下，根据不同地区与不同时段的网络使用情况，设置不同的

管辖机构并赋予这些机构单位明确的权力与责任。针对网络中出现的不良舆情，各部门应形成统一的处理意见，并进行明确的职责划分，保证高效合理地解决舆情问题。同时要对网络监管人员进行思想与专业上的教育，要让他们充分认识到负面网络舆情的危害性，进而在舆情管理中能够做到有效的专业化处理，在平时做好全面与完善的监管与预防工作。

其次，完善互联网舆情的立法与制度建设。进一步完善互联网相关的法律法规条例，对制度与法律上的漏洞与不足进行及时弥补，对于任何在互联网上传播不良舆情的人员都要进行法律责任追究，确保人们在互联网的环境中也能有法可依、有法必依。进一步形成常态化的舆情回应机制，政府与公安机关要树立新的思维与理念，同网民进行良性互动，对网民所提的质疑进行及时回应；要依据我国公民现阶段的上网形式与特征进行社会舆情调查，掌握当前舆情表现形式，找出舆情监管与处理方法的不足，同时判断出具体的舆情符合本书上述探索的哪一类集群行为的内在逻辑，并结合演化机制进行漏洞的弥补与监管机制的完善。

最后，进一步加强我国公民与线上媒体的思想建设。互联网是一个言论自由的环境，但一些网民对网络舆情危害性的认识不足，可能会导致网络上出现一些恶性集群行为。对此，政府与媒体应做好对网民的思想教育工作，宣传健康上网的观念，提高大家对于网络舆情的认知程度，积极引导网民抵制不良舆论，做到"不信谣""不传谣"，促进我国健康、文明的互联网环境的建设。政府可利用一些公共网络平台向公民宣传相关的法律知识与条例，让公民认识到传信谣言的危害性以及后果严重性。在社会信息传递的过程中，电视或网络媒体充当着重要的中介。然而，由于一些媒体过度关注经济利益而故意扭曲事实，激化了阶层之间的矛盾，降低了政府的公信力。因而需要进一步做好媒体的管控，要求媒体报道真实客观，特别是针对群体性事件或网络舆情相关事件，形成相应的问责机制。一方面要保证事件的真实可靠，而非以提升关注度或点击量为目的对事件进行断章取义；另一方面强调媒体的责任感与使命感，要对舆情进行正面引导。

4. 加大地方政府的信息公开力度，充分保障公民的知情权

政府与相关部门应建立健全信息公开制度，在集群行为发生或谣言传播的第一时间将事情真相公之于众，保障人民群众对事件的知情权，消除人们的疑惑，进而在事件中掌握控制的主动权。另外，政府要针对虚假信息及时进行辟谣，并针对虚假信息传播制定具体的法律法规，从源头上遏制失真信息的传播。同时，政府应注重多手段、多渠道对信息进行公开，如通过政府网站、政务微博、贴吧、微信公众号等发送信息，确保政府信息的公开完整与广泛披露，提高公民的政府信任感。事实证明，政府的信息公开对于事件的正向引导具有重要的作用。例如，政府部门在新冠肺炎疫情期间及时组建调查小组对武汉女子监狱刚出狱的一名新冠肺炎患者进京事件展开调查并公开真相，有效地引导了网络舆情的走向。此外，政府与企业应重点关注具有普遍认同感或容易引发共鸣情绪的事件，如城管问题、拆迁问题、邻避项目、农民工工资拖欠问题等，并做好干预的准备，避免出现引发群体愤怒情绪或降低公民政府信任感的问题。地方政府部门在出台某项敏感政策或实施某项目的同时也要保证信息公开，并做好宣传与教育工作，积极引导群众理解并支持政府。

5. 畅通弱势群体的利益表达渠道，提高底层群众的政治参与水平

我国目前已经建立起了较为成熟的人民代表大会制度、政党制度、政协制度、人民信访制度等一系列纵向利益表达制度，然而一方面当前的纵向信息沟通渠道还存在一定的"中梗阻"现象，底层群众的利益需求无法传递到上层；另一方面底层群众的政治参与水平与意愿较低，这就使得底层群众更倾向于以非制度化的集群行为的方式进行利益表达。因此，畅通纵向的利益表达渠道，提升底层群众的政治参与水平具有重要的意义。各级政府要形成人群宣泄与合法维权的便捷通道，使得民众在情绪宣泄中有规可循、有法可依。特别是对于农民工这样的弱势群体，应设置专门的信访通道，加大调解力度。同时，应进一步完善工会制度以及培育一系列非营利社会组织，充分发挥中间组织的制度优势，妥善解决利益受损与权利侵害问题，从而形成以政府为主导、多元组织与机构共同发力的现代化利益诉求机制。此外，要进一步完善用工单位的监管制度，尤其避免出现拖欠农民工工资的现象，要严格执行失信联合惩戒制度，大幅提升企业违规成本。同时也要进一步完善个人和集体的劳动争议仲裁制度，形成弱势群体权益保障的网络化管理模式。在进一步拓宽底层群众的正式利益表达渠道的同时，也要让上层民主制度落实到地面上，鼓励底层群众拥有更多的政治参与权利，打破当前政治参与的制度壁垒，进一步增加底层群众的政治参与机会，优化参与程序，突破以往的资格限制。对于农民工群体，各企业与社会组织应重视在农民工群体中培养与发展党员，鼓励党组织纳入更多优秀的农民工成员，发挥农民工党员的先进带头作用。鼓励一部分优秀的农民工进入人大、政协代表序列，进而拓展农民工的纵向利益诉求渠道。

第三节　研究展望

本书基于社会计算的理论与方法对集群行为的演化逻辑进行了系统分析，从动态时间上与空间结构上探讨了各类集群行为的演化特征，模拟了从个体行为演化到群体行为的整体过程，并提出了集群行为治理的政策启示，对经典理论以及已有研究进行了补充，取得了一些有价值的成果。本书的局限性与未来的工作展望主要概括为以下几个方面。

第一，本书的研究样本存在一定的局限性。受到抽样框、问卷设计、调研难度等方面的限制，本书研究仅采用整群抽样的方式对农民工个体与关系匹配数据进行收集，这种抽样可能会使数据分析出现一定偏差。在未来研究中，可以考虑拓展更多的特殊群体，如农村居民、市民、在校学生或其他特殊职业群体，进而对更多特殊人群的特定行为进行分析。

第二，本书所提的模型主要考察了集群行为演化中最主要的机制作用，是现实集群行为的理想化模型，例如，在适应性网络中为保证整体连边数保持定值而选择断边重连的算法步骤在研究中过于理想。同时，每个个体在事件中的收益也不尽相同，因而本书仿真实验中的收益矩阵也应有所变化。因此，未来研究将在本书模型基础上，更系统地纳入相关因素，从而更真实地反映现实集群行为的发生过程。

第三，应进一步突破仿真方法的局限，加强实践中的应用。本书所提的模型可以从概念与理论上对集群行为的演化过程进行模拟，但对于实际环境中的应用，特别是真实集群行为事件，无法实时采集到人群的真实心理与行为变化。未来研究中可考虑采用社会实验的方法，对人群的真实反应进行考察。同时，进一步对实际发生的集群行为进行动态跟踪，结合本书所提的理论与方法，设计管控策略的优化模型，形成科学有效、可操作性强的管控方案。

第四，实际的群体性事件可能是理性化与非理性化动因演化的集合体，在实际的治理与管控中，可能要同时考虑这两方面的集群行为演化过程。对于某群体或某个体来讲，理性动因与非理性动因是否可以并存还需要进一步论证。直观来看，一个个体在动态的时间变化中可以同时做出非理性与理性的思考，但目前并没有实际的证据可以证明理性与非理性并存。"理性"与"非理性"在本书中意指"动因"，而非"行为产出"。本书所探讨的理性化集群行为是非理性化集群行为中的社会影响机制在个体理性选择上的进一步拓展，即将带有利益计算的理性动因带入行为决策环境之中，构成有限理性与社会影响协同作用的人际环境。因此，本书所探讨的"非理性"研究是探究集群行为中人际互动作用机制的基础，而"理性"研究是"非理性"研究的进一步探索。在未来研究中，仍需要对"集群行为参与动因的'理性'与'非理性'是否并存"这一命题做进一步探讨，若二者可以共存于同一场域，则可通过引入参数来综合考虑"理性"与"非理性"动因。此外，可以将社会影响机制与演化博弈中的搭便车机制和群体规范机制做进一步的结合，进而模拟出更加真实的集群行为。

传统集群行为研究集中于微观因素或宏观过程描述，存在二者互相分离的缺陷，而这就难以解释由个体行为演变为群体宏观行为的涌现现象。对于集群行为这样难以复现、难以调查、难以实验的复杂性公共管理问题，传统社会科学中的定性与定量研究难以对集群行为的具体演化机制做出精确阐述。本书的研究也证明了 Dellaposta 等人关于"社会影响导致观念变化"的理论，[①] 即传统研究过度关注独立样本的个体属性变量，忽视了人际互动中的社会影响作用机制，而实际上的因果效应很多情况下并非由个体属性造成，特别是集群行为这类社会问题，人际关系以及环境场域的作用力将更大。社会计算突破了微观与宏观相分离、关系与环境探讨不足的缺陷，为把握动态社会系统的结构与机制提供了具体思路与实施路

---

① Dellaposta, D., Shi, Y., Macy, M. Why do liberals drink lattes? [J]. American Journal of Sociology, 2015, 120 (5): 1473-1511.

径，进一步促进了社会科学与自然科学的融合，解决了还原论所产生的社会科学方法难以加深人们对社会系统理解的困境。[1] 但需要指出的是，目前社会计算以及社会计算在社会科学研究中的应用仍处于初级摸索阶段，这种范式并没有形成定型。在社会科学与自然科学交叉融合的过程中，由于不同学科对社会现象以及客观现实的认识不足，容易产生"客观与主观"、"实证与诠释"以及"个体与整体"相对立的现象，[2] 进而造成交叉研究的矛盾。因此，寻找具体社会问题与自然科学理论方法的契合点是未来社会计算应用研究的重要工作，本书将社会计算中的信息传播、复杂网络引入集群行为演化的研究，正是这样一种尝试。虽然这一新的研究范式仍存在一些缺陷，特别是在实证研究中的解释仍会被质疑，但社会科学研究日新月异，这种新型交叉学科的范式也必然会逐渐被包括公共管理在内的更多领域的社会科学研究者认可并接受。

---

[1] 米加宁，章昌平，李大宇，林涛. 第四研究范式：大数据驱动的社会科学研究转型［J］. 社会科学文摘，2018，(4)：20-22.

[2] 米加宁，章昌平，李大宇，林涛. 第四研究范式：大数据驱动的社会科学研究转型［J］. 社会科学文摘，2018，(4)：20-22.

参考文献

阿汉密尔顿，詹麦迪逊，约杰伊．联邦党人文集 ［M］．霍布金斯大学出版社，1982.

波普诺．社会学：下册 ［M］．辽宁：辽宁人民出版社，1988：566-567.

卜荣华．群际互动与群际威胁：青年网络集群行为的动力学分析 ［J］．山东青年政治学院学报，2020，36（1）：45-53.

布坎南，塔洛克．同意的计算——立宪民主的逻辑基础 ［M］．陈光金，译．中国社会科学出版社，2000.

布坎南．自由、市场和国家 ［M］．吴良健，桑伍，曾获，译．北京：北京经济学院出版社，1988：18.

蔡禾，李超海，冯建华．利益受损农民工的利益抗争行为研究——基于珠三角企业的调查 ［J］．社会学研究，2009，（1）：139-161.

曹子玮．农民工的再建构社会网与网内资源流向 ［J］．社会学研究，2003，（3）：99-110.

常凯．劳动关系的集体化转型与政府劳工政策的完善 ［J］．中国社会科学，2013，（6）：91-108.

陈达．提升政府公共危机管理能力路径探析 ［J］．市场论坛，2018，（10）：4-7.

陈水生．当代中国公共政策过程中利益集团的行动逻辑 ［D］．上海：复旦大学，2010.

陈潭，黄金．群体性事件多种原因的理论阐释 ［J］．政治学研究，2009，（6）：54-61.

戴维·伊斯顿. 政治生活的系统分析 [M]. 王浦劬等, 译. 北京: 华夏出版社, 1989.

杜海峰, 牛静坤, 张锴琦等. 集群行为的社会网络分析: 社会计算在农民工集群行为研究中的应用 [M]. 北京: 社会科学文献出版社, 2019.

杜海峰, 张楠, 牛静坤等. 群体性事件中的集群行为——一个基于社会计算的研究框架 [J]. 中国人民公安大学学报 (社会科学版), 2014, 30 (6): 81-90.

杜鲁门. 政治过程: 政治利益与公共舆论 [M]. 陈尧, 译. 天津: 天津人民出版社, 2005.

范如国. 复杂网络结构范型下的社会治理协同创新 [J]. 中国社会科学, 2014, (4): 98-120.

冯仕政. 西方社会运动理论研究 [M]. 北京: 中国人民大学出版社, 2013: 13-94.

高红波. 社会资源与行动网络: 精英型意见领袖的抗争逻辑 [J]. 西北农林科技大学学报 (社会科学版), 2016, 16 (3): 32-39.

顾东东, 杜海峰, 刘茜, 李姚军. 新型城镇化背景下农民工社会分层与流动现状 [J]. 西北农林科技大学学报 (社会科学版), 2016, (4): 69-79.

郭永园, 彭福扬. 元治理: 现代国家治理体系的理论参照 [J]. 湖南大学学报 (社会科学版), 2015, (2): 105-109.

何翔舟, 金潇. 公共治理理论的发展及其中国定位 [J]. 学术月刊, 2014, 46 (8): 125-134.

何增科. 治理、善治与中国政治发展 [J]. 中共福建省委党校学报, 2002, (3): 16-19.

胡晶. 公共危机管理中政府信息公开的现状与问题探析 [J]. 经济研究导刊, 2019, (31): 186-187.

华坚, 张长征, 吴祠金. 利益博弈与群体力量——基于演化博弈的群体性事件生成机理及其化解 [J]. 河海大学学报 (哲学社会科学版), 2015, 17 (4): 53-59.

黄岭峻, 唐雪梅. 农民工集体行动的中介机制研究——基于结构方程模型（SEM）的分析 [J]. 湖北经济学院学报, 2015,（5）：51-57.

介佩玺, 武歆华, 陈星梦. 农村多主体参与应急管理现状研究——以陕西省榆林市横山区波罗镇为例 [J]. 新西部, 2019,（24）：34-35.

金太军. 政府公共危机管理失灵：内在机理与消解路径——基于风险社会视域 [J]. 学术月刊, 2011, 43（9）：5-13.

康伟, 陈茜. 公共危机协同治理视角下的组织合作问题研究 [J]. 行政论坛, 2015, 22（1）：14-17.

L·科塞. 社会冲突的功能 [M]. 北京：华夏出版社, 1989：31-34.

勒庞. 乌合之众：大众心理研究 [M]. 冯克利, 译. 中央编译出版社, 2015.

李可. 公共危机中的群体行为分析与对策研究 [D]. 国防科学技术大学, 2005.

李林, 田禾. 中国法治发展报告 No. 12（2014）[M]. 北京：社会科学文献出版社, 2014.

李明强, 张凯, 岳晓. 突发事件的复杂科学理论研究 [J]. 中南财经政法大学学报, 2005,（6）：23-26.

李培林, 李炜. 农民工在中国转型中的经济地位和社会态度 [J]. 中国党政干部论坛, 2007,（8）：18-20+33.

李培林. 流动民工的社会网络和社会地位 [J]. 社会学研究, 1996,（4）：45-52.

李树苗, 任义科, 费尔德曼, 杨绪松. 中国农民工的整体社会网络特征分析 [J]. 中国人口科学, 2006,（3）：19-29.

李维安. 国家治理与分类治理 [J]. 中国高校科技, 2015,（2）：16-18.

李曦, 陈晖. 浅析新媒体环境下的政府公共危机管理 [J]. 新闻前哨, 2019,（9）：68-69.

李永宪, 陈晋胜. 关于群体性事件的理性思考 [J]. 晋阳学刊, 2004,（1）：33-38.

李站强. 大数据时代的公共危机管理 [J]. 知识经济, 2019,（1）：33-34.

刘德海，韩呈军，尹丽娟．城市拆迁群体性事件演化机理的多情景演化博弈分析［J］．运筹与管理，2016，25（1）：76-84.

刘德海．群体性突发事件中政府机会主义行为的演化博弈分析［J］．中国管理科学，2010，18（1）：175-183.

刘德海．信息交流在群体性突发事件处理中作用的博弈分析［J］．中国管理科学，2005，13（3）：95-102.

刘军．社会网络分析导论［M］．北京：社会科学文献出版社，2004.

刘丽丽，闫永新．西蒙决策理论研究综述［J］．商业时代，2013，（17）：116-117.

刘能．当代中国群体性集体行动的几点理论思考——建立在经验案例之上的观察［J］．开放时代，2008，（3）：110-123.

刘能．社会运动理论：范式变迁及其与中国当代社会研究现场的相关度［J］．江苏行政学院学报，2009，（4）：76-82.

刘涛，陈忠，陈晓荣．复杂网络理论及其应用研究概述［J］．系统工程，2005，23（6）：1-7.

龙宗智．相对合理主义［M］．北京：中国政法大学出版社，1999.

罗伯特·希斯．危机管理［M］．王成等译．北京：中信出版社，2001.

吕传笑，栾晓峰．个体行为与群体行为的互动分析［J］．山东省农业管理干部学院学报，2005，（5）：97-98.

马振兴．公共危机管理中媒体参与探究［J］．现代营销（创富信息版），2018，（12）：175.

孟天广．转型期中国公众的分配公平感：结果公平与机会公平［J］．社会，2012，（6）：108-134.

孟小峰，李勇，祝建华．社会计算：大数据时代的机遇与挑战［J］．计算机研究与发展，2013，50（12）：2483-2491.

米加宁，章昌平，李大宇，林涛．第四研究范式：大数据驱动的社会科学研究转型［J］．社会科学文摘，2018，（4）：20-22.

莫于川．公共危机管理的行政法治现实课题［J］．法学家，2003，（4）：115-125.

牛静坤，杜海峰，杜巍，刘茜．公平感对农民工集群行为的影响研究——基于平等意识的调节效应分析 [J]．公共管理学报，2016，13（3）：89-99．

牛静坤，杜巍，张楠，王帆．组织参与对农民工集群行为的影响研究——基于 X 市农民工调查的实证分析 [J]．西安交通大学学报（社会科学版），2015，35（4）：94-100．

塞缪尔·P. 亨廷顿．变动社会的政治秩序 [M]．张岱云等译．上海：上海译文出版社，1989．

司睿．农民工流动的社会关系网络研究 [J]．社科纵横，2005，20（5）：139-140．

孙德厚．村民制度外政治参与行为是我国农村政治、经济体制改革的重要课题 [J]．中国行政管理，2002，（6）：35-37．

孙立平．定型——节选自《90 年代以来中国社会结构演变的新趋势》 [J]．南风窗，2003，（6）：25．

孙立平．断裂——20 世纪 90 年代以来的中国社会 [M]．北京：社会科学文献出版社，2003．

陶建华．试论突发公共危机事件的政府网络舆情管理措施 [J]．中国市场，2019，（31）：96-97．

童世骏．大问题和小细节之间的"反思平衡"——从"行动"和"行为"的概念区分谈起 [J]．华东师范大学学报（哲学社会科学版），2005，37（4）：16-23．

弯美娜，刘力，邱佳等．集群行为：界定，心理机制与行为测量 [J]．心理科学进展，2011，19（5）：723-730．

汪大海，何立军，玛尔哈巴·肖开提．复杂社会网络：群体性事件生成机理研究的新视角 [J]．中国行政管理，2012，（6）：71-75．

王保民，王焱．当代中国利益集团多元利益的立法表达 [J]．管理学刊，2011，（3）：68-72．

王赐江．当前中国群体性事件的学理分析 [J]．人民论坛，2010，（17）：54-55．

王飞跃，刘德荣，熊刚，程长建，赵冬斌．复杂系统的平行控制理论

及应用 [J]. 复杂系统与复杂性科学, 2012, 9 (3)：1-12.

王金红, 黄振辉. 制度供给与行为选择的背离——珠江三角洲地区农民工利益表达行为的实证分析 [J]. 开放时代, 2008, (3)：60-76.

王靖哲. "互联网+" 对政府公共安全危机管理的影响效应研究 [J]. 中国管理信息化, 2019, 22 (12)：191-192.

王君, 徐选华. 媒体参与下群体性突发事件的演化博弈 [J]. 华南农业大学学报 (社会科学版), 2019, 18 (4)：127-140.

王献红. 基于公共危机管理策略对地方政府执政能力提升的研究 [J]. 宏观经济管理, 2017, (S1)：319-320.

王小璐. 公共危机与价值失范 [J]. 社会科学家, 2003, (9)：13-17.

王卓琳, 罗观翠. 论社会认同理论及其对社会集群行为的观照域 [J]. 求索, 2013, (11)：223-225.

卫彦琦, 王永鑫. "治理现代化" 与中国现代管理理论 [J]. 河北经贸大学学报, 2016, 37 (1)：55-60.

肖唐镖. 群体性事件中的暴力何以发生：对1189起群体性事件的初步分析 [J]. 江苏行政学院学报, 2014, (1)：46-55.

谢晴晴. 治理视阈下地方政府危机管理能力的问题及对策 [J]. 管理观察, 2019, (3)：71-74.

谢秋山, 许源源. "央强地弱" 政治信任结构与抗争性利益表达方式——基于城乡二元分割结构的定量分析 [J]. 公共管理学报, 2012, 9 (4)：12-20.

谢识予. 经济博弈论习题指南 [M]. 上海：复旦大学出版社, 2006.

许国志. 系统科学与工程研究 [M]. 上海：上海科技教育出版社, 2000.

许章润. 从政策博弈到立法博弈——关于当代中国立法民主化进程的省察 [J]. 政治与法律, 2008, (3)：2-8.

许章润. 多元社会利益的正当性与表达的合法化——关于 "群体性事件" 的一种宪政主义法权解决思路 [J]. 清华大学学报 (哲学社会科学版), 2008, (4)：113-119.

鄢英. 社会认同视角下群体性事件实证调查分析——以贵州为调查样本 [J]. 中共太原市委党校学报, 2013, (6): 66-68.

杨正喜, 吴荻菲, 梁文泳. 我国劳资群体性事件的演进及政府治理 [J]. 中国劳动关系学院学报, 2019, 33 (2): 39-48.

应星. 草根动员与农民群体利益的表达机制——四个个案的比较研究 [J]. 社会学研究, 2007, (2): 1-23.

于建嵘. 集体行动的原动力机制研究——基于 H 县农民维权抗争的考察 [J]. 学海, 2006, (2): 26-32.

于建嵘. 我国农村群体性突发事件研究 [J]. 山东科技大学学报 (社会科学版), 2002, 4 (4): 10-13.

俞丰. 基于公共危机视角的政府公共关系沟通路径探析 [J]. 改革与开放, 2018, (19): 88-91.

俞可平. 社会自治与社会治理现代化 [J]. 社会政策研究, 2016, (1): 73-76.

俞可平. 治理和善治分析的比较优势 [J]. 中国行政管理, 2001 (9): 15, 17.

张成福. 公共危机管理: 全面整合的模式与中国的战略选择 [J]. 中国行政管理, 2003, (7): 6-11.

张国亭. 当前群体性事件的趋势特征与有效应对 [J]. 理论学刊, 2018, (5): 121-128.

张娟. 我国公共危机治理中的多元主体协作路径探讨 [J]. 现代商贸工业, 2019, 40 (5): 115-116.

张珂铮. 西方利益集团经济理论研究综述 [J]. 商, 2016, (23): 162.

张明军, 陈朋. 2012 年上半年群体性事件分析报告 [J]. 中国社会公共安全研究报告, 2013, (1): 3-13.

张书维, 王二平, 周洁. 相对剥夺与相对满意: 群体性事件的动因分析 [J]. 公共管理学报, 2010, 7 (3): 95-102.

张书维, 周洁, 王二平. 群体相对剥夺前因及对集群行为的影响——基于汶川地震灾区民众调查的实证研究 [J]. 公共管理学报, 2009, 6

（4）：69-77.

张韬，杨小虎. 地方政府应对公共危机的路径探析 [J]. 行政科学论坛，2018，（10）：25-28.

张陶，王锋. 公共管理学范式证成的内在逻辑论析 [J]. 行政论坛，2019，26（5）：92-95.

张悦. 政府公共危机管理存在的问题及对策浅析 [J]. 经济研究导刊，2019，（18）：180-181.

赵鼎新. 社会与政治运动讲义 [M]. 2 版. 北京：社会科学文献出版社，2012.

赵军锋，金太军. 论非政府组织参与危机管理的演化逻辑——基于治理网络的视角 [J]. 学术界，2013，（8）：44-52.

赵士红. 党群关系面临的新问题及其破解 [J]. 中州学刊，2014，（10）：28-32.

赵延东，罗家德. 如何测量社会资本：一个经验研究综述 [J]. 国外社会科学，2005，（2）：18-24.

中国行政管理学会课题组. 我国转型期群体性突发事件主要特点、原因及政府对策研究 [J]. 中国行政管理，2002，（5）：6-9.

中国科协学会学术部. 社会能计算吗 [M]. 北京：中国科学技术出版社，2009.

钟其. 表意行为：人民群众的态度及影响因素研究 [J]. 浙江社会科学，2013，（6）：99-105.

周晓虹. 集群行为：理性与非理性之辨 [J]. 社会科学研究，1994，（5）：53-57.

朱力. 中国社会风险解析——群体性事件的社会冲突性质 [J]. 学海，2009，（1）：69-78.

邹育根. 针对地方政府的群体性事件之特点、趋势及治理——政治信任的视角 [J]. 学习与探索，2010，（2）：66-69.

Abrams, W. D. J. Social identity, self-awareness and intergroup behaviour [D]. University of Kent, 1984.

Abramson, G., Kuperman, M. Social games in a social network [J].

Physical Review E, 2001, 63 (3): 030901.

Albert, R. , Barabási, A. L. Topology of evolving networks: Local events and universality [J]. Physical Review Letters, 2000, 85 (24): 5234-5237.

Allport, F. H. Social psychology [M]. Boston: Houghton Mifflin Co. , 1924.

Aoudia, D. A. , Perron, F. A new randomized Pólya urn model [J]. Applied Mathematics, 2012, 3, 2118-2122.

Apolloni, A. , Channakeshava, K. , Durbeck, L. , et al. A study of information diffusion over a realistic social network model [C] //Proceedings of the 2009 International Conference on Computational Science and Engineering: Vol. 4. Washington, D. C. : IEEE Computer Society, 2009: 675-682.

Aral, S. , Muchnik, L. , Sundararajan, A. Distinguishing influence-based contagion from homophily-driven diffusion in dynamic networks [J]. Proceedings of the National Academy of Sciences, 2009, 106 (51): 21544-21549.

Arenas, A. , Duch, J. , Fernández, A. , et al. Size reduction of complex networks preserving modularity [J]. New Journal of Physics, 2007, 9: 176.

Assenza, S. , Gómez-Gardeñes, J. , Latora, V. Enhancement of cooperation in highly clustered scale-free networks [J]. Physical Review E, 2008, 78 (1): 017101.

Axelrod, R. M. , Cohen, M. D. Harnessing complexity: Organizational implications of a scientific frontier [M]. Basic Books, 2001.

Banos, A. Network effects in Schelling's model of segregation: New evidence from agent-based simulation [J]. Environment and Planning B: Planning and Design, 2012, 39 (2): 393-405.

Barabási, A. , Albert, R. Emergence of scaling in random networks [J]. Science, 1999, 286 (5439): 509-512.

Barrat, A. , Weigt, M. On the properties of small-world network models [J]. European Physical Journal B, 2000, 13 (3): 547-560.

Beck, U. Risk society: Toward a new modernity [M]. London: SAGE

Publications, 1992.

Bentley, A. F. The process of government: A study of social pressures [M]. Chicago: University of Chicago Press, 1908.

Bikhchandani, S. , Hirshleifer, D. , Welch, I. A theory of fads, fashion, custom, and cultural change as informational cascades [J]. Journal of Political Economy, 1992, 100 (5): 992-1026.

Blau, P. M. Exchange and power in social life [M]. New Brunswick: Transaction Books, 1986.

Blondel, V. D. , Guillaume, J. L. , Lambiotte, R. , et al. Fast unfolding of communities in large networks [J]. Journal of Statistical Mechanics: Theory and Experiment, 2008, (10): P10008.

Blumer, H. Collective behavior [M] //Park R. E. , ed. An Outline of the Principles of Sociology. New York: Barnes & Noble, 1939.

Boin, A. , Hart, P. , Stern, E. K. , et al. The politics of crisis management. Public leadership under pressure [M]. Cambridge: Cambridge University Press, 2006.

Borodin, A. , Filmus, Y. , Oren, J. Threshold Models for Competitive Influence in Social Networks [C] //Saberi, A. , ed. Internet and Network Economics. Berlin: Springer-Verlag, 2010: 539-550.

Burt, R. S. , Kilduff, M. , Tasselli, S. Social network analysis: foundations and frontiers on advantage [J]. Annual Review of Psychology, 2013, 64: 527-547.

Chen, M. R. , Wei, C. Z. A new urn model [J]. Journal of Applied Probability, 2005, 42 (4): 964-976.

Chen, W. , Collins, A. , Cummings, R. , et al. Influence maximization in social networks when negative opinions may emerge and propagate [J]. Journal of China University of Petroleum, 2010: 379-390.

Clauset, A. , Newman, M. E. J. , Moore, C. Finding community structure in very large networks [J]. Physical Review E, 2004, 70 (6): 66111.

Coleman, J. , Katz, E. , Menzel, H. The diffusion of an Innovation among physicians [J]. Sociometry, 1957, 20 (4): 253-270.

Coppock, A. , Guess, A. , Ternovski, J. When Treatments are tweets: A network mobilization experiment over Twitter [J]. Political Behavior, 2016, 38 (1): 105-128.

Dantas, A. , Seville, E. Organizational issues in implementing an information sharing framework: Lessons from the Matata flooding events in New Zealand [J]. Journal of contingencies and crisis management, 2006, 14 (1): 38-52.

Davis, C. J. , Bowers, J. S. , Amina, M. , et al. Social influence in televised election debates: A potential distortion of democracy [J]. PLoS ONE, 2011, 6 (3): e18154.

Dawes, R. M. , Messick, D. M. Social dilemmas [J]. International Journal of Psychology, 2000, 35 (2): 111-116.

Dellaposta, D. , Shi, Y. , Macy, M. Why do liberals drink lattes? [J]. American Journal of Sociology, 2015, 120 (5): 1473-1511.

Dryer, D. C. , Eisbach, C. , Ark, W. S. At what cost pervasive? A social computing view of mobile computing systems [J]. IBM Systems Journal, 1999, 38 (4): 652-676.

Du, H. , He, X. , Wang, J. , et al. Reversing structural balance in signed networks [J]. Physica A, 2018, 503: 780-792.

Du, W. , Cao, X. , Zhao, L. , Hu, M. Evolutionary games on scale-free networks with a preferential selection mechanism [J]. Physica A, 2009, 388 (20): 4509-4514.

Eggenberger, F. , Pólya, G. Über die Über die Vorgänge [J]. Zeitschrift für Angewandte Mathematik und Mechanik, 1923, 1: 279-289.

Eisinger, P. K. The conditions of protest behavior in American cities [J]. American Political Science Review, 1973, 67 (1): 11-28.

Erdös, P. , Rényi, A. On random graphs [J]. Publicationes Mathematicae, 1959, 4: 3286-3291.

Fagiolo, G. , Valente, M. , Vriend, N. J. A dynamic model of segregation in small-world networks [M] //Naimzada, A. K. Stefani, S. , Torriero A. , eds. Networks, Topology and Dynamics. Springer, 2009: 111-126.

Festinger, L. , Schachter, S. , Back, K. W. Social pressures in informal groups, a study of human factors in housing [M]. New York: Harper & Brothers, 1950.

Festinger, L. A theory of social comparison processes [J]. Human Relations, 1954, 7 (2): 117-140.

Festinger, L. Group attraction and membership [M] //Cartwright, D. , Zander A. , ed. Group dynamics. Evanston, IL: Row, Peterson, 1953: 93.

Friedman, B. A simple urn model [J]. Communications on Pure and Applied Mathematics, 1949, 2 (1): 59-70.

Gayraud, N. T. H. , Pitoura, E. , Tsaparas, P. Diffusion maximization in evolving social networks [C] //Proceedings of the 2015 ACM on Conference on Online Social Networks. New York: Association for Computing Machinery, 2015: 125-135.

Georg Simmel. Conflict and the web of group-affiliations [M]. Wolff, K. H. and Bendix, R. , trans. Glencoe, Illinois: The Free Press, 1955.

Girvan, M. , Newman, M. E. J. Community structure in social and biological networks [J]. Proceedings of the National Academy of Sciences, 2002, 99 (12): 7821-7826.

Goldenberg, J. , Muller, L. E. Talk of the network: A complex systems look at the underlying process of word-of-mouth [J]. Marketing Letters, 2001, 12: 211-223.

Golder, S. A. , Macy, M. W. Diurnal and seasonal mood vary with work, sleep, and daylength across diverse cultures [J]. Science, 2011, 333 (6051): 1878-1881.

Goldstone, J. A. Initial conditions, general laws, path dependence, and explanation in historical sociology [J]. American Journal of Sociology, 1998, 104 (3): 829-845.

Gong, T. , Shuai, L. , Tamariz, M. , et al. Studying language change using price equation and Pólya-urn dynamics [J]. PLoS ONE, 2012, 7

(3): e33171.

Gouet, R. A martingale approach to strong convergence in a generalized Pólya-Eggenberger urn model [J]. Statistics & Probability Letters, 1993, 8 (3): 225-228.

Granovetter, M. S. The strength of weak ties [J]. American Journal of Sociology, 1973, 78: 1360-1380.

Granovetter, M. Threshold models of collective behavior [J]. American Journal of Sociology, 1978, 83 (6): 1420-1443.

Greenan, C. C. Diffusion of innovations in dynamic networks [J]. Journal of the Royal Statistical Society: Series A (Statistics in Society), 2015, 178 (1): 147-166.

Guan, J., Wu, Z., Wang, Y., et al. Effects of inhomogeneous activity of players and noise on cooperation in spatial public goods games [J]. Physical Review E, 2007, 76 (5): 056101.

Guimarães, A., Vieira, A. B., Silva, A. P. C., Ziviani, A. Fast centrality-driven diffusion in dynamic networks [C] //Proceedings of the 22nd International Conference on World Wide Web. New York: Association for Computing Machinery, 2013: 821-828.

Gurr, T. R. Why men rebel [M]. Princeton, NJ: Princeton University Press, 1970.

Göbel, C. Social unrest in China: A bird's eye perspective [R/OL]. 2017. https://www.researchgate.net/publication/319403729_Social_Unrest_in _China_A_bird's_eye_perspective/.

Halpin, B. Simulation in sociology [J]. American Behavioral Scientist, 1999, 42 (10): 1488-1508.

Halsall, J., Cook, I., Wankhade, P. Global perspectives on volunteerism: Analysing the role of the state, society and social capital [J]. International Journal of Sociology and Social Policy, 2016, 36 (7/8): 456-468.

Hamelin-Alvarez, J. I., Fleury, E., Vespignani, A., et al. Complex dynamic networks: Tools and methods [J]. Computer Networks, 2012, 56

(3): 967-969.

Hardin, G. J. The tragedy of the commons [J]. Science, 1968, 162 (3859): 1243-1248.

Hatfield, E., Cacioppo, J. T., Rapson, R. L. Emotional contagion [J]. Current Directions in Psychological Science, 1993, 2 (3): 96-100.

Hauert, C., Traulsen, A., Brandt, H., et al. Via freedom to coercion: the emergence of costly punishment [J]. Science, 2007, 316 (5833): 1905-1907.

He, X., Du, H., Feldman, M. W., et al. Information diffusion in signed networks [J]. PLoS ONE, 2019, 14 (10): e0224177.

Hill, B. M., Lane, D., Sudderth, W. A strong law for some generalized urn processes [J]. The Annals of Probability, 1980, 8 (2): 214-226.

Hoffman, M. L. How automatic and representational is empathy, and why [J]. Behavioral & Brain Sciences, 2002, 25 (1): 38-39.

Hogg, M. A., Turner, J. C. Interpersonal attraction, social identification and psychological group formation [J]. European Journal of Social Psychology, 1985, 15 (1): 51-66.

Holland, J. H. Hidden order: How adaptation builds complexity [M]. New York: Addison-Wesley, 1995.

Huberman, B. A., Glance, N. S. Evolutionary games and computer simulations [J]. Proceedings of the National Academy of Sciences, 1993, 90 (16): 7716-7718.

Johnson, N. L., Kotz, S. Urn models and their application [M]. New York: John Wiley & Sons, 1977.

Kempe, D., Kleinberg, J., Tardos, É., et al. Maximizing the spread of influence through a social network [C] //Proceedings of the Ninth ACM SIGKDD International Conference on Knowledge Discovery and Data Mining. New York: Association for Computing Machinery, 2003: 137-146.

Laski, H. J. A grammar of politics [M]. London: George Allen & Unwin, 1957: 67.

Lazer, D. , Pentland, A. , Adamic, L. , et al. Computational social science [J]. Science, 2009, (5915): 721-723.

Lee, W. , Kim, J. , Yu, H. CT-IC: Continuously activated and time-restricted independent cascade model for viral marketing [C] //Zaki, M. J. , Siebes, A. , Yu, J. X. , Goethals, B. , Webb, G. , Wu, X. , eds. 12th IEEE International Conference on Data Mining. IEEE, 2012: 960-965.

Lewin, K. Resolving Social Conflicts [M]. New York: Harper & Brothers, 1948.

Li, Q. , Iqbal, A. , Perc, M. , et al. Coevolution of quantum and classical strategies on evolving random networks [J]. PloS One, 2013, 8 (7): e68423.

Li, Y. , Zhang, J. , Perc, M. Effects of compassion on the evolution of cooperation in spatial social dilemmas [J]. Applied Mathematics & Computation, 2018, 320: 437-443.

Lin, N. Building a network theory of social capital [J]. Connections, 1999, 22 (1): 28-51.

Lindgren, K. , Nordahl, M. G. Evolutionary dynamics of spatial games [J]. Physical D. 1994, 75: 292-309.

Ling, K. , Beenen, G. , Ludford, P. , et al. Using social psychology to motivate contributions to online communities [J]. Journal of Computer-mediated Communication, 2005, 10 (4): 212-221.

Lugano, G. Social computing: A classification of existing paradigms [C] //Proceedings of the 2012 ASE/IEEE International Conference on Social Computing and 2012 ASE/IEEE International Conference on Privacy, Security, Risk and Trust. Washington, D. C. : IEEE Computer Society, 2012: 377-382.

Lundqvist, L. O. , Dimberg, U. Facial expressions are contagious [J]. Journal of Psychophysiology, 1995, 9 (3): 203-211.

Macy, M. W. , Willer, R. From factors to actors: Computational sociology and agent-based modeling [J]. Annual Review of Sociology, 2002,

28: 143-166.

Mandell, M. P. , Keast, R. L. Evaluating network arrangements: Toward revised performance measures [J]. Public Performance & Management Review, 2014, 30 (4): 574-597.

Manstead, A. S. R. , Hewstone, M. , Fiske, S. T. , et al. , eds. The Blackwell encyclopedia of social psychology [M]. Blackwell Publishing, 1995.

Marks, G. , McAdam, D. On the relationship of political opportunities to the form of collective action: The case of the European Union [M] //Porta, D. , Kriesi, H. , Rucht D. Social Movements in a Globalizing World. UK: Palgrave Macmillan, 1999.

Marx, G. T. , McAdam, D. Collective behavior and social movements: process and structure [M]. Englewood Cliffs: Prentice Hall, 1994.

May, C. , Paganoni, A. M. , Secchi, P. On a two color generalized Pólya urn [J]. Metron, 2005, 63: 115-134.

May, R. M. , Lloyd, A. L. Infection dynamics on scale-free networks [J]. Physical Review E, 2001, 64 (6): 066112.

McAdam, D. , Paulsen, R. Specifying the relationship between social ties and activism [J]. American Journal of Sociology, 1993, 99 (3): 640-667.

McAdam, D. , Tarrow, S. G. , Tilly, C. The Dynamics of Contention [J]. Social Movement Studies, 2003, 2 (1): 97-98.

McAdam, D. Political process and the development of black insurgency, 1930-1970 [M]. Chicago: University of Chicago Press, 1982.

McCarthy, J. D. , Zald, M. N. Resource mobilization and social movements: A partial theory [J]. American Journal of Sociology, 1977, 82 (6): 1212-1241.

Moreno, Y. , Pastor-Satorras, R. , Vespignani, A. Epidemic outbreaks in complex heterogeneous networks [J]. The European Physical Journal B, 2002, 26: 521-529.

Morgan, D. L. , Neal, M. B. , Carder, P. The stability of core and peripheral networks over time [J]. Social Networks, 1997, 19 (1): 9-25.

Muchnik, L. , Aral, S. , Taylor, S. J. Social influence bias: A randomized experiment [J]. Science, 2013, 341 (6146): 647-651.

Musser, D. , Wedman, J. , Laffey, J. Social computing and collaborative learning environments [C] //Proceedings of the 3rd IEEE International Conference on Advanced Learning Technologies. IEEE, 2003: 520-521.

Nash, J. F. Equilibrium points in n-person games [J]. Proceedings of the National Academy of Sciences, 1950, 36 (1): 48-49.

Newman, M. E. J. , Girvan, M. Finding and evaluating community structure in networks [J]. Physical Review E, 2004, 69 (2): 26113.

Newman, M. E. J. , Watts, D. J. , Strogatz, S. H. Random graph models of social networks [J]. Proceedings of the National Academy of Sciences, 2002, 99: 2566-2572.

Newman, M. E. J. , Watts, D. J. Renomalization group analysis of the small-world network model [J]. Physics Letters A, 1999, 263: 341-346.

Newman, M. E. J. The structure and function of complex networks [J]. SIAM Review, 2003, 45 (2): 167-256.

Nowak, M. A. , Bonhoeffer, S. , May, R. M. More spatial games [J]. International Journal of Bifurcation and Chaos, 1994, 4 (1): 33-56.

Nowak, M. A. , Bonhoeffer, S. , May, R. M. Spatial games and the maintenance of cooperation [J]. Proceedings of the National Academy of Sciences, 1994, 91 (11): 4877-4881.

Nowak, M. A. , May, R. M. Evolutionary games and spatial chaos [J]. Nature, 1992, 359 (6398): 826-829.

Nowak, M. A. , May, R. M. The spatial dilemmas of evolution [J]. International Journal of Bifurcation and Chaos, 1993, 3 (1): 35-78.

Oberschall, A. Social conflict andsocial movements [M]. Englewood Cliffs: Prentice-Hall, 1973.

Olson, M. The logic of collective action: Public goods and the theory of groups [M]. Cambridge: Harvard University Press, 1971.

Onnela, J. P. , Reed-Tsochas, F. Spontaneous emergence of social influence in online systems [J]. Proceedings of the National Academy of Sciences, 2010, 107 (43): 18375-18380.

Ostrom, E., Calvert, R., Eggertsson, T. Governing the commons: The evolution of institutions for collective action [M]. Cambridge: Cambridge University Press, 1990.

Ostrom, E. Coping with tragedies of the commons [J]. Annual Review of Political Science, 1999, 2 (1): 493-535.

Park, R. E., Burgess, E. W. Introduction to the science of sociology [M]. Chicago: University of Chicago Press, 1921.

Park, R. E. Human nature and collective behavior [J]. American Journal of Sociology, 1927, 32 (5): 733-741.

Park, R. E. The crowd and the public and other essays [M]. Chicago: University of Chicago Press, 1972.

Passy, F. Socialization, recruitment, and the structure/agency gap: A specification of the impact of networks on participation in social movements [J]. Mobilization: An International Quarterly, 2001, 6 (2): 173-192.

Pastor-Satorras, R., Vespignani, A. Epidemic spreading in scale-free networks [J]. Physical Review Letters, 2001, 86 (14): 3200-3203.

Pemantle, R. A time-dependent version of Pòlya's urn [J]. Journal of Theoretical Probability, 1990, 3: 627-637.

Penrose, L. S. On the Objective Study of Crowd Behaviour [M]. London: H. K. Lewis, 1952.

Perc, M., Jordan, J. J., Rand, D. G., et al. Statistical physics of human cooperation [J]. Physics Reports, 2017, 687: 1-51.

Perc, M., Marhl, M. Evolutionary and dynamical coherence resonances in the pair approximated prisoner's dilemma game [J]. New Journal of Physics, 2006, 8 (8): 142.

Pólya, G. Sur quelques points de la théorie des probabilités [J]. Annales de l'institut Henri Poincaré, 1931, 1: 117-162.

Porta, D. D, Diani, M. Social movements: An introduction [M]. 2nd ed. NJ: Wiley-Blackwell, 2006.

Qin, S., Chen, Y., Zhao, X., Shi, J. Effect of memory on the prisoner's dilemma game in a square lattice [J]. Physical Review E, 2008, 78 (4): 041129.

Reicher, S. D. Social influence in the crowd: Attitudinal and behavioural effects of de-individuation in conditions of high and low group salience [J]. British Journal of Social Psychology, 1984, 23 (4): 341-350.

Reicher, S. D. The determination of collective behavior [M] //Tajfel, H., ed. Social Identity and Intergroup Relations. Cambridge: Cambridge University Press, 1982: 41-84

Robles, C., Benner, J. A tale of three cities: Looking at the trending feature on foursquare [C] //Proceedings of the 2012 ASE/IEEE International Conference on Social Computing and 2012 ASE/IEEE International Conference on Privacy, Security, Risk and Trust. Washington, D. C.: IEEE Computer Society, 2012: 566-571.

Rong, Z., Li, X., Wang, X. Roles of mixing patterns in cooperation on a scale-free networked game [J]. Physical Review E, 2007, 76 (2): 027101.

Salganik, M. J., Dodds, P. S., Watts, D. J. Experimental study of inequality and unpredictability in an artificial cultural market [J]. Science, 2006, 311 (5762): 854-856.

Salganik, M. J., Watts, D. J. Leading the herd astray: An experimental study of self-fulfilling prophecies in an artificial cultural market [J]. Social Psychology Quarterly, 2008, 71 (4): 338-355.

Santos, F. C., Pacheco, J. M., Lenaerts, T. Cooperation prevails when individuals adjust their social ties [J]. PLoS Computational Biology, 2006, 2 (10): e140.

Santos, F. C., Pacheco, J. M. Scale-free networks provide a unifying framework for the emergence of cooperation [J]. Physical Review Letters, 2005, 95: 098104.

Schelling, T. C. Dynamic models of segregation [J]. Journal of Mathematical Sociology, 1971, 1: 143-186.

Schuler, D. Social computing [J]. Communications of the ACM, 1994, 37 (1): 28-29.

Smelser, N. J. Theory of collective behavior [M]. New York: Free Press, 1962.

Smith, E. R. , Conrey, F. R. Agent-based modeling: a new approach for theory building in social psychology [J]. Personality and Social Psychology Review, 2007, 11 (1): 87-104.

Smith, J. M. , Price, G. R. The logic of animal conflict [J]. Nature, 1973, 246 (5427): 15-18.

Snijders, T. A. B. , Steglich, C. E. G. , Schweinberger, M. Modeling the co-evolution of networks and behavior [M] //van Montfort, K. , Oud, H. , Satorra, A. , eds. Longitudinal Models in the Behavioral and Related Sciences. Mahwah: Erlbaum, 2007: 41-71.

Sorensen, A. T. Bestseller lists and product variety [J]. Journal of Industrial Economics, 2007, 55 (4): 715-738.

Steglich, C. , Snijders, T. A. B. , Pearson, M. Dynamic networks and behavior: Separating selection from influence [J]. Sociological Methodology, 2010, 40 (1): 329-393.

Stoker, G. Governance as theory: Five propositions [J]. International Social Science Journal, 2010, 50 (155): 17-28.

Stouffer, S. A. , Suchman, E. A. , DeVinney L. C. , et al. The American soldier: Adjustments during army life [M]. Princeton, NJ: Princeton University Press, 1949.

Szabó, G. , Hauert, C. Phase transitions and volunteering in spatial public goods games [J]. Physical Review Letters, 2002, 89 (11): 118101.

Szabo, G. , Szolnoki, A. , Izsak, R. Rock-scissors-paper game on regular small-world networks [J]. Journal of Physics, 2004, 37 (7): 2599-2609.

Szabó, G. , Vukov, J. , Szolnoki, A. Phase diagrams for an evolutionary prisoner's dilemma game on two-dimensional lattices [J]. Physical Review E, 2005, 72 (4): 047107.

Szabó, G. , Vukov, J. , Szolnoki, A. Phase diagrams for an evolutionary prisoner's dilemma game on two-dimensional lattices [J]. Physical Review E, 2005, 72 (4): 047107.

Szabó, G. , Vukov, J. Cooperation for volunteering and partially random partnerships [J]. Physical Review E, 2004, 69 (3): 036107.

Szollosi, G. J. , Derényi, I. Evolutionary games on minimally structured populations [J]. Physical Review E, 2008, 78 (3): 031919.

Szolnoki, A. , Perc, M. , Danku, Z. Making new connections towards cooperation in the prisoner's dilemma game [J]. Europhysics Letters, 2008, 84 (5): 50007.

Szolnoki, A. , Perc, M. , Danku, Z. Towards effective payoffs in the prisoner's dilemma game on scale-free networks [J]. Physica A. 2008, 387 (8-9): 2075-2082.

Szolnoki, A. , Perc, M. Coevolution of teaching activity promotes cooperation [J]. New Journal of Physics, 2008, 10 (4): 043036.

Szolnoki, A. , Perc, M. Conditional strategies and the evolution of cooperation in spatial public goods games [J]. Physical Review E, 2012, 85 (2): 026104.

Szolnoki, A. , Perc, M. Conditional strategies and the evolution of cooperation in spatial public goods games [J]. Physical Review E, 2012, 85 (2): 026104.

Szolnoki, A. , Perc, M. Emergence of multilevel selection in the prisoner's dilemma game on coevolving random networks [J]. New Journal of Physics, 2009, 11 (9): 093033.

Szolnoki, A. , Perc, M. Evolutionary dynamics of cooperation in neutral populations [J]. New Journal of Physics, 2018, 20 (1): 013031.

Szolnoki, A. , Perc, M. Resolving social dilemmas on evolving random networks [J]. Europhysics Letters, 2009, 86 (3): 30007.

Tajfel, H. , Turner, J. C. The social identity theory of intergroup behavior [M] //Worchel Stephen and W. G. Austin. Psychology of Intergroup Relations. Chicago: Nelson-Hall, 1986: 7-24.

Tajfel, H. Differentiation between social groups: Studies in the social psychology of intergroup relations [M]. London: Academic Press, 1978.

Tajfel, H. Social psychology of intergroup relations [J]. Annual Review of Psychology, 1982, 33 (1): 1-39.

Tamuz, M. , Rosenthal, U. , Charles, M. T. , et al. Coping with crises: The management of disasters, riots and terrorism [J]. Administrative Science Quarterly, 1991, 36 (3): 501.

Tang, C. L. , Wang, W. X. , Wu, X. , et al. Effects of average degree on cooperation in networked evolutionary game [J]. The European Physical Journal B, 2006, 53 (3): 411-415.

Thomas, E. F. , McGarty, C. A. The role of efficacy and moral outrage norms in creating the potential for international development activism through group-based interaction [J]. British Journal of Social Psychology, 2009, 48 (1): 115-134.

Tilly, C. From mobilization to revolution [J]. American Political Science Association, 1980, 84 (1): 653.

Tilly, C. Migration in modern European history [M] //McNeill, W. H. and Adams, R. S. Human Migration Patterns & Policies. Bloomington: Indiana University Press, 1978.

Tocqueville, A. D. Democracy in America [M]. Mansfield, H. C. , Winthrop, D. , trans. Chicago: University of Chicago Press, 2000.

Turner, J. C. Towards a cognitive redefinition of the social group [M] // Tajfel, H. , ed. Social Identity and Intergroup Relations. Cambridge: Cambridge University Press, 1982: 15-40.

Turner, R. H. , Killian, L. M. Collective behavior [M]. Englewood Cliffs: Prentice Hall, 1957: 105-106.

Turoff, M. , Chumer, M. , A. van de Walle B. , et al. The design of a dynamic emergency response management information system [J]. Journal of Information Technology Theory & Application, 2004.

Valente, T. W. Social network thresholds in the diffusion of innovations [J]. Social Networks, 1996, 18 (1): 69-89.

Van Zomeren, M. , Iyer, A. Introduction to the social and psychological dynamics of collective action [J]. Journal of Social Issues, 2009, 65 (4): 645-660.

Von Neumann J. , Morgenstem, O. Theory of Games and Economic Behavior [M]. Princeton: Princeton University Press, 1944.

Vukov, J. , Szabó, G. , Szolnoki, A. Cooperation in the noisy case: Prisoner's dilemma game on two types of regular random graphs [J]. Physical Review E, 2006, 73 (6): 067103.

Wang, F. Y. , Carley, K. M. , Zeng, D. , et al. Social computing: From social informatics to social intelligence [J]. IEEE Intelligent Systems, 2007, 22 (2): 79-83.

Wang, Y. , Wang, H. , Li, J. , et al. Efficient influence maximization in weighted independent cascade model [C] //Navathe, S. B. , Wu, W. Shekhar, S. Du, X. Wang, S. X. Xiong, H. , eds. Database Systems for Advanced Applications. Springer-Verlag, 2016: 49-64.

Wasserman, S. , Faust, K. Social network analysis: Methods and applications [M]. Cambridge University Press, 1994.

Watts, D. J. , Strogatz, S. H. Collective dynamics of "small-world" networks [J]. Nature, 1998, 393 (6684): 440-442.

Weibull, J. W. Evolutionary game theory [M]. Cambridge: The MIT Press, 1995.

World Bank. Governance anddevelopment [R]. Washington, D. C. : World Bank Publications, 1992: 3.

Wright, S. C. , Taylor, D. M. , Moghaddam, F. M. Responding to membership in a disadvantage group: From acceptance to collective protest [J].

Journal of Personality and Social Psychology, 1990, 58 (6): 994-1003.

Wu, Z. , Xu, X. , Huang, Z. , et al. Evolutionary prisoner's dilemma game with dynamic preferential selection [J]. Physical Review E, 2006, 74 (2): 021107.

Yang, D. , Lin, H. , Wu, C. , Shuai, J. Effect of mortality selection on the emergence of cooperation with network dynamics [J]. New Journal of Physics, 2009, 11 (7): 073048.

Zhang, D. , Zhou, L. , Jr J. F. N. A knowledge management framework for the support of decision making in humanitarian assistance / disaster relief [J]. Knowledge & Information Systems, 2002, 4 (3): 370-385.

Zhou, X. , Cui, J. Analysis of stability and bifurcation for an SEIR epidemic model with saturated recovery rate [J]. Communications in Nonlinear Science and Numerical Simulation, 2011, 16 (11): 4438-4450.

附录 A

农村流动人口发展状况
调查问卷（节选）

问卷编码：□□□□□□

调查时间□□月□□日　　如果调查未完成，原因是：_____

调查地点：_____街道_____社区_____门牌号；____街道____工厂

调查员姓名_____（签名）　　审核员姓名_____（签名）

问卷是否合格（在方格内打"√"）：合格□　不合格□（原因）_____

　　亲爱的朋友：您好！西安交通大学农村流动人口课题组正在做一项有关农村流动人口发展情况的社会调查，需要了解一下您的个人、家庭相关信息，供研究使用。本次调查收集到的信息将严格保密，谢谢您的支持和合作！

西安交通大学农村流动人口课题组

2013 年 12 月

第一部分　基本情况

101 您的性别：　　　　　1. 男　　　　　2. 女　　　　　□

102 您是什么时候出生的？阳历：□□□□年□□月

103 您的户籍所在地：

_____省（自治区、直辖市）（市）_____县（区）

104 您的受教育程度是：　　　　　　　　　　　　　　　　□

　　1. 不识字或很少识字　　2. 小学　　　3. 初中

　　4. 高中/技校/中专　　　5. 大专/本科及以上

第七部分　社会融合与社区安全

710 请根据您在深圳市的实际情况回答以下问题。

　　1. 是　　2. 否

活动类型	若需要，您今后是否会参加以下活动？ 1. 是　2. 否
710.1 上访/集体签名请愿	☐
710.2 罢工、集体抗议、集体讨薪等	☐
710.3 受到不公平待遇时和朋友一起打抱不平	☐

715 当发生群体冲突且与您利益相关时，您认识的人中有多少人参加后您也会参加？　　　☐

　　1. 少数人　　　　2. 一小部分　　　3. 大约一半

　　4. 一半以上　　　5. 几乎所有人　　6. 均不参加

整体网络调查（节选）

（聚居类调查补充页）

填写说明：

1 您只需要填写相应人名在名单中的编号，例如，您与张三保持工作联系，张三的编号为001，则"您与哪些人有工作联系"问题中您只需填写001；

2 如果您需填写的人名编号相连，您可直接填写起始编号，并用"-"连接，并用方括号"［ ］"标注。例如，您与001、002、003保持工作联系，则填写时仅需填写［001-003］。

101 根据您的实际情况，根据名单上的人名填写以下问题。

101.1 您与哪些人有工作联系？

101.2 您与哪些人有过非正式的交往活动（如吃饭、喝酒、逛街等）？

感谢您的配合，祝您工作顺利，生活愉快！

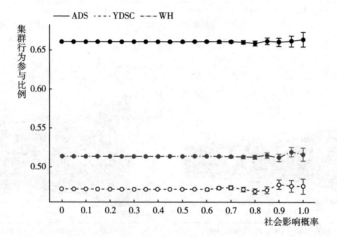

图 1 扩充 10 倍后农民工全局完备信息集群行为初始无人参与状态下的演化结果

说明：图中纵轴为迭代结束后具有集群行为参与意愿的比例，横轴为受到他人行为感染的比例；图中不同曲线分别是 ADS、YDSC、WH 三个公司 95% 置信区间的误差棒图曲线。

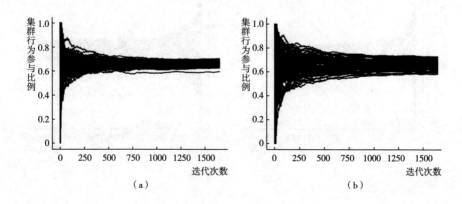

（a）　　　　　　　　　　　　　　　（b）

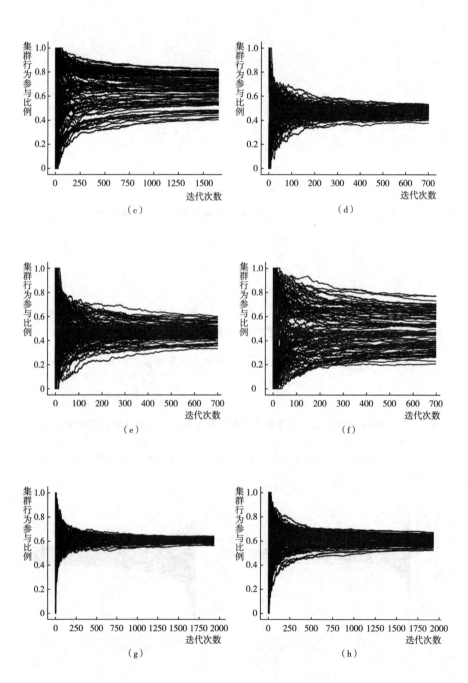

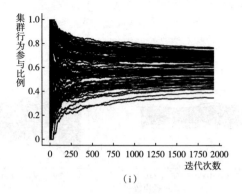

（i）

**图 2　扩充 10 倍后农民工全局完备信息集群行为初始
无人参与状态下的具体演化迭代结果**

　　说明：图中纵轴为迭代结束后具有集群行为参与意愿的比例，横轴为迭代次数；图中黑色曲线为所做的 10000 次实验中随机抽取的 100 次实验的集群行为参与比例变化轨迹；图中（a）（b）（c）分别为 ADS 公司 $p=0.25$、$p=0.5$、$p=0.75$ 的迭代结果，（d）（e）（f）分别为 YDSC 公司 $p=0.25$、$p=0.5$、$p=0.75$ 的迭代结果，（g）（h）（i）分别为 WH 公司 $p=0.25$、$p=0.5$、$p=0.75$ 的迭代结果。

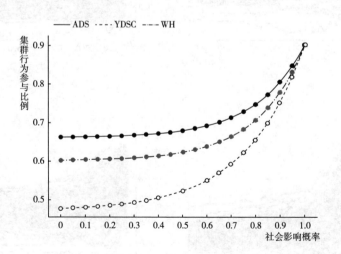

图 3　扩充 10 倍后农民工全局完备信息集群行为发生阶段的演化结果

　　说明：图中纵轴为迭代结束后具有集群行为参与意愿的比例，横轴为受到他人行为影响的比例；图中不同的曲线分别是 ADS、YDSC、WH 三个公司 95% 置信区间的误差棒图曲线。

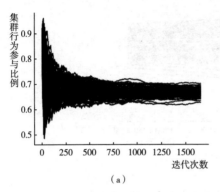

（a）

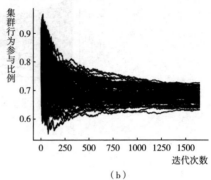

（b）

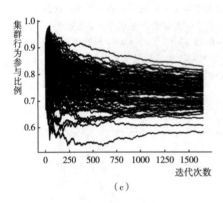

（c）

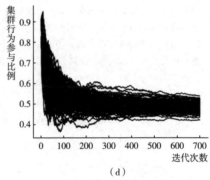

（d）

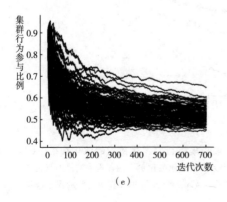

（e）

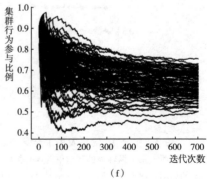

（f）

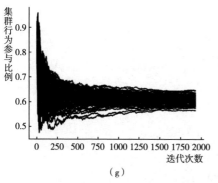

（g）

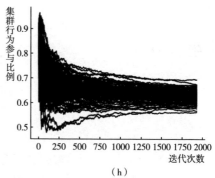

（h）

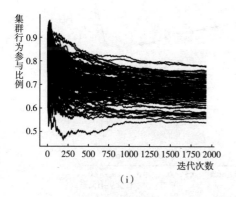

（i）

图 4 扩充 10 倍后农民工全局完备信息集群行为发生阶段的具体演化迭代结果

说明：图中纵轴为迭代结束后具有集群行为参与意愿的比例，横轴为迭代次数；图中（a）（b）（c）分别为 ADS 公司 $p=0.25$、$p=0.5$、$p=0.75$ 的迭代结果，（d）（e）（f）分别为 YDSC 公司 $p=0.25$、$p=0.5$、$p=0.75$ 的迭代结果，（g）（h）（i）分别为 WH 公司 $p=0.25$、$p=0.5$、$p=0.75$ 的迭代结果。

附录 D

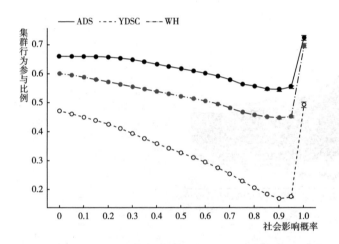

图 1　扩充 10 倍后全局不完备信息农民工集群行为无人参与状态下的演化结果

说明：图中纵轴为迭代结束后具有集群行为参与意愿的比例，横轴为受到他人行为影响的比例；图中不同曲线分别是 ADS、YDSC、WH 三个公司 95% 置信区间的误差棒图曲线。

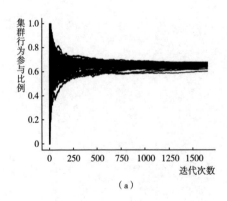

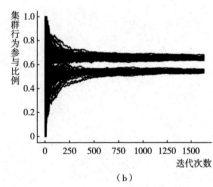

（a）　　　　　　　　　　　　　　　　（b）

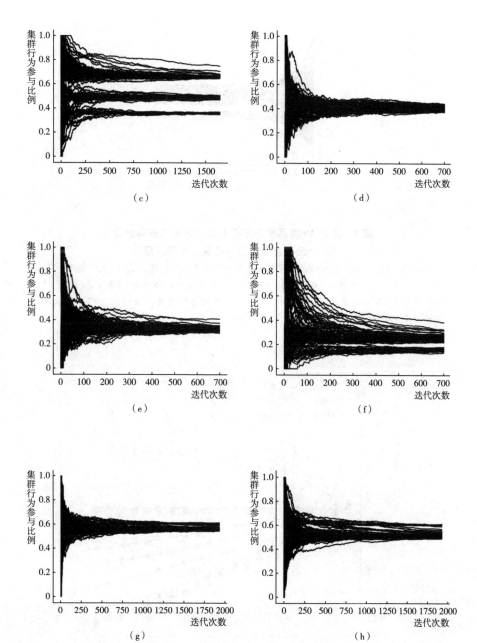

(c)

(d)

(e)

(f)

(g)

(h)

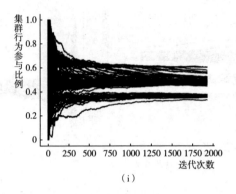

（i）

图 2　扩充 10 倍后全局不完备信息农民工集群行为
无人参与状态下的演化迭代结果

说明：图中纵轴为迭代结束后具有集群行为参与意愿的比例，横轴为迭代次数；图中（a）（b）（c）分别为 ADS 公司 $p=0.25$、$p=0.5$、$p=0.75$ 的迭代结果，（d）（e）（f）分别为 YDSC 公司 $p=0.25$、$p=0.5$、$p=0.75$ 的迭代结果，（g）（h）（i）分别为 WH 公司 $p=0.25$、$p=0.5$、$p=0.75$ 的迭代结果。

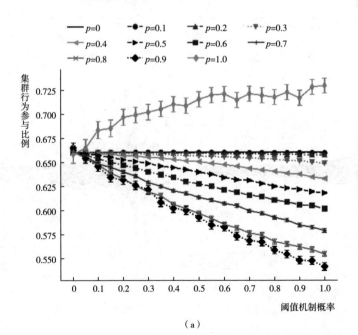

（a）

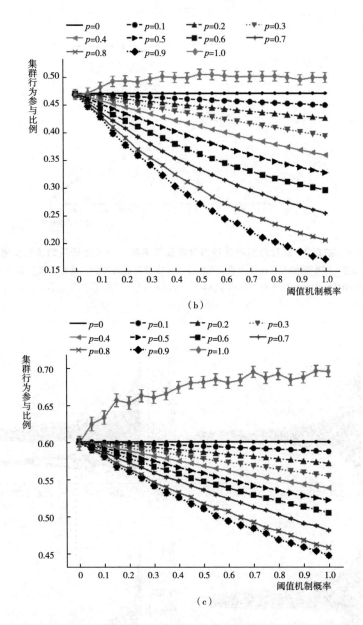

图 3　扩充 10 倍后全局不完备信息农民工集群行为无人参与状态下
不同阈值机制概率的演化结果

　　说明：图中纵轴为迭代结束后具有集群行为参与意愿的比例，横轴为基于阈值机制传播的概率；图中不同颜色与线形代表不同概率下 95% 置信区间的误差棒图曲线。（a）（b）（c）分别为 ADS、YDSC、WH 三个公司的演化结果。

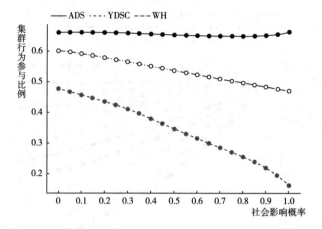

图 4　扩充 10 倍后全局不完备信息农民工集群行为发生阶段的演化结果

　　说明：图中纵轴为迭代结束后具有集群行为参与意愿的比例，横轴为受到他人行为影响的比例；图中不同的曲线分别是 ADS、YDSC、WH 三个公司 95% 置信区间的误差棒图曲线。

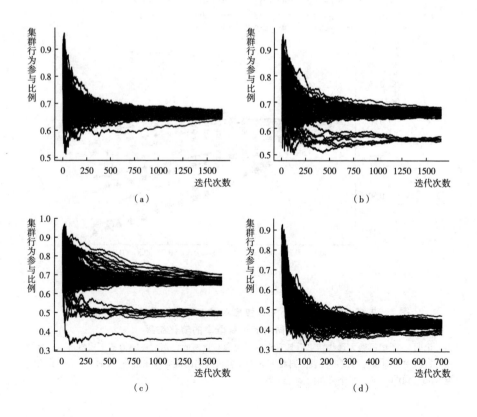

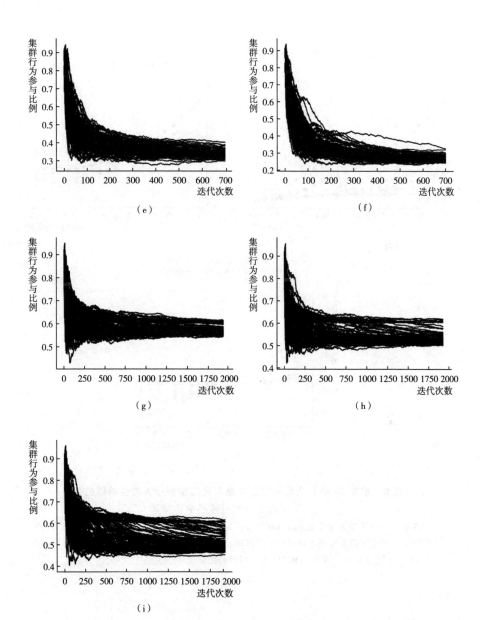

图 5　扩充 10 倍后全局不完备信息农民工集群行为发生阶段的演化迭代结果

说明：图中纵轴为迭代结束后具有集群行为参与意愿的比例，横轴为迭代次数；图中（a）（b）（c）分别为 ADS 公司 $p=0.25$、$p=0.5$、$p=0.75$ 的迭代结果，（d）（e）（f）分别为 YDSC 公司 $p=0.25$、$p=0.5$、$p=0.75$ 的迭代结果，（g）（h）（i）分别为 WH 公司 $p=0.25$、$p=0.5$、$p=0.75$ 的迭代结果。

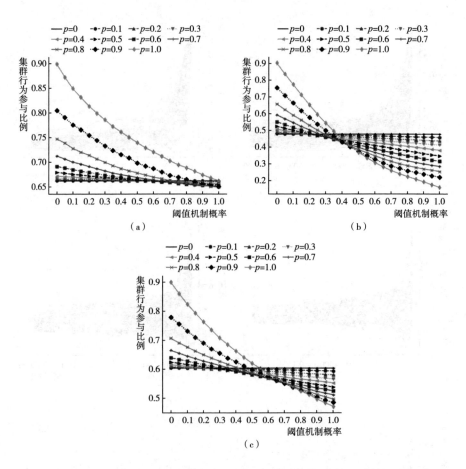

图6 扩充10倍后全局不完备信息农民工集群行为发生阶段的
不同阈值机制概率的演化结果

说明：图中纵轴为迭代结束后具有集群行为参与意愿的比例，横轴为基于阈值机制传播的概率；图中不同曲线是不同社会影响概率 p 值下95%置信区间的误差棒图曲线。（a）（b）（c）分别为 ADS、YDSC、WH 三个公司的演化结果。

图书在版编目（CIP）数据

人际互动作用下集群行为的演化逻辑 / 何晓晨，杜
海峰，王洋著. -- 北京：社会科学文献出版社，
2023.1

（新型城镇化与可持续发展）
ISBN 978-7-5228-0909-0

Ⅰ.①人… Ⅱ.①何… ②杜… ③王… Ⅲ.①集群-
社会行为-研究 Ⅳ.①C912.68

中国版本图书馆 CIP 数据核字（2022）第 194569 号

·新型城镇化与可持续发展·
人际互动作用下集群行为的演化逻辑

著　　者／何晓晨　杜海峰　王　洋

出 版 人／王利民
组稿编辑／周　丽
责任编辑／王玉山
文稿编辑／张真真
责任印制／王京美

出　　版／社会科学文献出版社·城市和绿色发展分社（010）59367143
　　　　　地址：北京市北三环中路甲 29 号院华龙大厦　邮编：100029
　　　　　网址：www.ssap.com.cn
发　　行／社会科学文献出版社（010）59367028
印　　装／三河市东方印刷有限公司

规　　格／开　本：787mm×1092mm　1/16
　　　　　印　张：19.25　字　数：300 千字
版　　次／2023 年 1 月第 1 版　2023 年 1 月第 1 次印刷
书　　号／ISBN 978-7-5228-0909-0
定　　价／108.00 元

读者服务电话：4008918866